Zu diesem Buch

Am 10. Dezember 1998 wird die Allgemeine Erklärung der Menschenrechte 50 Jahre alt. Wahrlich «kein Grund zu feiern», wie Mary Robinson, die UN-Hochkommissarin für Menschenrechte, sagt, denn in zahlreichen Ländern der Erde werden die Menschenrechte nach wie vor systematisch mißachtet und verletzt. «Alle Menschen sind frei und gleich an Würde und Rechten geboren» – dieser Kernsatz der UN-Erklärung wird täglich tausendfach mißachtet, und doch liegt in ihm ein Versprechen, das die Welt verändert hat und weiter verändern wird.

In diesem Band ziehen internationale Experten und Menschenrechtler nach 50 Jahren die Bilanz eines Aufbruchs. Sie ist nicht eindeutig. Ob es um Folter und Mißhandlungen geht oder die Todesstrafe, Gewalt gegen Frauen oder die Pressefreiheit, um Minderheitenschutz oder den Streit um das Verhältnis der Menschenrechte zu sogenannten «asiatischen Werten»: stets gibt es ermutigende Fortschritte wie auch bedrückende Rückschläge. Das gilt auch für die Menschenrechtspolitik der Vereinten Nationen oder einzelner Staaten, so der Bundesrepublik Deutschland.

Die Autorinnen und Autoren dieses Bandes geben einen Überblick über die Spannweite der Menschenrechte und ihre Geschichte. Sie gehen gravierenden Menschenrechtsverletzungen nach und beschreiben, welche neue Formen sie angenommen haben. Sie untersuchen, wie wichtige internationale und nichtstaatliche Schutzinstitutionen für ihre Arbeit gerüstet sind, und erklären, was geschehen muß, damit die Menschenrechte eine Zukunft haben.

Angaben zum Herausgeber sowie den Autorinnen und Autoren finden sich am Ende des Bandes.

Ebenfalls bei rororo aktuell: *Lexikon der Völkermorde* von Gunnar Heinsohn (22338-4/November 1998).

GUNNAR KÖHNE (HG.)

Die Zukunft der Menschenrechte

50 Jahre UN-Erklärung: Bilanz eines Aufbruchs

rororo

Rowohlt

rororo aktuell
Herausgegeben von Frank Strickstrock

Originalausgabe
Veröffentlicht im Rowohlt Taschenbuchverlag GmbH,
Reinbek bei Hamburg, November 1998

Umschlaggestaltung Susanne Heeder/Philipp Starke
(Foto: S. Dayanan)
Satz aus der Sabon PostScript PageOne
Gesamtherstellung Clausen & Bosse, Leck
Printed in Germany
ISBN 3 499 22238 8

Inhalt

Vorwort

Nach den ungeheuren Verbrechen, die während des Zweiten Weltkrieges geschehen waren, kamen im Dezember 1949 in Paris 18 Männer und Frauen aus allen Kontinenten zusammen und erklärten «die Schaffung einer Welt, in der die Menschen Rede- und Glaubensfreiheit genießen und frei von Not und Furcht leben sollten», zu nichts Geringerem als zum «höchsten Bestreben der Menschheit». Es sollte ein Signal des Aufbruchs sein.

Die Mitglieder der ersten UN-Menschenrechtskommission würden erschrecken, wenn sie sehen könnten, wie weit der Zustand dieser Welt von der Erfüllung dieses Schwurs noch entfernt ist. 50 Jahre nach Verabschiedung der Allgemeinen Erklärung der Menschenrechte der Vereinten Nationen zählt der Jahresbericht von *amnesty international* 117 Länder, in denen Folterungen und Mißhandlungen vorkommen. Das sind zwei Drittel aller Staaten überhaupt.

Es gibt wahrlich «keinen Grund zu feiern», wie Mary Robinson, die UN-Hochkommissarin für Menschenrechte, sagt. Dennoch bietet der 50. Jahrestag eine gute Gelegenheit, Bilanz zu ziehen, nicht nur eine Schreckensbilanz der andauernden schweren Menschenrechtsverletzungen wie Völkermord, Folter oder «Verschwindenlassen», die in Teil II in ihren derzeitigen Ausmaßen beschrieben werden. Die Autorinnen und Autoren dieses Bandes – Wissenschaftler, Journalisten, Aktivisten und Opfer von Menschenrechtsverletzungen wie der chinesische Dissident Wei Jingsheng – beschreiben vielmehr auch, wie weit sich der Menschenrechtsschutz – allen Rückschlägen zum Trotz – entwickelt hat. Wie stark sind die interstaatlichen Menschenrechtsinstitutionen und -mechanismen heute, welche Rolle spielen die Nichtregierungsorganisationen? Da gibt es über ermutigende Fortschritte zu berichten, mit denen noch vor zehn Jahren niemand gerechnet hat.

Zwar werden in diesem Buch hauptsächlich die bürgerlich-politischen Rechte behandelt, die sogenannte erste Generation von Menschenrechten. Dennoch bleibt nicht unerwähnt, daß sich der Rechte-Katalog in den vergangenen Jahrzehnten hin zu den sozialen und wirtschaftlichen Menschenrechten längst erweitert hat. Wie sehr sich beide Rechtstraditionen bedingen, schildert Wei Jingsheng am Beispiel China, wo die Verlierer des Wirtschaftsbooms für mehr Demokratie aufbegehren.

Möge dieses Buch auch dazu beitragen, daß deutlich wird: Menschenrechte sind nicht nur eine Angelegenheit von UNO-Gremien oder Völkerrechtsseminaren. Die Menschenrechte sind unser aller Rechte. Ihre Zukunft liegt in unser aller Verantwortung.

Istanbul, im August 1998 Gunnar Köhne

Menschenrecht haben …

Gunnar Köhne

«Eine Magna Charta der Menschheit»

Die Bedeutung der Allgemeinen Erklärung der Menschenrechte von 1948

Als der in Paris lebende Historiker und Politologe Joseph Rovan im Januar 1998 im bekannten FAZ-Fragebogen nach einer «Reform» gefragt wurde, die er «am meisten» bewundere, antwortete er: «Die Proklamation der Menschenrechte».[1]

Welche meinte Rovan? Die «Erklärung der Menschen- und Bürgerrechte» vom 26. August 1789, das emphatische Freiheitsbekenntnis der Citoyen im revolutionären Frankreich? Oder jene «Allgemeine Erklärung der Menschenrechte» (AEdMR), die 160 Jahre später, am 10. Dezember 1948, wieder in Paris, verabschiedet wurde? Beide hätten das Lob des jüdischen Emigranten verdient.

In den 30 Paragraphen von 1948 standen nicht viel mehr Freiheits- und Bürgerrechte verzeichnet als in der «Déclaration de droit de l'homme». Aber die Erklärung war kein nationalstaatliches Dokument, sondern war von den 56 Mitgliedstaaten der neu gegründeten Vereinten Nationen verabschiedet worden und sollte fortan weltweite Gültigkeit besitzen. Das kam einer Revolution gleich.

Erstmals in der Menschheitsgeschichte wurde den klassichen Freiheitsrechten ein universeller *Geltungsanspruch* verliehen. Eine universelle *Geltung* war mit dieser Erklärung zu jener Zeit noch nicht verbunden – die völkerrechtlich bindenden Menschenrechtspakte sollten erst später folgen. Doch nie zuvor waren in einem für jedermann gültigen Katalog grundlegende zivile, bürgerliche und politische Rechte von solcher Tragweite niedergelegt worden. Dazu gehören insbesondere

1 FAZ-Magazin Nr. 932, 9. 1. 1998

› der Anspruch auf gleiche Rechte und Freiheiten, unabhängig von Rasse, Geschlecht, Religion, Sprache, politischer Überzeugung und sozialer Herkunft (Art. 2);
› das Recht auf Leben, Freiheit und Sicherheit der Person (Art. 3);
› der Schutz vor Willkürhaft und Folter und anderen grausamen oder erniedrigenden Bestrafungen (Art. 5, 9);
› Gleichheit vor dem Gesetz für alle Menschen (Art. 6–8);
› Schutz vor willkürlichen Eingriffen in das Privatleben (Art. 12);
› das Recht auf Freizügigkeit (Art. 13);
› das Recht auf politisches Asyl (Art. 14);
› das Recht auf Gedanken-, Gewissens- und Religionsfreiheit (Art. 18, 19);
› das Recht auf Versammlungs- und Vereinigungsfreiheit (Art. 20);
› das Recht auf Teilnahme an der Gestaltung der öffentlichen Angelegenheiten des eigenen Landes (Art. 21).

Dieser fast noch utopische Zukunftsentwurf wäre ohne die vorhergehende Barbarei der deutschen Naziherrschaft und das durch die beiden Weltkriege verursachte große Leid, «die das Gewissen der Menschheit tief verletzt haben» (Präambel), nicht denkbar gewesen. Doch die Idee der Menschenrechte reicht weiter zurück.

Die Menschenrechtserklärung sei, schreiben die Historiker Berthold Weig und Friedhelm Mensing, das «vorläufige Resultat eines geistes- und sozialgeschichtlichen Prozesses, der in Europa und Nord-Amerika stattgefunden hat und in welchem die christliche Anthropologie, die Staatszwecklehre der Aufklärung, die bürgerlichen Revolutionen des 18. und 19. Jahrhunderts Eingang fanden».[1]

Mit anderen Worten: Die Menschenrechte sind ein rechtsphilosophisches Ideal der Neuzeit. Der erste Satz in Artikel eins der

1 In Konrad-Adenauer-Stiftung (Hrsg.): Menschenrechte im interkulturellen Dialog. Sankt Augustin/Köln 1997, S. 12.

Erklärung von 1948: «Alle Menschen sind frei und gleich an Würde und Rechten geboren», steht nicht viel anders im ersten Menschenrechtsdokument, der amerikanischen Unabhängigkeitserklärung von 1776: «Wir halten folgende Wahrheiten für selbstverständlich: daß alle Menschen gleich geschaffen sind; daß sie von ihrem Schöpfer mit gewissen unveräußerlichen Rechten ausgestattet sind; daß dazu Leben, Freiheit und das Streben nach Glück gehören.»

Der amerikanische Unabhängigkeitskrieg und die Französische Revolution markieren den historischen Durchbruch der Menschenrechtsidee. Zwar gab es schon in der Antike und im Mittelalter rechtmäßige Freiheiten wie das Niederlassungsrecht. Sie galten aber in der Ständegesellschaft nur für eine Minderheit. In den Schriften früher christlicher Philosophen wie Thomas von Aquin (1225–1274) wurde der Grundstein eines naturrechtlichen Menschenbildes entworfen: Jeder einzelne Mensch, unabhängig von seinem Status, unterliegt göttlicher Bestimmung und Autorität. Daraus ließ sich schließen: Jeder Mensch besitzt eine von der jeweiligen weltlichen Herrschaft unabhängige unverwechselbare Identität.

Thomas Hobbes (1581–1679) und John Locke (1632–1704) verhalfen den «natürlichen Rechten» (natural rights) in den Zeiten des Absolutismus zum Durchbruch. Der Mensch ist von Natur aus mit angeborenen Rechten wie dem Recht auf Leben, Freiheit und Eigentum ausgestattet. Um des friedlichen Zusammenlebens willen schließen sich die Menschen zu Gemeinschaften zusammen und legitimieren den Staat, diese unveräußerlichen Rechte zu schützen. Stellt der Staat diese Rechte jedoch in Frage, beginnt für Locke die Tyrannei. Die Gemeinschaft ist dann zum Widerstand dagegen berechtigt.

In der Aufklärung wurde also eine der wichtigsten Eigenschaften der Menschenrechte begründet: Sie sind vorstaatlich und gelten unveräußerlich für alle. Daß dies in der Wirklichkeit schon damals nicht so war, daran änderte auch die historisch bemerkenswerte Tatsache nichts, daß diese Rechte in Amerika und Frankreich Verfassungsrang erhielten. Im Amerika Thomas Jeffersons lebte die Sklaverei fort, im nachrevolutionären Frankreich regierte der Terror der Jakobiner, in Europa brach das Zeitalter des Kolonialismus und Imperialismus an.

Doch fortan kannten die Menschen ihre Rechte gegenüber dem Staat. «Frei sein», schrieb Voltaire, «heißt, die Rechte des Menschen kennen, denn kennt man sie einmal, so verteidigt man sie von selbst.» Alle Freiheitsbewegungen des 19. Jahrhunderts gingen mit Berufung auf das universale Freiheits- und Gleichheitsversprechen der ersten Menschenrechtserklärungen gegen deren obrigkeitliche Verletzung vor. Das Ende der Sklaverei, Ansätze eines allgemeinen Wahlrechts, Glaubensfreiheit, Pressefreiheit – all das wurde vielerorts auf der Welt von den Betroffenen mit der amerikanischen oder französischen Verfassung als Programm erkämpft. Auch der auf der Frankfurter Nationalversammlung 1848 beschlossene Grundrechtskatalog wäre ohne diesen Impuls nicht denkbar gewesen.

Mit dem Aufstieg der Arbeiterbewegung kam es in Europa zu der Forderung, die bis dahin «klassische» Dreiheit von Leben, Freiheit und Eigentum um soziale Rechte wie das Recht auf Arbeit und gewerkschaftliche Organisation zu ergänzen. Der Freiheitsbegriff der Bürgerlich-Liberalen – Freiheit als Freiheit von Eingriffen des Staates – hatte nach Beginn der Industrialisierung eine zügellose Ausnutzung des Grundrechts auf Eigentum und eine soziale Verelendung der Arbeiterschaft zur Folge. Marx sah sich bestätigt in seiner Ansicht, daß die Menschenrechte ein «bourgeoises» Konzept darstellten, um die Position der herrschenden Klasse zu festigen. Individuelle Freiheitsrechte sollten den kommunistischen Oligarchien bis zum Schluß nicht viel bedeuten. Doch die Forderungen der Arbeiterbewegung fanden nach dem Krieg Beachtung in den «sozialen und wirtschaftlichen Menschenrechten».

Schon in der amerikanischen Unabhängigkeitserklärung war ein universeller Anspruch enthalten («alle Menschen»), Kant sprach vom Ideal eines «Weltbürgerrechts». Aber von der Hochzeit der Nationalstaaten Ende des 19. Jahrhunderts bis weit in dieses Jahrhundert hinein galt die Auffassung, daß Menschenrechte, wenn überhaupt, nur im Rahmen einzelstaatlicher Verfassungen verwirklicht werden könnten. Die Rechte des einzelnen hingen von seiner Nationalität ab. «Einmischungen» von außen zugunsten einzelner oder bedrängter Bevölkerungsgruppen in anderen Staaten konnten einen Kriegsgrund darstellen.

Das internationale Recht steckte noch in den Kinderschuhen. Dennoch setzte sich langsam die Überzeugung durch, humanitäre Normen könnten durch weltweit gültige Abkommen in die Verfassungen und Gesetze der zivilisierten Staaten Eingang finden. Nach Gründung des Internationalen Komitees des Roten Kreuzes 1863 wurden erstmals zwei Konventionen zum Schutz von Zivilisten im Krieg und über die Behandlung von Kriegsgefangenen verabschiedet. Ein Novum war auch die Internationale Arbeitsorganisation (ILO), die schon 1919 in Versailles auf Betreiben der Alliierten ins Leben gerufen wurde. Im Angesicht der bolschewistischen Revolution in Rußland sollte sich die ILO um die Förderung des Schutzes der Industriearbeiterschaft kümmern. Heute ist sie eine Unterbehörde der Vereinten Nationen.

Das Ende des Ersten Weltkrieges brachte einen Durchbruch für das humanitäre Völkerrecht. Da waren zunächst die verschiedenen Abkommen zum Schutz von Minderheiten als Teil der Friedensschlüsse. So zwangen die alliierten Sieger Polen, die Tschechoslowakei, Rumänien, Griechenland und die Türkei, die bürgerlichen und politischen Rechte der Minderheiten im Land anzuerkennen. Darüber hinaus gab es erste Fortschritte im Flüchtlingsrecht. Um die Not der Hunderttausenden von Heimatlosen zu lindern, wurde das Flüchtlingsamt des 1919 gegründeten Völkerbundes geschaffen. Darüber hinaus enthielten die Statuten des Völkerbundes die Verpflichtung der Mitgliedsstaaten, sich für bestimmte humanitäre Standards wie humane Arbeitsbedingungen und eine gerechte Behandlung kolonialisierter Völker einzusetzen. Der Schutz von Flüchtlingen und Minderheiten wurde von der Weltgemeinschaft allerdings noch als eine Frage der Gruppen-, nicht der individuellen Menschenrechte behandelt.

Dieser Schritt wurde erst mit der Gründung der Vereinten

Nationen vollzogen. Die ungeheuren Verbrechen der Nazis riefen in der Anti-Hitler-Koalition noch während des Krieges die Entschlossenheit hervor, für die Nachkriegsordnung eine Verpflichtung zum Schutz der Menschenrechte zu fordern: Recht auf Leben, Glaubens- und Meinungsfreiheit, soziale Sicherheit. Schon im Januar 1942 trat eine aus 26 Staaten bestehende Gruppe «Vereinte Nationen» mit dem Versprechen an die Weltöffentlichkeit, «Leben, Freiheit, Unabhängigkeit und Religionsfreiheit zu verteidigen und Menschenrechte und Gerechtigkeit in ihren eigenen sowie in anderen Ländern zu erhalten».[1]

Mit der Verabschiedung der Charta der Vereinten Nationen im Juni 1945 nahm das internationale Menschenrecht seinen konkreten Anfang. In Artikel 55 der Charta verpflichtet sich die Organisation, die «Menschenrechte und Grundfreiheiten» aller Menschen ungeachtet der Rasse, des Geschlechts, der Sprache oder der Religion zu fördern. In Artikel 56 verpflichtet sich jeder einzelne Mitgliedsstaat, mit den UN zur Verwirklichung dieses Ziels zusammenzuarbeiten. Menschenrechte waren fortan ein internationales Anliegen und lagen nicht mehr im alleinigen Zuständigkeitsbereich von Nationalstaaten: in Fällen von Folter, Völkermord und Meinungsunterdrückung sollte das in Artikel 2 der Charta betonte Prinzip der Nichteinmischung keine Geltung mehr besitzen.

Erster Streit um die Rechte

Im Jahr darauf wurde eine Menschenrechtskommission – heute ein Unterorgan des UN-Wirtschafts- und Sozialrates (ECOSOC) – mit der Aufgabe betraut, für die in der Charta niedergelegten allgemeinen Grundsätze konkrete Vorschläge zum internationalen Menschenrechtsschutz zu erarbeiten. Die 18 Regierungsvertreter – unter anderem aus China, Frankreich, den USA, der Sowjetunion, Indien und dem Libanon – kamen im De-

1 Zit. nach ai-Journal. Das Magazin für die Menschenrechte. Heft 12/97, S. 12.

zember 1947 darin überein, als Grundlage zunächst eine allgemeine, nichtbindende Erklärung der Menschenrechte vorzulegen. Erst im nächsten Schritt sollte eine für die Unterzeichnerstaaten völkerrechtlich bindende Konvention formuliert werden.

Die Zusammensetzung der Kommission mit Vertretern aus allen Kontinenten und verschiedenen politischen Gesellschaftssystemen verhieß schwierige Verhandlungen. Besonders vehement wurde über die Gleichrangigkeit der sozialen auf der einen und der individuellen Freiheitsrechte auf der anderen Seite gestritten. Muß nicht – wie heute noch viele Entwicklungsländer behaupten – erst soziale Sicherheit und Arbeit für alle verwirklicht werden, bevor Meinungs- und Religionsfreiheit gewährt werden können? Als der britische Vertreter ausrief: «Wir wollen freie Menschen, nicht wohlgenährte Sklaven!», konterte ein ukrainisches Kommissionsmitglied: «Freie Menschen können verhungern.»[1] In die Menschenrechtserklärung wurden später beide Rechtsgüter aufgenommen. Dennoch hält dieser Streit bis heute an.

Am 10. Dezember 1948 wurde die Allgemeine Erklärung der Menschenrechte schließlich von 48 der 56 UNO-Mitgliedsstaaten in der Vollversammlung angenommen. Es gab keine Gegenstimmen. Sechs Ostblockstaaten enthielten sich der Stimme. Eine solch hohe Zustimmung sollten die Menschenrechtsprinzipien viele Jahrzehnte lang nicht mehr bekommen. Eleanor Roosevelt, Witwe des amerikanischen Präsidenten und erste Vorsitzende der UN-Menschenrechtskommission, nannte das Ergebnis eine «Magna Charta der Menschheit». Mochte das Dokument auch wie ein noch unrealistischer Wunschkatalog anmuten: Die Art und Weise, wie ein Staat mit seinen Bürgern umgeht, liegt seither nicht mehr im Bereich nationaler Souveränität. Sie ist ipso facto von internationalem Interesse – und Recht. Der 10. Dezember wird seitdem als internationaler «Tag der Menschenrechte» begangen.

1 a. a. O., S. 13.

Indessen enthielt der Text keinen Hinweis darauf, durch welche Institutionen oder Mechanismen der beschlossene umfangreiche Katalog von Menschenrechten künftig geschützt werden sollte. Das Vorhaben der Kommission, die Menschenrechte in einem zweiten Schritt in bindende Völkerrechtsverträge zu fassen, wurde erst 18 Jahre später verwirklicht. Der fortdauernde Streit zwischen den Vertretern der sozialen auf der einen und der bürgerlich-politischen Rechte auf der anderen Seite führte dazu, daß im Dezember 1966 von der UN-Vollversammlung zwei Konventionen angenommen wurden: der Pakt über bürgerliche und politische Rechte (kurz: Bürgerrechts- oder Zivilpakt) und der Pakt über wirtschaftliche, soziale und kulturelle Rechte (Sozialpakt). Sie traten erst 1976 in Kraft, nachdem sie von der dafür erforderlichen Zahl von 35 Staaten ratifiziert worden waren. Beiden Konventionen sind bis Mitte 1998 rund 140 Staaten beigetreten. Zu den Ländern, die den Zivilpakt bis heute nicht unterzeichnet haben, gehören die Türkei, Saudi-Arabien, China, Pakistan und Singapur. Doch auch diese Staaten brechen das Völkerrecht, wenn sie Menschenrechtsverletzungen begehen oder dulden. Denn die in der Allgemeinen Erklärung verkündeten Normen gehören heute nach weitverbreiteter juristischer Auffassung trotz formaler Unverbindlichkeit zum sogenannten Völkergewohnheitsrecht. Jedenfalls gilt dies für so grundlegende Menschenrechte wie die Ächtung der Sklaverei und das Verbot der Folter.

Der Pakt über bürgerliche und politische Rechte enthält – im Gegensatz zur Menschenrechtserklärung – präzise beschriebene Rechtsnormen, unveräußerlich und unteilbar gültig für alle Menschen. Dazu zählt das Recht auf Leben (Art. 6), Freiheit von Folter (Art. 7) und unmenschlicher Behandlung sowie das Verbot der Sklaverei (Art. 8). Eine zweite Kategorie von Rechten schützt die Entfaltungsfreiheit des Menschen in der Gesellschaft, nämlich das Recht auf Freizügigkeit, die Vereinigungs- und Versammlungsfreiheit, Gedanken- Gewissens-, Meinungs-

und Religionsfreiheit (Art. 18, 19). Das in der Allgemeinen Erklärung der Menschenrechte enthaltene Recht auf Asyl und die Eigentumsgarantie fehlen – letztere war für die Ostblockstaaten unannehmbar. Teilweise sind die Rechte mit Einschränkungen versehen: Artikel 4 erlaubt gar die Aufhebung einiger Rechte im Falle des Notstandes (allerdings nicht die der grundlegenden Artikel 6, 7 und 8). Der Zivilpakt verlangt eindeutig von jedem Mitgliedsstaat, daß er garantiert, «die in diesem Pakt anerkannten Rechte zu achten und sie allen in seinem Gebiet befindlichen und seiner Herrschaftsgewalt unterstehenden Personen ... zu gewährleisten». Die Rechtsgrundsätze müssen in die nationale Gesetzgebung übernommen werden. In der Bundesrepublik Deutschland war dies mit der Verabschiedung des Grundgesetzes weitgehend geleistet worden.

Die «zweite» und «dritte Generation» der Menschenrechte

Der Sozialpakt (Zeichnungsstand Mitte 1998: 137), der den wirtschaftlichen, sozialen und kulturellen Rechten – der sogenannten «zweiten Generation» von Menschenrechten – zum Durchbruch verhelfen sollte, wurde weniger präzise verfaßt. Während der Zivilpakt von jedem Mitgliedsstaat verlangt, die entsprechenden Rechte zu «gewährleisten», ist in Artikel 2 des Sozialpaktes lediglich von der Verpflichtung die Rede, «unter Ausschöpfung aller Möglichkeiten Maßnahmen zu treffen, um nach und nach mit allen geeigneten Mitteln, vor allem durch gesetzgeberische Maßnahmen, die volle Verwirklichung der in diesem Pakt anerkannten Rechte zu erreichen». Das Recht auf Arbeit (Art. 6), das Recht auf angemessenen Lebensstandard (Art. 11) oder das Recht auf Bildung (Art. 13), Gesundheit und medizinische Betreuung (Art. 12) gelten unter Juristen nur als «Programmsätze». Kein Arbeitsloser könnte die Bundesregierung mit Verweis auf den Sozialpakt wegen Menschenrechtsbruchs verklagen. Und was ist ein «angemessener Lebensstandard?» Von Anfang an sahen viele die Gefahr, die Menschenrechte könnten hier ins

Ungefähre abgleiten, zu einer Frage der «Auslegung» zu werden – zum Nachteil der Betroffenen. Anders als bei Haft und Mißhandlungen ist es im Falle von Armut nicht einfach, eine staatliche Verantwortlichkeit nachzuweisen. Ein Vertragsstaat muß sich allerdings daran messen lassen, ob er sich überhaupt bemüht, das sozialrechtliche Gelübde einzulösen. Der Staatsrechtler Martin Kriele sieht den Unterschied beider Pakte darin, «daß der eine Verbote, der andere Gebote enthält; der eine sagt, was der Staat auf jeden Fall zu unterlassen hat, der andere, was er tun, welche Ziele er verfolgen soll».[1]

Dem Zivil- und dem Sozialpakt gemeinsam ist das in Artikel 1 festgestellte Recht der Völker auf Selbstbestimmung in ihrer wirtschaftlichen, sozialen und kulturellen Entwicklung gemeinsam. Damit wurde einer Forderung der afrikanischen, südamerikanischen und asiatischen Staaten entsprochen, die Mitte der sechziger Jahre innerhalb der Vereinten Nationen bereits die Mehrheit stellten. Damit hatte sich die sogenannte «dritte Generation» der Menschenrechte statuiert. War das Menschenrechtskonzept bis dahin darauf gerichtet, den einzelnen vor Übergriffen des Staates zu schützen, so ging es hier um die Rechte der Völker, insbesondere ihr Recht auf Entwicklung und Frieden. Die westlichen Industriestaaten lehnten eine solche Ausdehnung des Menschenrechtskonzepts lange Zeit ab, in erster Linie, weil sie befürchteten, die Entwicklungsländer wollten daraus einen Anspruch auf Unterstützung ableiten. Die damit einhergehende Relativierung des Menschenrechtsbegriffs – erst Entwicklung, dann bürgerlich-politische Menschenrechte – findet dagegen auch in den Industrieländern Verständnis, wie die Aussage von Bundespräsident Roman Herzog zeigt, für «hungrige Menschen» habe ein Recht wie die Meinungsfreiheit «zwangsläufig geringere Bedeutung als für satte».[2] Immerhin wurde das Recht auf Entwicklung in einer Deklaration der UN-Vollversammlung 1986 mit 146 Stimmen gegen eine (USA) und

1 Zit. n. Carola Stern: Strategien für die Menschenrechte. Köln 1980, S. 58.
2 DIE ZEIT v. 6. 9. 1996

bei acht Enthaltungen (darunter die Bundesrepublik) anerkannt. Hätte es dieses Zugeständnis der Industriestaaten nicht gegeben, wäre die Weltkonferenz über Menschenrechte der Vereinten Nationen 1993 wohl gescheitert.

Der Durchbruch von Wien

Im Juni 1993 fand in Wien die 2. Weltkonferenz über die Menschenrechte statt, die erste in einem Zyklus von UN-Weltkonferenzen zu sozialen und Völkerrechtsfragen.[1] Vertreten waren 171 Staaten und – auf einem parallel tagenden Forum – 2000 Nicht-Regierungsorganisationen (NRO) aus aller Welt. Die Entwicklung hatte bis dahin gezeigt: Menschenrechte sind nichts Statisches, sie unterliegen sich wandelnden Wertvorstellungen, eigenständigen Traditionen, weltpolitischen Erfordernissen und nicht zuletzt neuen Erfahrungen von Gewalt und Unterdrükkung. Um den in der Allgemeinen Erklärung von 1948 verkündeten Kern herum waren neue Normen und Verträge entstanden. Im Rahmen der Vereinten Nationen waren Konventionen gegen Völkermord (1948) über die politischen Rechte der Frauen (1953), gegen alle Formen der Rassendiskriminierung (1965) und gegen die Apartheid (1973), ein gesondertes Übereinkommen gegen die Folter (1987) sowie eines zum Schutz der Rechte des Kindes (1989) verabschiedet worden. Hinzu kamen Sonderorganisationen wie UNESCO, UNICEF oder ILO mit ihren zahlreichen Verträgen und Erklärungen auf je ihrem Gebiet. Und schließlich noch die regionalen Verträge zum Schutz der Menschenrechte: Die europäische Menschenrechtskonvention (EMRK), 1953 vom Europarat beschlossen, die Inter-Amerikanische Menschenrechtskonvention von 1978 und die Afrikanische Menschenrechtscharta von 1981. Alle haben die

1 Es folgten die Weltbevölkerungskonferenz von Kairo, die Weltfrauenkonferenz 1994 in Peking, die Weltsozialkonferenz von Kopenhagen 1995 und die Weltsiedlungskonferenz HABITAT II in Istanbul 1996.

Universalität der Menschenrechte bestätigt, aber zum Teil eigene Akzente gesetzt: In der afrikanischen Charta werden bestimmte Pflichten des Individuums erwähnt. Amerikaner und Europäer hatten sich jeweils auf ein zweistufiges System geeinigt: der Einrichtung einer Menschenrechtskommission und eines Menschenrechtsgerichtshofes, die von einzelnen Betroffenen angerufen werden können.

Das Ende der Ost-West-Konfrontation Ende der achtziger Jahre hatte den Weg zu einer neuen Verständigung über die universelle Geltung der Menschenrechte geebnet. Auf der Wiener Konferenz gelang es gegen den anhaltenden Widerstand etlicher asiatischer Staaten, erstmals die drei Generationen von Menschenrechten, die bislang nebeneinanderher existiert hatten und regelmäßig gegeneinander ausgespielt worden waren, nicht nur eindrucksvoll zu bestätigen, sondern auch miteinander in Zusammenhang zu bringen. Der Kernsatz der Schlußerklärung lautet: «Alle Menschenrechte sind allgemeingültig, unteilbar, bedingen einander und bilden einen Sinnzusammenhang. Die internationale Gemeinschaft muß die Menschenrechte weltweit in fairer und gleicher Weise, auf derselben Basis und mit demselben Nachdruck behandeln.» Dies haben auch Länder wie Kuba, Indonesien und China unterschrieben (auch wenn auf einer ASEAN-Konferenz wenige Monate später wieder davon die Rede war, daß die Interessen von Staat und Gesellschaft vor denen des Individuums rangierten). An der fortdauernden brutalen Unterdrückung in zahlreichen Unterzeichnerstaaten hat die Erklärung von Wien unmittelbar so wenig geändert wie manche Pakte und Deklarationen zuvor. Und doch hat sie für die Menschenrechtsvorkämpfer in den repressiven Staaten eine weitere Berufungsgrundlage geschaffen, ähnlich der Bedeutung der Schlußakte der Konferenz für Sicherheit, Zusammenarbeit und Entspannung (KSZE) in Helsinki für die Osteuropäer. Aber anders als in den siebziger Jahren, als der KSZE-Text in Kassibern nach Prag oder Ost-Berlin geschmuggelt werden mußte, konnten sich die Studenten in Jakarta oder Peking den Text von Wien bereits am nächsten Tag aus dem Internet holen.

Die Normsetzung im Menschenrechtsbereich ist weitgehend abgeschlossen, und fast alle Verträge weisen heute einen hohen Zeichnungsstand auf. Das Bekenntnis zu den Prinzipien ist billig, aber mit den zahlreichen Verträgen ist zugleich doch ein immer dichter werdendes Geflecht von Überprüfungsmechanismen zum Schutz der Menschenrechte entstanden. Das zentrale Organ der Vereinten Nationen in Fragen der Menschenrechte ist die UN-Menschenrechtskommission. Wenn die Kommission einmal jährlich in Genf zusammentritt, erörten die 53 Mitgliedsstaaten auf Antrag die Menschenrechtslage in bestimmten Ländern. Dabei wird auch die Meinung von Nichtregierungsorganisationen eingeholt. Häufig setzt die Kommission auch Sonderberichterstatter zu bestimmten Themen (z.B. «Verschwindenlassen») oder Ländern ein. Eigene Untersuchungen im Land dürfen diese Experten nur bei Zustimmung des betreffenden Landes durchführen. Die am Ende stehenden Resolutionen, deren Aussagen von «besorgt» bis hin zu scharfen Verurteilungen reichen können, werden von keinem Staat mehr auf die leichte Schulter genommen. Die Großmacht China ist in den vergangenen Jahren einer Verurteilung durch die Kommission nur nach großen diplomatischen Anstrengungen und einschüchternden Drohungen entgangen.

Seit Wien gibt es auch endlich das Amt des UN-Hochkommissars für die Menschenrechte, derzeit besetzt mit der früheren irischen Präsidentin Mary Robinson. Damit war ein jahrzehntelang dauernder Streit um dieses Amt entschieden worden (für die Vertreter der DDR zum Beispiel war ein Menschenrechtskommissar ein imperialistisches «Instrument der Intervention» gewesen[1]). Das Mandat der Hochkommissarin beschränkt sich

1 Vgl. Wolfgang Spröte, Harry Wünsche: Die UNO und ihre Spezialorganisationen. Berlin, Staatsverlag der DDR, 1983, S. 123–124. Zit. n. Deutsche UNESCO-Kommission (Hrsg.): Arbeitshilfen für die politische Bildung, Reihe Menschenrechte, Heft 6: Der internationale Menschenrechtsschutz, 2. Auflage 1988, S. 68–69.

nicht allein darauf, die Menschenrechtsaktivitäten innerhalb der UN zu koordinieren und zur weltweiten Förderung der Menschenrechte beizutragen. Ausdrücklich darf sie auch eigene diplomatische Aktivitäten entwickeln und Untersuchungen anstellen. Sie ist dabei allein dem Generalsekretär Rechenschaft pflichtig, nicht dem Sicherheitsrat.

Der Zivilpakt bietet dem einzelnen durch ein entsprechendes Zusatzprotokoll die Möglichkeit, vor einem Menschenrechtsausschuß gegen seine Regierung Klage zu führen, sofern er zuvor alle innerstaatlichen Rechtswege ausgeschöpft und sich der betreffende Staat diesem Beschwerdeverfahren unterworfen hat. Das entsprechende Fakultativprotokoll ist bislang von 93 Staaten akzeptiert worden. Der sachverständige Beschwerdenausschuß verurteilt nicht, sondern äußert in seinen Stellungnahmen lediglich «views», also Rechtsansichten. Fallen diese negativ aus, so ist es für einen die Menschenrechte mißachtenden Staat nicht leicht, gegen das Votum der anderen Vertragsstaaten zu argumentieren. Eigene Untersuchungen darf der Menschenrechtsausschuß für den Zivilpakt indessen nicht durchführen. Auf ein solches weitergehendes Kontrollverfahren konnte man sich erst im Rahmen der Anti-Folter-Konvention einigen. Gemäß dieser ist das zuständige Komitee berechtigt, Inspektionen vor Ort anzustellen, jedoch nicht ohne Zustimmung des betreffenden Staates. Aber welche Regierung, die auch nur ein wenig Wert auf ihre Reputation liegt, kann sich auf Dauer einem solchen Begehren widersetzen? Im April 1998 wurde bekannt, daß auch die Türkei erstmals das Anti-Folter-Komitee der UN zu einer Inspektionsreise «eingeladen» hat[1]. Dabei ist klar, daß der Bericht nicht zum Vorteil der Türkei ausfallen wird. Frühere Untersuchungen der UN und des Europarates hatten bestätigt, daß die Folter in der Türkei «weit verbreitet» sei. Nichtsdestoweniger ist dies ein Beispiel für die Autorität, welche das UN-Menschenrechtssystem – allem Frevel in der Praxis zum Trotz – im 50. Jahr der Allgemeinen Erklärung der Menschenrechte gewonnen hat.

1 Süddeutsche Zeitung v. 4./5. 4. 1998.

Ein ähnliches System besteht auf europäischer Ebene. Jeder Bürger aus den Vertragsstaaten der Europäischen Menschenrechtskonvention kann sich an die Europäische Menschenrechtskommission wenden, die sich aus Experten aller Vertragsstaaten zusammensetzt. Die Kommission entscheidet auch, ob ein Fall an den Europäischen Menschenrechtsgerichtshof in Straßburg weitergegeben wird. Sowohl die Zuständigkeit der Menschenrechtskommission als auch des Gerichtshofes, über Beschwerden von Einzelpersonen zu entscheiden, ist fakultativ. Das heißt, die Vertragsstaaten haben sich deren Zuständigkeit erst unterworfen, wenn sie über die Ratifizierung der Erklärung hinaus auch eine besondere Erklärung hierzu abgegeben haben. Dann aber sind die Urteile des Gerichtshofes bindend. Es spricht einerseits für ein wachsendes Rechtsbewußtsein der Menschen, daß die Zahl der Individualklagen kontinuierlich steigt (im Jahr 1997 waren es insgesamt 4750), andererseits steht die Zahl der anhängigen Verfahren in krassem Mißverhältnis zu den Arbeitsressourcen des Gerichtshofes. Bis zur Urteilsverkündung vergehen bisweilen fünf Jahre – ein Umstand, der eigentlich gegen eine Bestimmung der EMRK verstößt: das Recht auf ein Urteil in angemessener Frist. Durch die von den Mitgliedsländern für den Herbst 1998 beschlossene Zusammenlegung von Gerichtshof und Kommission zu einer Instanz sollen die Verfahren effektiver und schneller zu Ende geführt werden.

Daß die alles in allem ermutigenden Erfahrungen mit dem Europäischen Gerichtshof sowie mit den Ad-hoc-Tribunalen zum ehemaligen Jugoslawien und zu Ruanda endlich zu der Schaffung eines permanenten internationalen Strafgerichtshofes geführt haben, ist formal zweifelsohne ein großer Schritt in der Geschichte des internationalen Menschenrechtsschutzes. Die Praxis wird erweisen müssen, ob das im Juli 1998 in Rom beschlossene Mandat des Gerichtshofes ausreicht, den Völkermördern und Folterern dieser Welt den Schlaf zu rauben.

Menschenrechte mit Gewalt durchsetzen?

Wenn sich nun aber ein Staat renitent gegenüber allen Ermahnungen, Resolutionen und Verurteilungen durch internationale Gerichte zeigt? Strenggenommen sind die völkerrechtlichen Möglichkeiten dann erschöpft. Obgleich schon 1970 in einer UN-Resolution gefordert wurde, daß die internationale Gemeinschaft eingreifen sollte, wenn ein «Gesamtzusammenhang schwerer und zuverlässig belegter Menschenrechtsverletzungen vorliegt», war für eine solche massive Hinwegsetzung über den in der UN-Verfassung festgelegten Grundsatz der nationalstaatlichen Souveränität jahrzehntelang kein internationaler Konsens erreichbar.[1] Eine solch schwerwiegende Entscheidung war nur denkbar gewesen, wenn der in der UN-Charta zuoberst stehende «Weltfriede» bedroht gewesen wäre.

Mit der Resolution 688 vom 5. April 1991 über eine Schutzzone für die Kurden im Nord-Irak legitimierte der Sicherheitsrat erstmals eine sogenannte «humanitäre Intervention». Dem folgten die Entscheidungen zu Somalia, Bosnien-Herzegowina, Ruanda und Haiti. In allen diesen Fällen hat der UN-Sicherheitsrat – und nur er allein ist dazu befugt – mit dem Argument in die territoriale Integrität des betreffenden Staates eingegriffen, daß schwere Menschenrechtsverletzungen und ihre Folgen – interne Konflikte, Massenflucht – eine Gefährdung des Friedens bedeuten können. Damit seien Maßnahmen nach Kapitel VII der Charta legitim.[2] Dazu gehören Wirtschaftssanktionen, aber auch militärische Zwangsmaßnahmen.

1 Eine Ausnahme blieb die internationale Ächtung des südafrikanischen Apartheid-Regimes, etwa durch Wirtschaftssanktionen und den Ausschluß von internationalen Sportwettbewerben.

2 Darin heißt es in Artikel 41: «Der Sicherheitsrat kann beschließen ... die teilweise oder vollständige Unterbrechung des Eisenbahn-, See- und Luftverkehrs, der Post-, Telegraphen- und Funkverbindungen sowie sonstiger Verkehrsmöglichkeiten und den Abbruch der diplomatischen Beziehungen ...». Artikel 42: «Ist der Sicherheitsrat der Auffassung, daß die in Artikel 41 vorgesehenen Maßnahmen unzulänglich sein würden oder sich als unzulänglich erwiesen haben, so

Menschenrechte mit Gewalt durchsetzen? «Friedenserhaltende» Maßnahmen durch den Einsatz von Militär sind umstritten, weil sie oft selektiv und nicht immer nur nach Kriterien der Friedens- und Menschenrechtsbewahrung angewandt werden. Warum haben die mächtigen Mitglieder des Sicherheitsrates nie ernsthaft erwogen, in Algerien militärisch zu intervenieren, obgleich dort der blutigste Bürgerkrieg der neunziger Jahre tobt, dem mindestens 60 000 Menschen zum Opfer gefallen sind? Geraten die Vereinten Nationen in den Verdacht der selektiven Menschenrechtspolitik, ist immer auch der Konsens über die universelle Geltung der Menschenrechte bedroht.

Menschenrechtsorganisationen stehen der militärischen Intervention auch deshalb kritisch gegenüber, weil hier die Gefahr besteht, daß die Vereinten Nationen, oberste Hüterin der Menschenrechte, selbst zu deren Verletzerin werden und zur Eskalation beitragen kann. In Somalia schossen Blauhelmsoldaten wahllos in eine Demonstration. Später wurde sogar bekannt, daß kanadische Blauhelme Somalis gefoltert hatten. Im bosnischen Srebrenica und in Ruanda überließen UN-Truppen ihnen schutzbefohlene Menschen ihren Mördern. Die Autorität der UN in Sachen Menschenrechte ist dadurch schwer beschädigt worden.

Unter dem neuen Generalsekretär Kofi Annan scheint sich die UN wieder stärker auf ihre neutrale Autorität und die präventive Arbeit zu konzentrieren (der fehlgeschlagene Somalia-Einsatz kostete ein Vielfaches des jährlichen UN-Menschenrechtsbudgets!). Mit der Einrichtung des internationalen Strafgerichtshofes und durch die Ausarbeitung weitergehender Abkommen (so zum Schutz von Menschenrechtlern, im März 1998 beschlossen) hat sich die UN-Politik wieder stärker auf die Intention der 1948er Erklärung besonnen, den Menschenrechten mit konsen-

kann er mit Luft-, See- oder Landstreitkräften die zur Wahrung oder Wiederherstellung des Weltfriedens und der internationalen Sicherheit erforderlichen Maßnahmen durchführen. Sie können Demonstrationen, Blockaden und sonstige Einsätze der Luft-, See- oder Landstreitkräfte von Mitgliedern der Vereinten Nationen einschließen.»

sualen Verträgen und Instrumenten zur Beachtung zu verhelfen. Dabei bleibt auch in Zukunft nicht ausgeschlossen, daß friedensbedrohende Terrorregime nötigenfalls mit Gewalt von außen beendet werden.

Fazit

Die Bedeutung der Menschenrechtserklärung von 1948 hat sich als größer erwiesen als damals in Paris für möglich gehalten wurde. Die Erklärung gehört heute zum Völkergewohnheitsrecht und ist Grundlage einer Vielzahl bindender Pakte geworden. Wichtig ist auch, daß die 30 Artikel Eingang in das Bewußtsein der Menschen gefunden haben, wenngleich die große Zahl von Menschenrechtsdokumenten zu Unklarheiten hinsichtlich des Begriffs der Menschenrechte geführt haben. Heute gibt es weltweit rund tausend Gruppen, die sich für die Menschenrechte engagieren. Auch das war 1948 noch nicht vorstellbar.

Aber für die Architekten der Menschenrechtserklärung wäre genauso unvorstellbar gewesen, wie weit die Menschheit heute immer noch von dem idealen Zustand «frei von Furcht und Not» entfernt ist. Völkermord und Vertreibung sollten nie wieder vorkommen. Sie kamen und kommen bis heute immer wieder vor. Barbarei und Fortschritt halten sich die Waage. 117 Staaten zählt der Jahresbericht von *amnesty international* auf, in denen von Staats wegen gefoltert und mißhandelt wird. Aber es gibt auch Erfreuliches: Heute haben mehr Länder die Todesstrafe abgeschafft (104) als sie anwenden (91).

Die historische Leistung von 1948 ist heute vor allem durch zweierlei Dinge gefährdet: erstens durch den fehlenden politischen Willen zahlreicher Regierungen, die Menschenrechtsnormen zu einem integralen und konsistenten Teil ihrer Innen- und Außenpolitik zu machen. Und zweitens durch die wiederkehrenden Versuche – nicht nur aus Ländern des Südens [1] –, den Konsens

1 Vgl. Debatte über die «Menschenpflichten» in der ZEIT ab Nr. 41, 3. 10. 1997

über die universelle Geltung der Menschenrechte in Frage zu stellen. Menschenrechte gehören allen, sie sind unteilbar. An diesem Kern der «Magna Charta der Menschheit» von 1948 darf es nie wieder einen Zweifel geben. Im interkulturellen Dialog sollte darauf verzichtet werden, den Ursprung der Idee der Menschenrechte für Europa und Nordamerika zu reklamieren. Die Menschenwürde wurde nicht erst dort erfunden. Auch in anderen Religionen und Kulturen lassen sich menschenrechtsfreundliche Traditionen weit zurückverfolgen. Die Erklärung von 1948 ist nicht wie von selbst der abendländischen Tradition entsprungen, sondern ist das Ergebnis von 200 Jahren heftiger Auseinandersetzungen. Dieser Kampf um die Durchsetzung des «zu erreichenden gemeinsamen Ideals», von dem die Gründermütter und -väter der Allgemeinen Erklärung der Menschenrechte sprachen, muß weitergeführt werden, damit die in der Erklärung niedergelegten Rechte Wirklichkeit werden.

Literatur

Konrad-Adenauer-Stiftung (Hg.): Menschenrechte im interkulturellen Dialog. Sankt Augustin/Köln 1997

Deutsche UNESCO-Kommission (Hg.): Arbeitshilfen für die politische Bildung, Reihe Menschenrechte, Heft 4–6, 1988

T. Buergenthal/H. Maier/K. Doehring/J. Kokott: Grundzüge des Völkerrechts, Heidelberg 1988.

Rainer Tetzlaff (Hg.): Menschenrechte und Entwicklung: Deutsche und internationale Kommentare und Dokumente. Bonn 1993

Tobias Debiel/Franz Nuscheler: Der neue Interventionismus. Humanitäre Einmischung zwischen Anspruch und Wirklichkeit. Bonn 1996.

amnesty international: Menschenrechte vor der Jahrtausendwende. Hg. von H. Bielefeld, V. Deile, B. Thomsen. Frankfurt/M. 1993.

Pia Bungarten/Ute Koczy: Handbuch der Menschenrechtsarbeit. Bonn 1996.

Scott Davidson: Human Rights. Buckingham/Philadelphia 1993.

ai-Journal. Das Magazin für die Menschenrechte. Heft 12/97.

ZEIT-Punkte, Nr. 2, 1993: Menschenrechte. Das uneingelöste Versprechen.

Fritz Hartung/Gerhard Commichau: Die Entwicklung der Menschen- und Bürgerrechte von 1776 bis zur Gegenwart. 5. Auflage. Göttingen 1985.

Wei Jingsheng

China auf dem Weg zur Demokratie

Die «asiatischen Werte» sind ein Instrument zur Diskriminierung der asiatischen Menschen

Sind Menschenrechte nur «Essensrechte»?

Die asiatische Finanzkrise, die im letzten Jahr begann, wirft auch ein besonderes Licht auf die Rede von den sogenannten «asiatischen Werten». Der Mythos, nach dem Asien wirtschaftliche Entwicklung am besten unter diktatorischen Systemen zustande bringt, ist mit ihr endgültig zerbrochen. Was gegenwärtig in Indonesien geschieht, wo die Menschen durch Demonstrationen Widerstand leisten und dadurch eine Diktatur beseitigen, offenbart darüber hinaus, daß die asiatischen Völker vielmehr den Weg zu Menschenrechten und Demokratie begehen, den die europäischen und amerikanischen Länder bereits beschritten haben. Die asiatischen Völker bewegen sich Schritt für Schritt auf den Erfolg zu.

Seit Japan nach dem Krieg mit Hilfe der US-Besatzungstruppen einen demokratischen Weg eingeschlagen hat, das südkoreanische Volk in den achtziger Jahren durch Widerstand die diktatorische Regierung von General Chun Doo-Hwan[1] stürzte und bis hin zur jüngst vollzogenen stillen Revolution in Taiwan hat sich in den letzten fünfzig Jahren ein asiatisches Land nach dem anderen auf den steinigen Weg zur Demokratie gemacht.

1 (Die Fußnoten sind Anmerkungen der Übersetzerin:)
Nach der Ermordung des südkoreanischen Diktators Park Chun-Hee 1979 kam Generalmajor Chun Doo-Hwan 1979 durch einen Militärputsch an die Macht und ließ sich zum Präsidenten ausrufen. 1987 wurde Chun entmachtet, wegen seiner Menschenrechtsverletzungen und wegen Korruption inhaftiert und zehn Jahre später begnadigt.

Das Streben nach Demokratie, Gerechtigkeit und Menschenrechten ist als allgemeiner Wunsch der Völker dieser Länder offensichtlich, obwohl asiatische Länder andere kulturelle Traditionen als Europäer und Amerikaner haben und auch untereinander nach Kultur und Tradition sehr verschieden sind. Dies zeigt, daß der Wunsch nach Demokratie trotz der Unterschiede in allen Ländern eine Basis hat, um realisiert zu werden.

Als die indonesische Studentenbewegung so offensichtlich unterdrückt werden sollte, weckte dies die Besorgnis, es könne wie vor neun Jahren in Peking mit einer blutigen Niederlage der Studenten enden. Als aber Suharto unter dem Druck aller Seiten schließlich zurücktrat, empfanden die Menschen unvergleichliche Freude. Zugleich dachten viele daran, daß man vor neun Jahren auch in Peking nur einen Schritt von diesem Ziel entfernt gewesen war. Es fehlte nicht viel, und man hätte damals welterschütternde Veränderungen erlebt.

Hätten die Spitzen des kommunistischen Militärs damals nicht gerade unter der Führung der Sippe der Yang-Generäle[1] umfangreiche Anstrengungen unternommen, durch Beförderungsgeschenke die Moral der Truppe zu heben, und wären andererseits die führenden Kräfte des politischen Reformflügels nicht wegen der illegalen Geschäfte ihrer Kinder unter Druck geraten, sich von den Reformideen zu distanzieren – die Bestrebungen des Volkes nach Menschenrechten und Demokratie wären womöglich nicht brutal unterdrückt worden. Im Ergebnis führte die Niederschlagung des Aufstandes dazu, daß die damals etablierte, sich durch Unterschlagungen aus Vermögen staatlicher Betriebe unrechtmäßig bereichernde Bürokratenclique zu einer wirklichen Interessengemeinschaft wurde. Die Politik

1 In der Song-Dynastie (960 bis 1276) gab es eine Familie Yang, die tapfer und erfolgreich für den Kaiser kämpfte. Sie war hochgeachtet. Wei benutzt den Ausdruck ironisch für die Familie des ehemaligen Staatspräsidenten General Yang Shangkun (Jahrgang 1907) und seinen Bruder General Yang Baibing, die lediglich hohes Ansehen in der kommunistischen «Volksbefreiungsarmee», nicht aber im Volk besaßen.

Deng Xiaopings nach der Losung «Laßt einen Teil des Volkes reich werden» wurde Realität – allerdings für ebenjene Clique.

Die staatlichen Betriebe hingegen, die von diesen tollwütigen Beamten zerfressen wurden, mußten Massenentlassungen durchführen und schließlich häufig in Konkurs gehen. Der größte Teil des Volkes geriet in bettelarme Verhältnisse und hatte nichts mehr zum Leben. Die Statistik verrät, daß 1997 allein in der Stadt Guangzhou[1] 720 Menschen wegen ihrer Arbeits- und Mittellosigkeit Selbstmord begingen.

Nachdem die KP durch Massaker die Bewegung des Volkes für Demokratie und Menschenrechte zerschlagen hatte, kreierte sie auf schamlose Weise eine eigene Art von «Menschenrechtsrichtlinie»: daß nämlich, nach Li Peng[2], «Chinas Menschenrechte Essensrechte» seien. Vom «4. Juni»[3] an und bis heute weiß das chinesische Volk, was damit gemeint ist, nämlich: «Um euch das Recht auf Essen zu gewährleisten, müssen wir euch das Recht auf freie Meinungsäußerung entziehen.» Ist jedoch in China seit dem «4. Juni» ein «Recht auf Essen» verwirklicht worden, weil ‹zehntausend Pferde stumm dastehen›?[4]

Keineswegs! Während die Menschen keine Stimme haben, um zu protestieren, und die eigenen Interessen nicht verteidigen können, kann die machthabende Clique noch skrupelloser das Vermögen des Volkes stehlen und rauben. Von der Deng-Sippe zu schweigen, hat allein die Pekinger Chen-Xitong- und Wang-Baosen-Clique[5] eine solch astronomische Summe veruntreut,

1 Der westliche Name von Guangzhou ist Kanton.

2 Li Peng, geb. 1928, zur Zeit des Tian'anmen-Massakers Ministerpräsident und verantwortlich für die Niederschlagung der Demokratiebewegung.

3 4. Juni 1989, der Tag, an dem das Tian'anmen-Massaker stattfand.

4 Der Ausdruck, daß zehntausend Pferde stumm dastehen, bedeutet, daß eine beklemmende Stille herrscht.

5 Chen Xiton war bis 1995 Parteichef von Peking und wurde nach einer spektakulären Korruptionsaffäre entmachtet. Beteiligter dieser Affäre war auch Vizebürgermeister Wang Baosen, der am 4. April 1995 zu Beginn der Ermittlungen Selbstmord beging. Chen wurde am 31. Juli 1998 zu 16 Jahren Haft und einer Rückzahlung von umgerechnet drei Milliarden Mark verurteilt.

daß dadurch unzählige staatliche Betriebe ausgehöhlt und in Konkurs getrieben wurden. Wie viele Arbeiter und ihre Familien wurden allein dadurch obdachlos und müssen in Hunger, Kälte und Not herumziehen. Wie viele Familien wurden allein deshalb in den Selbstmord getrieben, weil sie nicht länger überleben können?

Doch der Widerstandswille des chinesischen Volkes wächst von Tag zu Tag. Dies zeigen die Streiks und Protestaktionen in Festlandchina, über die seit einiger Zeit breit berichtet wird.

Ein Beispiel, das ich näher betrachten möchte, ist der Widerstand in der Stadt Huainan im Kreis Jintai der Provinz Anhui. Dort haben Bauern Regierungsfahrzeuge demoliert und den Sekretär des Kreiskomitees in Gewahrsam genommen, um die Freilassung eines Dorfbewohners zu erzwingen, der nach Peking gereist war, um an eine höhere Instanz zu appellieren und deshalb zum politischen Gefangenen wurde. Der Bauer hatte sich zuvor bei den Regierungen des Kreises, der Provinz und des Landes über einen Parteisekretär des Dorfes beschwert, der mit Gewalt Steuern und Abgaben erpreßt hatte und stets gedeckt wurde. Der Bauer wurde aus Peking nach Jintai zurückgeschafft – und saß nun im Kreisgefängnis, in das er von der Kreisregierung gesperrt worden war. Dieser Vorgang – und das, was dann folgte – hält fünf Lehren für uns bereit:

Erstens können die Bauern ihr Lebensrecht nicht verteidigen, weil sie kein eigenes Rederecht und keine Lobby im Machtapparat haben. Deshalb werden sie von den Regierungen aller Ebenen rücksichtslos ausgebeutet. Das extremste Beispiel in diesem Jahrhundert ereignete sich Ende der fünfziger und zu Beginn der sechziger Jahre, als die Regierung durch eine von ihr verursachte dreijährige Hungersnot das Leben von Millionen Bauern raubte.[1] Niemand mußte jemals die Verantwortung übernehmen!

Zweitens decken sich die vollstreckenden Beamten im Rechts-

1 Im sogenannten «Großen Sprung nach vorn» (1958–1961) wollte Mao Zedong die dörfliche Wirtschaft modernisieren. Als Folge dieser Bewegung brach die Wirtschaft zusammen und etwa 30 Millionen Menschen verhungerten.

wesen der KP gegenseitig. Wenn Bauern gesetzesuntreue Kader anklagen, müssen sie sich die Füße wund laufen und ihr gesamtes Vermögen einsetzen. Die übergeordneten Behörden aber leiten das Anklagematerial gerade den untergeordneten Behörden zu – und die Beschuldigten bearbeiten die Klage. Das führt dazu, daß die Beschuldigten eine noch schlimmere Rache am Klageführenden nehmen können. Dies ist typisch für eine Einparteiendiktatur, in der die Machthaber keinen Einschränkungen unterworfen sind.

Drittens kam es zu der gewaltsamen Aktion, weil die Bauern es nicht mehr ertrugen, daß ihre Klagen kein Gehör fanden. Sie besetzten also die Kreisregierung, demolierten 28 Fahrzeuge und nahmen schließlich den Sekretär des Kreiskomitees als Geisel, um ihn gegen den Bauern auszutauschen, der im Kreisgefängnis eingesperrt war. Bei diesen Unruhen wurde der Leiter des Büros für öffentliche Sicherheit verletzt.

Viertens wurde dieser gewalttätige Widerstand der Bauern mit noch grausamerer Unterdrückung vergolten. Jener Kreis hat als Reaktion Antiterroreinheiten angefordert. Viele Dorfbewohner wurden verhaftet, viele wurden verletzt. Die weitere Entwicklung des Falles wird beobachtet.

Fünftens: In solchen Fällen ist die Arbeit internationaler Menschenrechtsorganisationen von großer Bedeutung. So hat dieser Fall die Aufmerksamkeit verschiedener Menschenrechtsgruppen, unter anderem *Human Rights Watch China*, auf sich gezogen, und es konnte darüber berichtet werden. Sehr häufig aber gibt es in den verschiedensten Regionen Chinas Akte von Widerstand und Aufbegehren, die nach ihrer Niederschlagung durch die Behörden nicht einmal mehr im Nachbarkreis wahrgenommen werden. Dadurch ist der Widerstand des Volkes verstreut und unorganisiert. Die zuständigen Behörden hingegen sind gut organisiert.

Ungeachtet solcher Protestaktionen und Widerstandsbewegungen verbreitet die chinesische Regierung weiterhin die Lüge, das chinesische Volk habe aufgrund der kulturellen Unterschiedlichkeit ein anderes Verhältnis zu den Menschenrechten als die Völker im Westen, und es beanspruche nur «Essensrechte». Dies ist ein Betrug der Weltöffentlichkeit, und diese Behauptung wird sogar von manchen westlichen Politikern akzeptiert. Die Menschenrechtsorganisationen in China haben noch großen Entwicklungsbedarf. Würden die Menschenrechtsverbände innerhalb Chinas in den Stand gesetzt, gute Strukturen und ein Informationsnetzwerk aufzubauen, so würden noch viele weitere Widerstandsbewegungen Aufmerksamkeit und damit Unterstützung erhalten. Die Lüge, daß China andere Menschenrechtsmaßstäbe besitze, würde von alleine in sich zusammenfallen.

Die «asiatischen Werte»

Das gilt auch für den Begriff der «asiatischen Werte». Die Thematik um «asiatische Werte» in der Menschenrechtsauffassung wird schon lange diskutiert. Worum geht es dabei letztlich? In China gibt es ein weitverbreitetes Buch, in dem sich dies in schöner Offenheit nachlesen läßt. Die Kernthese dieses Buches mit dem Titel «China kann ‹Nein› sagen» lautet schlicht, Chinesen und Weiße seien unterschiedliche Arten von Menschen. Die Chinesen seien nicht geschaffen, um Rechte wahrzunehmen, wie sie Weiße genießen dürfen. Tatsächlich läuft die Rede von den sogenannten «asiatischen Werten» im Kern auf eine erhebliche Diskriminierung der Chinesen und der asiatischen Völker hinaus; es ist eine äußerst schamlose Theorie! (Und es ist kein Wunder, daß die Autoren dieses Buches in China in denkbar schlechtem Ruf stehen.)

Die Autoren des Buches erklären im Vorwort zwar, daß das Buch auf eine Diskussion mit KP-Führern zurückgehe, die das chinesische Propagandaministerium organisiert habe. Jedoch enthält es zum Teil derart abwegige Aussagen, daß ich kaum glauben mag, daß chinesische KP-Führer es gewagt haben, derartiges von sich zu geben. So heißt es darin weiter: Nachdem die westlichen Großmächte vor etwa hundert Jahren China angegriffen hatten, sei nun die Zeit gekommen, daß die Chinesen den Westlern eine Lektion erteilen.[1]

Wenn all dies den theoretischen Vorstellungen der gegenwärtigen chinesischen KP entspräche, so wäre die Entfernung zum Beispiel zur früheren Rassentheorie der deutschen Nazis nicht sehr groß. Auch liegt darin ein Versuch, zu extremem Nationalismus und Fremdenhaß aufzustacheln, der ebenfalls an damalige nationalsozialistische Praktiken erinnert.

Im Unterschied zum vergangenen Deutschland scheint sich indessen das chinesische Volk der Gefahr durchaus bewußt zu sein; es wird sich zu einem extremen Nationalismus nicht aufhetzen lassen. Vor mehr als einem halben Jahrhundert haben die Menschen vieler Länder die Gefahren eines extremen Nationalismus möglicherweise nicht klar genug einschätzen können. Heute aber sind sie diesbezüglich wachsamer, und man muß in bezug auf China hier nicht übermäßig besorgt sein. Das heißt selbstverständlich nicht, daß wir solche Tendenzen nicht heftig bekämpfen müßten.

Es ist also nicht zu befürchten, daß das chinesische Volk zu Demokratie und Menschenrechten «Nein sagen» würde. Dies ist vielmehr der Part der chinesischen Kommunistischen Partei, und zwar nicht erst in jüngster Zeit, sondern seit der Staatsgründung.

Wirtschaftliche Entwicklung und Menschenrechte

Ich habe die Erfahrung gemacht, daß viele – auch kluge – westliche Politiker die Behauptung verbreiten, es helfe der Entwicklung von Demokratie und Menschenrechten in China, wenn die Unternehmen ihrer Länder mit China einen florierenden Handel treiben. Worauf sich dieses eigentlich jeder Logik entbehrende Urteil gründet, ist mir völlig unverständlich. Selbstverständlich ist es nicht falsch, Handel zu treiben. Funktionierende Handels-

1 Das Buch eines Autorenkollektivs verbreitet platten Nationalismus. Innerhalb kürzester Zeit wurde es mit staatlicher Unterstützung zum Bestseller.

beziehungen fördern das Wohl der beteiligten Völker – das materielle Wohl. Wie aber soll das Geschäftemachen allein dem chinesischen Volk Demokratie bringen?

Es gibt kein direktes Abhängigkeitsverhältnis zwischen dem politischen System beziehungsweise seiner Demokratisierung und dem Stand der wirtschaftlichen Entwicklung. In den Vereinigten Staaten habe ich Anhänger der These, daß wirtschaftliche Entwicklung Demokratisierung nach sich ziehe, mit der folgenden Frage konfrontiert: «Hattet ihr denn in den Vereinigten Staaten bereits eine hochentwickelte Wirtschaft, als ihr anfingt, die Demokratie aufzubauen, war sie höher entwickelt als die des heutigen China?» Sie verstummten sofort. Auch in Deutschland habe ich diese Frage im Gespräch mit Politikern erörtert. Hier wiederum war in den dreißiger und vierziger Jahren dieses Jahrhunderts die Wirtschaft bereits hochentwickelt. Aber dieses Niveau hat den Deutschen durchaus keine demokratische Entwicklung gebracht. Wie wäre das zu erklären?

Indessen gibt es so manchen Experten, der sich ernsthaft bemüht, diesen Irrtum immer wieder aufs neue zu belegen. Die Behauptungen lauten: «Die Wirtschaftsentwicklung spornt die Entwicklung von Menschenrechten und Demokratie an.» Oder: «Wenn sich in China eine Mittelklasse gebildet hat, wird daraus demokratisches Bewußtsein entstehen, was den Aufbau eines demokratischen Rechtssystems vorantreiben hilft.» Angesichts einer Realität, in der es möglich ist, das Geld der Staatsbetriebe in großem Stil zu unterschlagen, sind solche Thesen eher Phantastereien. Ein solches System bringt keineswegs eine breite Mittelschicht hervor. Zu sehen sind lediglich Neureiche und tiefste Armut. Das angehäufte Vermögen der reichen Schicht basiert auf ihrer Verbindung zu den Mächtigen oder ihrer Zugehörigkeit zu den Machthabern. Ohne die diktatorische und monopolisierte Politik hätte die gegenwärtige Schicht der Reichen weder entstehen noch sich halten können. Diese Nutznießer der wirtschaftlichen Entwicklung sind also mitnichten eine Triebkraft für Reformen, sondern im Gegenteil eine Stütze des diktatorischen Regimes.

Die Gefahren dieser Entwicklung, der Unterschlagung und Ausplünderung von Staatsgut sind indessen manchen aufgeklärten Köpfen innerhalb der KP durchaus bewußt. Es gibt einige wenige weitsichtige und aufgeklärte Gruppen in der Kommunistischen Partei Chinas, die politischen Reformen das Wort reden, weil ihnen klar ist, daß China, wenn es so weiter wirtschaftet, in einen noch weitaus tieferen Abgrund als während der «dreijährigen Naturkatastrophe»[1] oder der «Kulturrevolution»[2] geraten könnte. So verstehen sich zum Beispiel die Anfang 1998 auch außerhalb Chinas verbreiteten Thesen von Fang Jue[3].

Ministerpräsident Zhu Rongji als Neuerer?

Viele halten den neuen Ministerpräsidenten Zhu Rongji[4] für den Repräsentanten des aufgeklärten Flügels. Manche setzen in ihn die Hoffnung auf eine Demokratisierung Chinas. Davor möchte ich an dieser Stelle entschieden warnen. Zu oft schon wurden solche Hoffnungen enttäuscht. 1976 wurden sie auf Zhou Enlai[5] gesetzt, der sich schließlich als loyaler Komplize von Mao Zedong entpuppte. 1979 wiederum setzten die Menschen frische Hoffnung in Deng Xiaoping. Als Deng 1979 den Befehl gab, mich politisch verfolgen und zu 15 Jahren Haft fehlverurteilen zu lassen, dachte man noch, es handle sich lediglich um eine persönliche Feindschaft zwischen Deng und Wei. Erst

1 Wei meint erneut den «Großen Sprung nach vorn» von 1958 bis 1961.

2 Die «Große Proletarische Kulturrevolution» diente Mao Zedong zwischen 1966 und 1971, um innerparteiliche Gegner zu bekämpfen.

3 Der inzwischen pensionierte Parteikader Fang Jue, früher im Stadtkomitee der Stadt Fuzhoe, schrieb Anfang 1998 einen offenen Brief an die Regierung, in dem er Reformen verlangte.

4 Zhu Rongji, Jahrgang 1928, war drei Jahrzehnte in der Planungsbürokratie der Stadt Shanghai tätig. 1988 wurde er als Nachfolger von Jiang Zemin Bürgermeister und 1989 Parteichef der Stadt. 1991 wurde er unter Premier Li Peng stellvertretender Ministerpräsident und schließlich 1998 Ministerpräsident.

5 Zhou Enlai (1898 bis 1976) war 1848 bis 1976 Premier der Volksrepublik China.

als Deng 1989 befahl, Zivilisten zu erschießen und abzuschlachten, als seine Sippe zur reichsten Familie Chinas geworden war, haben die Menschen ihre Illusionen endgültig verloren.

Es ist nicht zu bestreiten, daß Zhu Rongji einer der seltenen redlichen Funktionäre innerhalb des KP-Systems ist und in den vergangenen Jahren verschiedene illegale Wirtschaftsschiebereien von Privilegierten beziehungsweise Kaderkindern öffentlich aufgedeckt und damit das Vertrauen des Volkes gewonnen hat. Enttäuschend hingegen waren seine Auftritte in einigen Pressekonferenzen nach seiner Amtseinführung in diesem Jahr, in denen sich seine Antworten exakt auf der Linie der KP bewegten, nachdem ihm Journalisten unangenehme Fragen in bezug auf die Studentenbewegung des 4. Juni 1989 und auf demokratische Reformen gestellt hatten. Weder äußerte er deutlich abweichende Ansichten zu dem Massaker, noch ließ er Zweifel an der Alleinherrschaft der Partei aufkommen.

Meine persönliche Meinung dazu lautet wie folgt: Es ist möglich, daß Zhu Rongji insgeheim Sympathien für die Ideen der Studentenbewegung hegt und auch Zweifel an der Einparteiendiktatur der KP hat. Doch es wird ihm bewußt sein, daß diejenigen, die diese Meinung teilen, in der Führungsschicht der Kommunistischen Partei in der Minderheit sind. Wenn er sich in seinem Regierungsamt weiterhin positive Gestaltungsmöglichkeiten offenhalten möchte, so muß er auch seine Position in der Partei aufrechterhalten und darf dabei die politisch gesteckten Grenzen nicht überschreiten. Er muß sich mit dem Machtapparat arrangieren, wenn er nicht aus dem Spiel geworfen werden will.

Bildung und Menschenrechte

Manche meinen mit einer gewissen Überheblichkeit, daß unsere Menschenrechtsarbeit zum chinesischen Volk nicht passe und ihm auch nicht nütze, beherrschten doch die Bauern in den chinesischen Dörfern oft nicht einmal die Schriftzeichen. Wie könnten sie folglich begreifen, was Menschenrechte bedeuten?

Ich finde, dies ist eine allzu akademische Sichtweise. Sicher, nicht einmal umfangreiche Bücher reichen hin, um sich mit den Fragen der Menschenrechte erschöpfend auseinanderzusetzen. Andererseits aber ist auch ein einfacher, des Lesens und Schreibens unkundiger Bauer schon durch seine Erfahrungen in der Praxis jederzeit in der Lage zu verstehen, was Menschenrechte bedeuten. Er muß keine theoretischen Abhandlungen studieren, um zu wissen, daß man ihn nicht tyrannisieren darf. Daß andere ihn nicht mißhandeln dürfen. Daß Dorfkader ihn nicht seines Getreides berauben dürfen. Das sind grundlegende Menschenrechte.

Gegenwärtig werden viele Bauern, die in die Städte gehen, um Arbeit zu suchen, von der dortigen Polizei vertrieben. Sie wissen, daß die Polizei dazu eigentlich nicht befugt ist. Und an diesem Punkt exakt beginnt der Kampf um Menschenrechte.

Viele Arbeitslose fordern von der Kommunistischen Partei die ihnen zustehenden wirtschaftlichen Rechte. Und sie wissen, daß sie das Recht auf freie Rede haben. Auch hier beginnt der Kampf um die Menschenrechte.

Das Streben nach Demokratie und Menschenrechten zeigt sich gewissermaßen von selbst: im Widerstand gegen die Ausbeutung und Unterdrückung durch die Kommunistische Partei, die den Menschen ihre Rechte verweigert. Dieser Widerstand ist längst nicht mehr nur ein Thema für die Studierstuben und Zirkel der Akademiker, sondern eine im ganzen Land verbreitete Sache der Arbeiter und Bauern geworden, die nach ihren elementaren Rechten streben.

Chinesische Demokratie ohne Menschenrechte?

Wir Chinesen streben ein demokratisches Gesellschaftssystem an. Und dieser Kampf hat inzwischen eine über hundertjährige Geschichte. Oft ist darüber nachgedacht worden, warum wir trotz dieses langen Kampfes ein demokratisches System noch nicht aufgebaut haben, sondern jedesmal, wenn Hoffnung war, ein neuer Diktator emporkam. Dafür gibt es viele praktische und auch theoretische Gründe. Meine eigenen langjährigen Überlegungen dazu haben mich zu der Überzeugung geführt, daß einer der schwerwiegendsten Gründe darin liegt, daß man in den vergangenen Kämpfen um Demokratie das Wichtigste ignoriert hat: nämlich die Frage der Menschenrechte. Jedesmal, wenn es im Kampf um die Freiheit zwischen alten und neuen Kräften hart auf hart ging, traten die Führer vor das Volk und belehrten es darüber, daß in der momentanen schwierigen Lage leider nicht jedem die Menschenrechte garantiert werden könnten. Man müsse sie vorübergehend für einen kleineren oder sogar beträchtlichen Teil der Menschen außer Kraft setzen und werde sie erst dann respektieren können, wenn man schließlich den Sieg errungen habe. Und jedesmal, wenn das vorherige Regime dann gestürzt und eine neue Staatsmacht errichtet war, merkten die Menschen bald, daß es nun zu spät war, die Menschenrechtsfrage erneut zu stellen. Bis dahin hatte sich dann bereits wieder ein diktatorisches System gebildet oder war jedenfalls im Entstehen. So war es auch, bevor die Kommunistische Partei die Regierungsgewalt übernahm. Die Älteren der noch heute lebenden Generationen können sich gut erinnern, wie damals lauthals die Parolen von Demokratie und Menschenrechten verkündet wurden; dieselben Forderungen der heute aktiven Menschenrechtler wurden bereits in den zwanziger und dreißiger Jahren in China erhoben, viele davon durch die Kommunisten.

Die Älteren können sich auch noch daran erinnern, daß zunächst tatsächlich ein demokratisches Klima herrschte, als die Kommunisten dann Ende der vierziger, Anfang der fünfziger Jahre zu regieren begannen. Die Partei belehrte über das Wahlrecht, die Rechte der Frauen und vieles mehr; es schien damals, als ob nun in China ein Demokratisierungsprozeß beginnen sollte. Im Hintergrund jedoch begannen schon viele Führer der Kommunistischen Partei mit ihren Vorbereitungen zum Aufbau der Diktatur. Innerhalb weniger Jahre beseitigten sie ihre politischen Gegner innerhalb und außerhalb der Partei und konzentrierten alle Macht in den Händen der KP. Die Säuberungs- und Liquidierungskampagne gipfelte 1957 in heftigen Auseinandersetzungen zwischen demokratischen Bürgern und Parteien sowie den Kommunisten. Viele Menschen, die die Demokratie forderten, wurden brutal unterdrückt, selbst dann, wenn sie nur Verbesserungsvorschläge für das bestehende System vortrugen. Das Heer der Häftlinge in den Arbeitslagern wuchs, die Zahl der Opfer dieser gründlichen Gehirnwäsche, die in der Sprache der Kommunisten «Umerziehung durch körperliche Arbeit» hieß, wuchs ebenfalls. Viele sind dadurch ums Leben gekommen. Andere wurden körperlich geschädigt oder seelisch gebrochen. Manche wurden so sogar zu zuverlässigen Handlangern der KP gemacht.

Aber trotz aller Repressionen sind die chinesischen Bürger nicht so mutlos, wie viele behaupten. Sie sind tapfer und haben immer gekämpft. Von Anfang an bis heute hat es in den unterschiedlichsten Formen immer wieder Auseinandersetzungen zwischen Volk und Partei gegeben. Als Reaktion darauf wurde das System der Unterdrückung ausgebaut, und die körperlichen und seelischen Quälereien in Lagern nahmen weiter zu.

Ich bin davon überzeugt, daß die Chinesen aus den Lektionen der Geschichte der letzten hundert Jahre gelernt haben. Vor allem haben sie begriffen, daß das Respektieren der Menschenrechte Voraussetzung für den Aufbau eines demokratischen Systems ist. Ohne Meinungsfreiheit, ohne daß unterschiedliche Meinungen und Positionen in der Gesellschaft gemeinsam diskutiert und verhandelt – und einige davon auch verworfen – werden, wird sich der beste Weg zum Aufbau des Landes nicht finden lassen. Nur wenn die Redefreiheit und die weiteren individuellen Rechte der Menschen respektiert werden, läßt sich ein demokratisches System aufbauen, in dem dann der Meinungsstreit dauerhaft möglich ist. Dies ist die Lektion der Geschichte, und sie ist nicht nur für die Chinesen von Bedeutung, sondern für die ganze Menschheit.

Auch hier kommen die Zweifler wieder mit dem Argument, Chinesen seien nicht dazu geschaffen zu verstehen, was Demokratie bedeute, und könnten sich an ein demokratisches Gesellschaftssystem nicht anpassen, geschweige denn es aufbauen. Deshalb müsse man die Bevölkerung erst allmählich und schrittweise an demokratische Ideen gewöhnen, bevor man ein demokratisches System endgültig aufrichten könne. Ich aber sehe es gerade umgekehrt. Wie soll das Volk die Demokratie annehmen, wenn es nicht umfassende demokratische Strukturen gibt? Ließe man zu, daß der Totalitarismus der Kommunistischen Partei fortbesteht, so wird die KP das Volk stets an ein totalitäres System anpassen wollen, nicht etwa an die Demokratie. Es ist also keine Frage: Am Anfang steht der Aufbau eines demokratischen Systems.

Es kann schon sein, daß dieses System für die Menschen zunächst gewöhnungsbedürftig ist, doch glaube ich, daß dies eine Phase sein wird, die bald vorübergeht. Wir Chinesen sind ebenso intelligent, lernfähig und vernunftbegabt, wie es die Menschen im Westen sind. Ebenso wie sie, werden wir uns schnell an die Demokratie gewöhnen. Ich habe keinen Zweifel: Die Bewegung für Menschenrechte und Demokratie wird auch in China den Sieg davontragen.

Übersetzung aus dem Chinesischen: Wan-Hsuan Yao-Weyrauch

Wolfgang S. Heinz

Menschenrechte und Menschenrechtsverletzungen im Wandel

In den letzten Jahren erfuhr der Menschenrechtsbegriff eine erhebliche Ausweitung und Neubewertung. Für manche Beobachter sind fast alle Probleme und beklagenswerten Verhältnisse sofort Menschenrechtsfragen. Dies hat zwar den Vorteil, daß sie dann leichter auf die politische Tagesordnung gesetzt werden könnten, aber auch den Nachteil, daß der Begriff der Menschenrechte immer mehr zu verwässern droht. In diesem Beitrag werden unter Menschenrechten die von den Vereinten Nationen[1] und den regionalen internationalen Organisationen (OAU, OAS, Europarat) verabschiedeten Schutzstandards verstanden.[2] Ihre Einhaltung ist eine unabdingbare Voraussetzung für eine menschengerechte politische, wirtschaftliche und kulturelle Entwicklung jedes Landes.

Es gibt Menschenrechtsstandards zu vielen, aber nicht zu allen Problemen. Und die Durchsetzung der Menschenrechte ist in aller Regel von dem wohlverstandenen Eigeninteresse der betreffenden Regierung abhängig, das durch Medien und politischen Druck beeinflußt, aber nicht bestimmt werden kann. Sanktionen des Sicherheitsrates der Vereinten Nationen (UN) sind sehr selten, sie werden fast immer nur in Fällen eines (drohenden) Bruches der internationalen Sicherheit und des Friedens

1 Vgl. United Nations, The United Nations and Human Rights 1945–1995, New York 1995, und Philip Alston, The United Nations and Human Rights. A Critical Appraisal, Oxford 1992. Zur Rolle der Nichtregierungsorganisationen siehe Wolfgang S. Heinz, Der VN-Menschenrechtsschutz und die Erfahrungen von Nichtregierungsorganisationen, in: Ulrich Albrecht (Hrsg.), Die Vereinten Nationen am Scheideweg, Weinheim/Basel, i. E.

2 Vgl. Christian Tomuschat (Hrsg.), Menschenrechte, Eine Sammlung internationaler Dokumente zum Menschenrechtsschutz, Bonn 1992.

(Kap. VII der UN-Satzung) verhängt.[1] Mit anderen Worten: Menschenrechtsverletzungen besonders schwerwiegender Art wie staatlicher Mord und Verschwindenlassen werden von bestimmten autoritären Regierungen in ihren Ländern nicht beendet oder eingedämmt, weil sie ihnen unter Umständen zu ihrem politischen Überleben als notwendig erscheinen. Da es auch auf absehbare Zeit keine Weltregierung, -polizei oder –militär gibt, um entsprechende Standards durchzusetzen – die zentrale Schwäche bei der Umsetzung des Völkerrechts –, ist auch in Zukunft der Weg zur Durchsetzung der Menschenrechte langwierig, steinig und unsicher.

1. Menschenrechte: westliche oder universale Werte?

Einige Regierungen, Politiker und Intellektuelle im Süden kritisieren den angeblich westlichen Gehalt der Menschenrechte und bestreiten damit deren Universalität: sie seien in nicht-westlichen Gesellschaften wenig relevant oder sogar überhaupt nicht anwendbar. Tatsächlich wurden Menschenrechtsnormen bis Mitte der sechziger Jahre von einer UNO verabschiedet, die mehrheitlich von westlichen Staaten dominiert worden war. Mit dem Beginn des Dekolonialisierungsprozesses in Afrika sind sie jedoch immer von einer UN-Mehrheit aus Afrika, Asien und Lateinamerika mit entwickelt und abgestimmt worden.

Gegenwärtig findet die Debatte mit den Vertretern einiger islamisch (Iran, Saudi-Arabien, Sudan) und konfuzianisch geprägter Staaten (z.B. Singapur und VR China), [nicht aber mit Südkorea und Taiwan] statt, wenn auch ihre politische Bedeutung unterdessen abgenommen hat.[2] Bei der Kontroverse mit Ostasien

1 Vgl. z.B. Heide Gading, Der Schutz grundlegender Menschenrechte durch Maßnahmen des Sicherheitsrates – das Ende staatlicher Souveränität?, Berlin 1996, und Matthias Pape, Humanitäre Intervention. Zur Bedeutung der Menschenrechte in den Vereinten Nationen. Baden-Baden 1997.

2 Zur kulturellen Dimension der Menschenrechte siehe Schmude, Wolfgang

geht es im Grunde um die Frage, ob der Westen oder Ostasien in der Welt des 21. Jahrhunderts wirtschaftlich und politisch die Vorrangstellung einnehmen wird, und welche politischen Rahmenbedingungen für das angestrebte weitere hohe Wirtschaftswachstum in Ostasien notwendig und legitimierbar sind. Denn einige Regierungen Südostasiens und Chinas begründen die Beschränkung der Menschenrechte und der Demokratie mit notwendigen sozialen Kosten für ihren Entwicklungsweg, ohne aber deutlich werden zu lassen, unter welchen politischen Umständen und zu welchem Zeitpunkt es zu entsprechenden Veränderungen kommen wird. Andere bezeichnen die westliche Demokratie auch als «unasiatisch», d.h. als unangemessen für ihre eigene Gesellschaft. Hier wird Demokratisierung schon *als Ziel* abgelehnt, und es geht nicht mehr nur um den Zeitpunkt, an dem eine breitere politische Beteiligung der Bevölkerung Platz greifen soll. Mit den erheblichen Problemen auf den Finanzmärkten im Jahr 1997 und 1998 hat sich allerdings die Lage gewandelt: Dem nach außen stark betonten Selbstbewußtsein, ja manchmal der Arroganz gegenüber dem «dekadenten», wirtschaftlich zurückfallenden Westen, weicht das Bewußtsein neuer Abhängigkeiten vom Internationalen Währungsfonds und von der massiven finanziellen Unterstützung etwa durch Japan. Der anstehende Übergang zur nächsten Generation von politischen Führern wird in diesen Ländern auch die Frage der politischen Beteiligung der Bevölkerung wieder deutlich auf die Tagesordnung setzen.

(Hrsg.); Human Rights and Cultural Diversity, Goldbach 1993, und Richard A. Wilson (Hrsg.), Human Rights, Culture and Context. Anthropological Perspectives, London/Chicago 1997. Zum Islam siehe Lorenz Müller, Islam und Menschenrechte. Das Bild im Westen und die arabisch-sunnitische Diskussion, in: Aus Politik und Zeitgeschichte, B 28/97, S. 21–27, und Nasr Abu-Zaid, Islam und Menschenrechte, in KAS-Auslandsinformationen, Nr. 5, 1996, S. 51-59, zu Asien Sven-Uwe Müller, Konzeptionen der Menschenrechte im China des 20. Jahrhunderts, Hamburg 1997, und Wolfgang S. Heinz, Gibt es ein asiatisches Entwicklungsmodell? Zur Diskussion über ‹asiatische Werte›, Köln 1995 (auch als epd-Dokumentation 8/1996). Gunter Schubert (Hrsg.), Menschenrechte in Ostasien, Tübingen, i.E.

Andererseits gab es aber auch genügend Fälle, in denen über eine flagrante und ständige Verletzung der Menschenrechte bestimmter Regime international keinerlei Unklarheit bestand, und die dennoch auf die Gewährung von Militär- und Wirtschaftshilfe durch Industrienationen zählen konnten. Zu erinnern ist an die Ausbildung von zehntausenden Militärs aus Lateinamerika und die Militärhilfe für den Iran unter dem Schah durch die USA, Militärhilfe der UdSSR an Uganda unter Idi Amin, an Äthiopien, Afghanistan und Südjemen und israelische Waffenlieferungen an Diktatoren in Zentralamerika.

2. Die Rolle der Vereinten Nationen

Auf der Wiener UN-Menschenrechtskonferenz verabschiedeten 171 Regierungen ein völkerrechtlich nicht verbindliches Abschlußdokument, das aus einer Erklärung und dem Aktionsprogramm mit hundert Paragraphen besteht. Das Programm behandelt, in sehr unterschiedlichem Detail, eine Vielzahl von Menschenrechtsstandards. Einige Themen wurden kaum oder gar nicht aufgenommen, zum Beispiel die Todesstrafe. In der Erklärung heißt es zur Frage der Universalität der Menschenrechte, daß «zwar die Bedeutung nationaler und regionaler Besonderheiten und unterschiedlicher historischer, kultureller und religiöser Voraussetzungen im Auge zu behalten sei, es aber die Pflicht der Staaten ist, ohne Rücksicht auf ihr jeweiliges politisches, wirtschaftliches und kulturelles System alle Menschenrechte und Grundfreiheiten zu fördern und zu schützen» (Paragraph 5). Demokratie, Entwicklung sowie die Achtung der Menschenrechte und Grundfreiheiten, so Paragraph 8, bedingten einander. Die Weltkonferenz bekannte sich zum Recht auf Entwicklung, wobei der wesentliche Träger der Entwicklung die menschliche Person ist (Paragraph 10). Wenngleich Entwicklung die Durchsetzung aller Menschenrechte erleichtere, so sei es nicht zulässig, sich auf Entwicklungsrückstände zu berufen, um die Einschränkung international anerkannter Menschenrechte zu rechtfertigen.

Die Möglichkeiten der Vereinten Nationen (UN), auf Menschenrechtsverletzungen schnell zu reagieren und präventiv zu arbeiten, sind begrenzt, fehlt es doch am politischen Willen vieler Mitgliedsstaaten, wirkungsvolle Durchsetzungsinstrumente zu schaffen, zum Beispiel ein umfassendes, unabhängiges *fact-finding*. Immerhin wurde jetzt die Einrichtung eines Internationalen Ständigen Strafgerichtshofes (International Criminal Court/ICC) mit ausreichenden Zuständigkeiten beschlossen. Gegenwärtig ermitteln Ad-hoc-Strafgerichtshöfe zu Ex-Jugoslawien und Ruanda Fälle von Menschenrechtsverletzungen und Kriegsverbrechen. Der ICC soll für Völkermord, Verbrechen gegen die Menschlichkeit, Angriffskriege und weitere schwere Verstöße gegen das Kriegsvölkerrecht verantwortlich sein.[1] Einige wollten auch Drogenvergehen und Terrorismus aufnehmen, aber hier drohe eine Überfrachtung des neuen Gerichtshofes. Er wird nur in Fällen zuständig sein, in denen der betreffende Staat dem neuen völkerrechtlichen Vertrag beigetreten ist.

Es stellt sich die Frage, ob diese neue Tendenz, wenigstens im nachhinein zu intervenieren, die Strategien der Täter verändern wird. Über die Wirksamkeit der neuen Einrichtung kann natürlich vorerst nur spekuliert werden. Das angestrebte Ziel, die Verantworlichen für schwere Menschenrechtsverletzungen, Auftraggeber wie Täter, international zu identifizieren, zu verhaften oder vor Gericht zu stellen, ist ohne Zweifel positiv zu bewerten. Denn es ist eine Grunderfahrung von Menschenrechtsorganisionen, daß die weltweit zu beobachtende Straflosigkeit von Menschenrechtsverletzungen neue Generationen von (potentiellen) Tätern immer daran erinnert, daß ihnen nichts passieren kann, wenn der Staat sie deckt. Ein abschreckender Effekt wird sich jedoch wohl erst sehr langsam einstellen, da es genügend Länder geben wird, in denen die Täter untertauchen können, entweder weil diese den Vertrag über die Zuständigkeit des Strafgerichts-

1 Siehe Astrid Becker, Der Tatbestand des Verbrechens gegen die Menschlichkeit. Überlegungen zur Problematik eines völkerrechtlichen Strafrechts, Berlin 1996.

hofes nicht unterschreiben oder, falls sie ihn unterschrieben haben, nicht erfüllen – so wie dies bei vielen Menschenrechtsabkommen der Fall ist. Darüber hinaus wird angesichts der großen Zahl von Tätern die Frage der Prioritätensetzung und der Aufgabenteilung zwischen dem neuen internationalen Gerichtshof und nationalen Gerichten gelöst werden müssen (in Ruanda warten z.B. ca. 92000 Gefangene auf ihr Verfahren, die mehrheitlich die Beteiligung am Völkermord beschuldigt werden). Dies sind Hindernisse und Herausforderungen, aber keine Argumente gegen den geplanten Strafgerichtshof.

Auch entwickelt die UN-Leitung Ansätze, mit schwierigen Ländern den Dialog aufzunehmen und politischen Druck auszuüben. Nur zwei Beispiele aus dem Dezember 1997 sollen hier genannt werden: Es wurde die Einsetzung eines UN-Sonderbeauftragten für Burma bekanntgegeben, der sich für die Herstellung demokratischer Verhältnisse einschließlich freier, fairer Wahlen und das Recht auf freie Meinungsäußerung einsetzen soll. UN-Generalsekretär Annan betonte, dieser Schritt sei für die Vereinten Nationen ungewöhnlich. Einen festen Zeitplan wie im Fall Kambodschas habe man aber nicht. Zur Situation in Afghanistan – erinnert sei an die systematische Diskriminierung und Vernachlässigung medizinischer Versorgung durch die Taliban – erklärten die UN, es seien während des Bürgerkrieges Hunderte von Kriegsgefangenen und Zivilisten massakriert worden. Der UN-Sicherheitsrat zeigte sich «tief besorgt» und diskutierte Schritte zur Verhängung eines Waffenembargos. Annan soll Voruntersuchungen einleiten, wie ein Embargo wirksam umgesetzt werden könnte.

3. Die wachsende Bedeutung der wirtschaftlichen und sozialen Rechte

Die wirtschaftlichen, sozialen und kulturellen Menschenrechte (WSK- oder auch Sozialrechte genannt) unterscheiden sich von den politischen und bürgerlichen Rechten vor allem darin, daß sich jeder Vertragsstaat dazu verpflichtet, «einzeln und durch internationale Hilfe und Zusammenarbeit, insbesondere wirtschaftlicher und technischer Art, unter Ausschöpfung aller seiner Möglichkeiten Maßnahmen zu treffen, um fortschreitend mit allen geeigneten Mitteln, vor allem durch gesetzgeberische Maßnahmen, die volle Verwirklichung der in diesem Pakt anerkannten Rechte zu erreichen» (Art. 2 Abs. 1 UN-Sozialrechtspakt von 1966).

Der Münchner Völkerrechtler Markus Zöckler hat 1996 in einem Beitrag für den Beirat für Menschenrechtsfragen der Evangelischen Kirche in Deutschland (EKD) hervorgehoben, daß den WSK-Rechten Rechtspflichten des Staates entsprächen, diese Rechte zu respektieren, zu schützen und zu verwirklichen. Er schreibt in seinem Gutachten: «Zum einen haben staatliche Organe diese Rechte zu respektieren, indem sie Eingriffe in den Genuß oder die Ausübung dieser Rechte unterlassen. Darüber hinaus haben Staaten auch aktive Handlungspflichten, die gerade zur Verwirklichung der sozialen Rechte von größter Bedeutung sind. So hat der Staat den einzelnen zu schützen, wenn andere Personen oder Gruppen die Verwirklichung der garantierten Rechte beeinträchtigen oder verhindern. Der Staat hat Rechte zu verwirklichen, indem er die strukturellen Voraussetzungen für die Realisierung dieser Rechte schafft und, wo nötig, durch eigene Leistungen unterstützend eingreift.» Wenn Menschenrechte auch nur Staaten rechtlich bänden, seien dennoch jeder einzelne und die Gesellschaft ethisch verpflichtet, zur Verwirklichung der sozialen Rechte aller Mitmenschen beizutragen.

Zu konkreten Maßnahmen zählt Zöckler, daß zum Beispiel die Bundesrepublik verpflichtet sei, die soziale Situation daraufhin zu untersuchen, welche wirtschaftlichen, sozialen und kulturellen Bedürfnisse nur unzureichend verwirklicht werden konnten (Stichwort: ein seit Jahren fehlender, umfassender nationaler Armutsbericht durch die Bundesregierung, der durchaus durch einen Reichtumsbericht ergänzt werden sollte). Der Staat sei dann zu aktivem Handeln verpflichtet, wenn der einzelne Mensch selbst nicht in der Lage ist, seine wirtschaftlichen, sozialen und kulturellen Bedürfnisse zu verwirklichen. Bei der Wahl seiner Mittel habe der Staat einen weiten Gestaltungsspielraum und müsse bei der Hilfe zur Selbsthilfe ansetzen.

Damit stellt sich die Frage, welche spezifischen Pflichten dem Staat auferlegt werden und was genau in diesem Bereich als Menschenrechtsverletzung bezeichnet werden kann. Bis heute wurden die Staatenpflichten nicht präzise definiert, so daß sich zum Beispiel eine bestimmte Wirtschaftspolitik wohl nicht von vornherein als menschenrechtswidrig charakterisieren läßt. Besonders deutlich ist die Spannung zwischen der Verpflichtung des Staates, die WSK-Rechte zu gewährleisten, und dem Anspruch der privaten Wirtschaft, möglichst weitgehend ohne Eingriffe des Staates handeln zu können. Berührungspunkte zwischen beiden sind Themen wie Mindestlohngesetzgebung, gewerkschaftliche Rechte oder Einflußnahme des Staates auf den Arbeitsmarkt. Die umfassendste Erfahrung auf diesem Gebiet hat die Internationale Arbeitsorganisation (ILO), die in zahlreichen Konventionen Schutzstandards im Bereich der Arbeitsrechte definiert hat, übrigens lange vor der Verabschiedung der Allgemeinen Erklärung der Menschenrechte und anderer UN-Standards. Lange Zeit wurden ILO-Konventionen nicht als Teil des UN-Schutzsystems angesehen.

Zur Überprüfung des UN-Paktes über wirtschaftliche, soziale und kulturelle Rechte von 1966 wurde 1987 ein eigener Ausschuß, das *UN Committee on Social, Economic and Cultural Rights* ins Leben gerufen. Er prüft Staatenberichte und formuliert allgemeine Kommentare zu ausgewählten Artikeln des Paktes wie dem Recht auf Arbeit, Bildung, Gesundheit. Unterdessen wird von einigen NROs versucht, auch ein Individualbeschwerdeverfahren ins Spiel zu bringen, das einzelnen Personen ermöglichen würde, gegen Menschenrechtsverletzungen in ihrem Staat Klage zu erheben (wenn dieser Staat einem solchen Verfahren vorher zugestimmt hat). Jedoch ist die politische Unterstützung unter den Regierungen, die den Text eines völkerrechtlichen Vertrages ausarbeiten müssen, noch sehr schwach. Unter den NRO unterstützt besonders *Food First Information and Action*

Network (FIAN) ein solches Verfahren. Sie hat folgende Kriterien für staatliches Handeln vorgeschlagen:

«1. Der Staat ist verpflichtet, die Freiheiten des Einzelnen oder von Gruppen zu respektieren, damit sie ihren Besitz und Zugang zu den für ihren Lebensunterhalt notwendigen Ressourcen behalten.
2. Der Staat ist verpflichtet, die notwendigen Maßnahmen zu ergreifen, um Individuen oder Gruppen vor den Übergriffen Dritter auf ihre Unversehrtheit und Freiheit zu schützen, einschließlich der Möglichkeit, ihre materiellen Ressourcen zu nutzen.
3. Der Staat ist verpflichtet, Maßnahmen zu ergreifen, um die Erfüllung der durch die Menschenrechte benannten Bedürfnisse zu gewährleisten. Dies soll durch gesetzgeberische und politische Maßnahmen im Rahmen der Möglichkeiten des Staates erfolgen. Allerdings gilt der Auftrag, «unter Ausschöpfung aller seiner Möglichkeiten ... die volle Verwirklichung ... der anerkannten Rechte zu erreichen» (Sozalrechtspakt, Art. 2 Abs. 1).»

Michael Windfuhr, Exekutivsekretär im Internationalen Sekretariat von FIAN, hat in einer 1996 für die Arbeitsgemeinschaft Kirchlicher Entwicklungsdienst der Evangelischen Kirche verfaßten Studie einen stärkeren Einsatz für die WSK-Rechte gefordert.[1] Das existierende Instrumentarium des UN-Menschenrechtssystems sei stärker auszuschöpfen, um die Einhaltung der sozialen Menschenrechte zu überwachen. Auch sei es notwendig, über die WSK-Rechte besser zu informieren und eine entsprechende Bildungsarbeit zu entwickeln. Die Opfer von Verletzungen wirtschaftlicher und sozialer Rechte sollten zu Zielgruppen der Entwicklungsarbeit gemacht werden. Gestärkt werden sollten weiterhin die Kapazitäten bei Partnerorganisa-

1 Michael Windfuhr, Soziale Menschenrechte in der Entwicklungszusammenarbeit. Eine Herausforderung für die Kirchen, Hamburg 1997.

tionen des Südens, bei Verletzungen der WSK-Rechte zu intervenieren, die Dokumentation von Verletzungen der WSK-Rechte, die Lobby- und anwaltschaftliche Arbeit gegenüber staatlichen Stellen in den Ländern des Südens, die für Verletzungen von WSK-Rechten verantwortlich sind, und eine begleitende Lobby- und *Advocacy*-Arbeit im Norden, wenn im Süden wirtschaftliche und soziale Menschenrechte verletzt werden. Eine verbesserte Informations- und Lobbyarbeit zu Inkohärenzen in der nationalen oder EU-Politik, die eine Erfüllung sozialer Menschenrechte in Ländern des Südens beeinträchtigen oder verhindern, wäre eine weitere Priorität. Dies gilt ebenso für die Politik und Programme internationaler Organisationen und nichtstaatlicher Akteure wie etwa transnationale Konzerne.

Es liegt auf der Hand, daß bei fortschreitender Globalisierung und der Konkurrenz um Investitionen und Arbeitsplätze eine an den Menschenrechten orientierte Politik schwieriger wird. Häufig sieht man zunächst einmal Reaktionen des «Rette sich, wer kann». Aber wie gesellschaftliche Gruppen im Süden und im Norden zunehmend lernen, kann es nur durch ein international abgestimmtes, solidarisches politisches Handeln gelingen – und diesen Anspruch aufzugeben heißt, die eigene Zukunft abzuschreiben –, die ungleichen Auswirkungen von Globalisierungsprozessen auf arme und machtlose Bevölkerungsgruppen zu einem politischen Thema zu machen und hier gegenzusteuern.

4. Zeigen sich bei Menschenrechtsverletzungen neue Trends und Formen?

Der Generalsekretär von *amnesty international*, Pierre Sané, betonte 1995 in einer Rede vor der Jahresversammlung der deutschen Sektion, daß sich «die staatliche Repression verlagert hat: auf dem amerikanischen Kontinent von der politischen Opposition zu den Straßenkindern und Slumbewohnern, in Europa von den Dissidenten zu den Flüchtlingen» (ai-Informationen

7/1995, S. 27). In mehr als einhundert Ländern würden Kleinkriminelle systematisch gefoltert.

Diese Verschiebung auf soziale Randgruppen wie Straßenkinder und Obdachlose erschwert die Arbeit zum Teil erheblich. Zum einen sind die Sympathien für diese Bevölkerungsgruppen häufig sehr viel geringer als für den bekannten Intellektuellen, der zudem ganz andere Möglichkeiten der Artikulation hat. Zum anderen ist die Bereitschaft der Bevölkerung, Übergriffe gegen diese Opfergruppen ohne größere Kritik hinzunehmen und einfach wegzuschauen, deutlich größer, da die Angst vor der zunehmenden Gewaltkriminalität in vielen Ländern wächst und durch sensationsheischende Medienberichte weiter geschürt wird. Da Randgruppen in der Regel nur schwach, wenn überhaupt organisiert sind, und Zeugenaussagen ihrer Angehörigen von Polizei und Gerichten meist nicht ernstgenommen werden, sind effektive Untersuchungen und unparteiische Gerichtsverfahren zu Menschenrechtsverletzungen an ihnen eher die Ausnahme.

Trendaussagen zur Schwere und zu veränderten Formen von Menschenrechtsverletzungen sind schwierig, da es gegenwärtig kein Indikatorensystem zur weltweiten Erfassung aller Menschenrechtsverletzungen gibt. Allgemein läßt sich festhalten, daß es trotz des Wegfalls des Ost-West-Konflikts vielfach nicht zu einem Rückgang schwerer Menschenrechtsverletzungen gekommen ist. In einigen Regionen, wie in Afrika (mit Ausnahme einiger Länder) und Lateinamerika, sind sie jedoch deutlich geringer geworden, während sie in vielen asiatischen und Nahostländern weiter in erheblichem Ausmaß vorkommen. Im Vergleich zu den 60er und 70er Jahren läßt sich eine Verschiebung der Formen feststellen. Es gibt heute deutlich weniger politische Gefangene, dafür zunehmend Fälle von außergerichtlichen Hinrichtungen und Verschwindenlassen durch verdeckt arbeitende staatliche Spezialeinheiten, die die Verantwortung des Staates verschleiern sollen.[1]

1 Vgl. amnesty international, «Disappearances» and Political Killings, Human

Über die Ursachen für diese Veränderungen ist noch wenig bekannt, sie sind schwer zu erforschen. Offensichtlich ist die Hemmschwelle bei einigen Regierungen, politische Gegner physisch zu eliminieren, erheblich gesunken, und die Inszenierung vieler Konflikte als ethnische (im Sinne einer angeblich unlösbaren Konfrontation zwischen «ethnisch unterschiedlichen» Bevölkerungsgruppen) trägt hierzu entscheidend bei. Auch die öffentliche Anprangerung von Menschenrechtsverletzungen hat sekundär im Einzelfall eine Rolle gespielt (z. B. bei der Entscheidung argentinischer Militärs, die die Vorbilder Franco-Spaniens und Chiles 1973 vor Augen hatten, für die Strategie des Verschwindenlassens Mitte der 70er Jahre). Entscheidend für die Wahl der Repressionsmaßnahme dürften aber in erster Linie die Bedrohungsperzeption, die Definition des «Feindes» sein, sowie die relative Stärke des Regimes, die politische Kultur und der Einfluß des Auslandes.

Ein weiterer Faktor sind die Motive der politisch Verantwortlichen für Menschenrechtsverletzungen. Sie mögen zwar ihre Methoden und Strategien ändern, aber ihre Ziele bleiben dieselben: die Aufrechterhaltung der politischen Macht kleiner und kleinster Eliten, die ihre Interessen aber meist in Form der Ziele der jeweiligen nationalen und/oder ethnischen Gemeinschaft zu kostümieren wissen.[1] Eine vorübergehende Teilliberalisierung des politischen Systems ist dann zwar manchmal möglich, nicht aber ein freier Wettbewerb um die Übergabe der politischen Macht.

Besonders schwierig für die Menschenrechtsarbeit sind Situa-

Rights Crisis of the 1990s, Amsterdam 1994. Zu neueren Trends siehe Heiner Bielefeld/Volkmar Deile/Bernd Thomsen (Hrsg.), amnesty international. Menschenrechtspolitik vor der Jahrtausendwende, Frankfurt/M. 1993, Klaus Dicke/Michael Edinger/Oliver Lembcke (Hrsg.) in Zusammenarbeit mit Brigitte Hamm, Menschenrechte und Entwicklung, Berlin 1997, und Heike Alefsen u. a. (Hrsg.), Menschenrechte im Umbruch, Neuwied. i. E.

1 Vgl. Ernest Gellner, Nationalismus und Moderne, Berlin 1991, und Christian Scherrer, Ethno-Nationalismus im Weltsystem. Prävention, Konfliktbearbeitung und die Rolle der internationalen Gemeinschaft, Münster 1996.

tionen in Ländern wie Liberia, Sierra Leone und Somalia in den 80er Jahren, in denen der Staat zerfällt.[1] Die Probleme liegen auf der Hand: Mit dem Wegfall selbst einer schlecht organisierten staatlichen Organisation gibt es keinerlei Schutz der Menschenrechte, außer es gelänge, daß sich die betreffende Bevölkerung auf der lokalen oder regionalen Ebene ein eigenes, ziviles Sicherheitssystem schafft – ein sehr unwahrscheinlicher Fall. Typisch dagegen ist die Aufstellung von ethnisch oder politisch definierten Milizen, die – kaum ausgebildet und wenig diszipliniert – Übergriffe zur Durchsetzung ihrer Interessen gegenüber der Zivilbevölkerung als notwendig und legitim begreifen. Die Folgen sind schwere Menschenrechtsverletzungen, auch und besonders gegenüber Frauen und Kindern, die als «Kindersoldaten» mißbraucht werden. Die «feindliche Zivilbevölkerung» wird mit besonderer Brutalität überzogen, die Terror verbreiten soll.

In einer solchen Situation, in der Regel ohne die direkten Ansprechpartner eines Staates wie Außenministerium, Botschaften oder andere staatliche Dienststellen, haben Menschenrechtsorganisationen große Probleme, zuverlässig zu berichten (Gefährdung bei Präsenz vor Ort) und können nur über die (inter-)nationalen» Medien an die Konfliktparteien appellieren, da direkte Kontakte schwierig sind. Es sind nicht zu unterschätzende, wichtige Aufgaben, aber die direkten Einflußmöglichkeiten auf den Konfliktverlauf und den Schutz der Menschenrechte der Zivilbevölkerung und der Kriegsgefangenen (dies eine Hauptaufgabe für das Internationale Komitee vom Roten Kreuz/IKRK) sind leider gering.

Um auch in solchen Situationen handlungsfähig zu bleiben, sind von zentraler Bedeutung die Früherkennung heraufziehender bewaffneter Konflikte (siehe hierzu weiter unten), und, so-

1 Vgl. Rainer Tetzlaff, Afrika zwischen Demokratisierung und Staatszerfall, in: Aus Politik und Zeitgeschichte, B 21/98, 1998, S. 3–15, und Helmut Bley, Grenzen und Staat. Die Bedeutung der kolonialen Grenzziehung für das heutige Afrika, in: epd-Entwicklungspolitik, Nr. 18, 1997, S. 31-34.

weit möglich, die Unterstützung wichtiger gesellschaftlicher Gruppen, so daß politische Entscheidungen und Verhandlungen nicht ausschließlich von dem in der Regel demokratisch nicht legitimierten (und schwer zu kontrollierenden) «militärischen Sektor» getroffen und geführt werden. Auch Hilfen, um eine regelmäßige Berichterstattung zu Menschenrechtsverletzungen und die Identifizierung von hierfür politisch Verantwortlichen fortzusetzen, können entscheidend dazu beitragen, daß Länder in solchen Situationen nicht einfach durch das Sieb traditioneller Menschenrechtsarbeit fallen.

5. Ausblick: Führt Globalisierung zu mehr Interventionen gegen Menschenrechtsverletzungen?

Wie auch auf anderen Gebieten sind die Wirkungen der Globalisierung weder eindeutig negativ noch positiv, sondern zwiespältig. Eigentlich wissen wir noch wenig Genaues über Prozesse, die sich gerade erst entfalten. Deshalb können die folgenden Bemerkungen auch nur erste Hinweise geben.

Die wirtschaftlich-soziale Lage breiter Bevölkerungskreise ist in vielen Ländern seit Jahren widersprüchlich. Das zeigt zum Beispiel der Abbau einer vielfach rudimentären sozialen Sicherheit gerade in Zeiten, in denen weite Kreise der Bevölkerung an wirtschaftlichen Erfolgen nicht mehr teilhaben.

Gleichzeitig läßt sich eine enorme Zunahme und Verbreitung von Informationen über Menschenrechtsverletzungen feststellen, die die Reaktion politisch interessierter Regierungen, von NROs und den Medien erleichtern und ihr dadurch mehr Schubkraft verleihen. Die Zahl der Regierungen, die ihr Land noch von der Weltöffentlichkeit abschotten können, wird immer geringer. Indessen können sich auch weiterhin Regierungen halten, die für systematische Menschenrechtsverletzungen verantwortlich sind, ohne daß ein Ende oder auch nur Ansätze einer Liberalisierung in diesen Ländern sichtbar wären.

Ermutigend ist die weitgehende öffentliche Zustimmung zu

UN-Menschenrechtsnormen auf der Ebene offizieller Regierungsverlautbarungen – keinesfalls eine Selbstverständlichkeit, wenn man an die alten Kontroversen über westliche, marxistische und Dritte-Welt-Menschenrechtskonzepte zurückdenkt. Auch die anhaltende Debatte über Kulturrelativismus, die vor allem mit einigen islamischen und asiatischen Regierungen geführt wird, kann dieser zunehmenden Akzeptanz kaum noch etwas anhaben.

Andererseits haben sich die Hoffnungen auf eine deutlich stärkere Rolle der UN in der Auseinandersetzung mit systematischen Menschenrechtsverletzungen (und bei der Bedrohung des Friedens) bis auf einige wenige und zwiespältige Ausnahmen nicht erfüllt. Die ambivalenten Erfahrungen mit Kambodscha, Somalia und Ex-Jugoslawien haben innerhalb der UN zu einer deutlich größeren Vorsicht und Zurückhaltung geführt. Auch der Aufbau von Einsatzmöglichkeiten regionaler Organisationen – etwa bei der OAU mit Hilfe der USA – steht noch sehr am Anfang. Insgesamt zeigt sich, daß internationale Organisationen im konkreten Testfall sehr viel stärker von einigen wenigen Regierungen abhängig sind, als das von ihnen selbst propagierte Bild einer *internationalen* Organisation in der Öffentlichkeit wahrhaben will.

Zwischen der Sprache von Regierungen oder den Konferenzdialogen und der innenpolitischen Wirklichkeit vieler Länder mit ihren beharrenden Machtstrukturen klafft natürlich eine enorme Lücke. Die Möglichkeiten massiven öffentlichen und politischen Drucks – wenn es denn gelungen ist, hierfür eine Allianz aufzubauen – brechen sich nur allzuhäufig an dem Widerstand größerer menschenrechtsverletzender Staaten, vor allem dann, wenn diese über erhebliche politische, wirtschaftliche und militärische Ressourcen verfügen. Regierungen, internationale Finanzinstitutionen (Internationaler Währungsfonds, Weltbank, regionale Entwicklungsbanken) und transnationale Konzerne können Vertretern von Regierungen und Eliten dieser Länder die richtigen – oder die falschen – Signale geben. Besonders Regierungen bewerten sicherheitspolitische Interessen traditionell sehr viel höher als menschenrechtliche Anliegen. Ein Umdenken in diesen eher geschlossenen, dem demokratischen Diskurs meist entzogenen außenpolitischen Zirkeln zu erreichen ist eine schwere, aber nicht unmögliche Aufgabe. Wissenschaft und vor allem die viel gescholtenen Medien können in vielen Gesellschaften, auch wenn diese (noch) nicht demokratisch sind, einen heilsamen Druck ausüben.

Manchmal werden Versuche im Verhältnis zwischen Süd und Nord, Menschenrechte einzufordern, als ein «neuer Interventionismus» des Westens kritisiert. Dies ist vor allem eine Konsequenz aus der Tatsache, daß Menschenrechtsverletzungen heute nicht mehr so leicht unter dem Mantel des völkerrechtlichen Nichteinmischungsgebots «verschwinden» können. Über sie wird zumindest meist in den Medien berichtet, und sie werden von einigen Regierungen und internationalen Organisationen kritisiert. Mit einer solchen Kritik wird aber auch die politische Legitimität der betreffenden Regierung in Frage gestellt, die auf eine solche Kritik nicht selten abweisend reagiert, keine (ernsthaften) Untersuchungen zu Menschenrechtsverletzungen unternimmt oder offensichtlich wenig fundierte Erklärungen abgibt, die den Fall «wegerklären» sollen. Vor einem solchen «Interventionismus» muß sich dann niemand fürchten. Er ist so lange notwendig, wie Regierungen, die die von ihnen unterschriebenen UN-Menschenrechtsabkommen nicht beachten, ihre Verpflichtungen als UN-Mitgliedsstaaten nicht einhalten (Ziel der UN ist u.a. die Achtung und Verwirklichung der Menschenrechte, vgl. Art. 1 Abs. 3 und Art. 55 der UN-Satzung von 1945).

Schwieriger wird es dagegen, wenn der Kritik an Menschenrechtsverletzungen andere, zum Beispiel wirtschaftliche und sicherheitspolitische Interessen zugrunde liegen, wenn es also zu einer Mischung unterschiedlicher Motive und Interessen kommt. Ein gutes Beispiel hierfür ist das Verhältnis zwischen der Europäischen Union und der Türkei in der Frage der türkischen EU-Mitgliedschaft. Zum einen werden in der westeuropäischen Öffentlichkeit Argumente wie Defizite in der Demokratie und bei der Beachtung der Menschenrechte angeführt, die der Sache nach zutreffend sind, um dem Land die «EU-Reife» abzusprechen. Dann spielen aber auch die Wirtschaftslage in der Türkei und, weniger in der Öffentlichkeit betont, die EU-Garantie auf freie Wahl des Arbeitsplatzes eine große Rolle, also die große Sorge, daß die Migration stark zunehmen könnte, falls die Türkei EU-Mitglied wird.

Ein anderes Beispiel ist China, das auf Kritik an Menschenrechtsverletzungen aus dem Westen antwortet, diesem ginge es nicht mehr nur um Menschenrechte, sondern um nationale Interessen und allgemeine Machtinteressen. Die chinesische Regierung hat dies wiederholt gegen die westlichen Länder vorgebracht. 1993 warnte der stellvertretende Außenminister Liu Huaqiu bei der Wiener UN-Menschenrechtskonferenz, die (westliche) Position, das Nichteinmischungsgebot sei auf die Menschenrechtsfrage nicht anwendbar, sei nicht haltbar: «... ein solches Denken und Handeln sind im Kern eine Form der Machtpolitik. Sie widersprechen den Zielen und Prinzipien der UN-Charta und der erhabenen Sache des Schutzes der Menschenrechte».[1]

Indessen: Wenn die Beachtung der Grund- und Menschenrechte dem innenpolitischen Machtkalkül geopfert wird, bleibt häufig nur die Reaktion des öffentlichen Protestes[2] die aber in jedem Fall auch auf die Stärkung der lokalen Kräfte abzielen sollte, die sich im Zielland für Menschenrechte und Demokratie einsetzen. Dies hat eine objektive und subjektive Seite: Der Regierung wird deutlich gemacht, daß die innenpolitische Lage und die Art, wie die Regierung damit umgeht, vom Ausland aus genau beobachtet wird, das heißt, ihre Politik wirkt sich auf die Beziehungen mit anderen Staaten aus. Auf der subjektiven Seite ist die moralische und praktische Stützung von Menschenrechts-

1 Lui Huaqiu, in: ZEIT-Punkte, Nr. 2, 1993, S. 93.

2 Hierzu gehören auch Kenntnisse darüber, welche Hilfe und Hilfsquellen man in der Menschenrechtsarbeit erhalten kann. Vgl. Pia Bungarten/Ute Koczy (Hrsg.), Handbuch der Menschenrechtsarbeit, Bonn.

gruppen von großer Bedeutung, da diese nicht selten von der eigenen Regierung und deren Polizei- und Militärapparat massiv durch Drohungen, Schikanen und schließlich Menschenrechtsverletzungen unter Druck gesetzt werden.

Das Ausland – oder die «internationale Gemeinschaft» – sollte nicht versuchen, durch eigene Maßnahmen Innenpolitik gewissermaßen zu «ersetzen». Dies hat kaum Chancen. Gefragt sind die gesellschaftlichen Kräfte vor Ort, die freilich auch einen Handlungsspielraum für sich haben müssen, also nicht ständig von Regierung oder anderen politischen Machtgruppen in ihren Möglichkeiten, zu diskutieren und ihre Interessen zu artikulieren, eingeschränkt werden dürfen. Es geht darum, klare und deutliche Zeichen für demokratiefördernde Kräfte auch dann zu geben, wenn entsprechende Schritte die eigenen Interessen für einen bestimmten Zeitpunkt beeinträchtigen. Und es muß auch erreicht werden, den Konsens über den Einsatz für Menschenrechte in der Außen- und Entwicklungspolitik weit über die bisher engagierten Staaten hinaus zu erweitern.

Menschenrecht nehmen …

Dominic Johnson

Ruanda: Anatomie eines Völkermordes

Schleppende Aufarbeitung, während das Morden bis heute weitergeht

Der Völkermord in Ruanda 1994 war einer der größten Massenmorde der Weltgeschichte. Innerhalb von drei Monaten, zwischen dem 6. April und Anfang Juli 1994, wurden den präzisesten Schätzungen zufolge zwischen 800 000 und 850 000 Menschen umgebracht – über ein Zehntel der Gesamtbevölkerung Ruandas. Nach Berechnungen des Historikers Gerard Prunier, der sich auf demographische Erhebungen stützt, starben in dieser Zeit etwa 800 000 Tutsi und etwa 30 000 Hutu. Damit wurde der größte Teil der Tutsi-Bevölkerung von Ruanda, die damals auf nahezu eine Million Menschen geschätzt wurde, ausgelöscht.

Es handelte sich um einen gezielten Versuch extremistischer Hutu-Kreise in Ruanda, die Tutsi-Minderheit auszurotten, um nicht mit ihr die Macht teilen zu müssen. Somit entsprechen die Ereignisse in Ruanda 1994 der völkerrechtlichen Definition des Völkermordes, wie sie in der UNO-«Konvention über die Verhütung und Bestrafung des Völkermordes» vom 9. 12. 1948 festgelegt ist – als Handlung, «die in der Absicht begangen wird, eine nationale, ethnische, rassische oder religiöse Gruppe als solche ganz oder teilweise zu zerstören».

Instrument bei der Vorbereitung des Genozids war das ideologische Konstrukt eines unveränderlichen Hutu-Tutsi-Gegensatzes. Sowohl in Ruanda wie Burundi gibt es seit Jahrhunderten eine komplexe soziale Schichtung, in denen die Kategorien von Tutsi und Hutu eine wichtige Rolle spielen, wobei in Ruanda die Existenz eines jahrhundertealten Tutsi-Königshauses dazukam. Grundelement der Ideologie des Genozids ist jedoch die Überzeugung, die Hutu seien die ursprüngliche Bevölkerung der Region, während die Tutsi erst später eingewandert seien und einen Fremdkörper darstellten. Da die Tutsi immer versucht hätten, die Hutu zu beherrschen, müsse der Tutsi-Fremdkörper aus der Gesellschaft entfernt werden, um die Selbstbestimmung der Hutu-Mehrheit zu ermöglichen.

Diese Ideologie bestimmte das Selbstverständnis des Staates Ruanda, als dieser von Belgien 1962 in die Unabhängigkeit entlassen wurde. Die traditionelle Tutsi-Aristokratie des Landes war während der deutschen und belgischen Kolonialherrschaft zunächst gestärkt worden, aber 1959 hatten ruandische Politiker der Partei MDR-Parmehutu («Partei der Hutu-Emanzipationsbewegung») unter Georges Kyibanda in einer sogenannten «Sozialen Revolution» die Tutsi-Aristokratie entmachtet und zum Teil auch umgebracht oder außer Landes getrieben. Kayibanda nannte als Ziel der Revolution die «Rückgabe des Landes an seine Eigentümer, die Hutu». Danach war die Spaltung des ruandischen Volkes in Hutu und Tutsi durch Kennzeichnung in den Personalausweisen und Bestimmung eines Quotensystems in der öffentlichen Verwaltung konstitutiv für das politische System des Landes.

Die «Erfindung» von Hutu und Tutsi

Dieses Denken folgt eigentlich einem kolonialen Muster, fußt es doch auf der kolonialen Sicht der ruandischen Gesellschaft. Erst die kolonialen Herrscher reduzierten das komplexe System der vorkolonialen sozialen Stufung zu einem binären Hutu-Tutsi-Gegensatz, wobei in der Volkszählung von 1930 – die die bis heute gebräuchlichen Zahlen von 85 Prozent Hutu und 14 Prozent Tutsi ergab – jeder Besitzer von mindestens zehn Kühen als Tutsi definiert wurde und alle anderen als Hutu. Im kolonialen Schulunterricht lernten die Ruander, die Tutsi seien keine richtigen Afrikaner, sondern etwas Höheres, den Europäern ähnlich. Kein Wunder, daß einige Tutsi daraus die Überzeugung gewannen, sie seien tatsächlich zum Herrschen geboren, während radikale Hutu aus der ihnen nahegebrachten Minderwertigkeit in der Umkehrung eine Befreiungsideologie des «Hutu Power» zimmerten. «Die ruandische Geschichte lehrt uns, daß der Tutsi sich immer als schlauer und intelligenter als der Hutu angesehen hat», schrieb 1992 der ruandische Politiker Jean Barahinyura. «In Wahrheit ist der Hutu aus Natur gut und ehrlich, während der Tutsi böse, zynisch und hinterhältig ist ... Die Soziale Revolution von 1959 hat zum Glück den Hutu ermöglicht, sich politisch und sozial zu emanzipieren, aber die mentale Emanzipation muß noch vollzogen werden.» Barahinyura war im gleichen Jahr Mitgründer der Partei «Komitee zur Verteidigung der Republik» (CDR), die maßgeblich am Völkermord beteiligt war.

Bis heute vergessen Beobachter immer wieder, daß viele Familien in Ruanda und Burundi aus Hutu wie auch Tutsi bestehen. Es gibt eine ruandische Sprache und Kultur und eine burundische Sprache und Kultur, aber keine Hutu- oder Tutsi-Sprache. Hutu können im Zuge des sozialen Aufstiegs Tutsi werden und umgekehrt. Der belgische Autor Jean-Pierre Hallet meinte in den 50er Jahren, daß die Unterscheidung von Tutsi und Hutu am ehesten mit dem Statusgefälle zwischen Autofahrern und Fußgängern in den USA zu vergleichen wäre. Mischung der beiden Gruppen und Wechsel von einer zur anderen waren kein Kuriosum, sondern Normalität.

Erst die von Hutu-Politikern propagierte Definition der beiden Gruppen als Ethnien und damit der Tutsi als Fremden vertiefte die Gräben. Der Soziologe Peter Pieck hält die Neigung der ruandischen Behörden unter den Präsidenten Georges Kayibanda (1962 bis 1973) und Juvenal Habyarimana (1973 bis 1994), alle Übel auf ein entweder drohendes oder noch nicht vollständig überwundenes Tutsi-Machtstreben zurückzuführen, für die Grundlage der Bereitschaft zum Völkermord. Seit 1959 lebten Tutsi-Flüchtlinge aus Ruanda in den Nachbarländern – bis 1990 waren es mit ihren Nachkommen etwa 600 000 geworden –, die auf ihre Rückkehr drängten. Anfang Oktober 1990 nahm die «Ruandische Patriotische Front» (RPF) aus Uganda den Kampf gegen die ruandische Regierung auf. Die RPF entstand als Guerillabewegung aus ruandischen Tutsi-Flüchtlingen in Uganda, die vorher in der ugandischen Armee gedient und zum Teil in hohe Positionen aufgestiegen waren.

Dies schien der ruandischen Regierung den Beweis zu liefern, daß nun der Kampf um die Macht zwischen Hutu und Tutsi entbrannt sei. In den Tagen nach den ersten Aktionen der RPF wurden Hunderte Tutsi in Ruanda getötet und nach amtlichen Angaben 8047 politische Gegner des Regimes verhaftet. Von diesem Zeitpunkt datiert die binäre Weltsicht, die den Countdown zum Völkermord bestimmte und darin bestand, alle Ruander in Freunde und Gegner des Regimes aufzuteilen, wobei die Gegner als Freunde der Tutsi definiert wurden.

Anfang 1991 begannen Gerichtsprozesse gegen politische Oppositionelle wegen «Komplizenschaft» mit der RPF. Bereits im Dezember 1990 veröffentlichte die extremistische Zeitung *Kangura* («Erwache!») die berüchtigten «Zehn Hutu-Gebote», die alle Hutu, die sich mit Tutsi einließen, als «Verräter» bezeichnete. «Die Hutu müssen aufhören, Mitleid mit den Tutsi zu haben», hieß es in einem begleitenden «Appell an das Hutu-Gewissen». Daß im Juli 1991 das Mehrparteiensystem eingeführt wurde, war weniger ein Schritt zur Demokratisierung, es erleichterte den radikalen Kräften in der Regierung vielmehr die Unterscheidung zwischen Freund und Feind. Im Dezember 1991 verfaßte eine Sonderkommission des ruandischen Generalstabs eine Liste der «feindlichen Milieus», die wie folgt definiert wurden: Tutsi, «unzufriedene Hutu», «mit Tutsi verheiratete Ausländer», «die nilo-hamitischen Völker der Region» und «flüchtige Kriminelle».

Ein Bericht des ruandischen Verteidigungsministeriums vom 29. September 1991 gibt die Ergebnisse eines Treffens von Bürgermeistern, Justiz- und Militärverantwortlichen in der Region Mutara am 26. September wieder, bei dem die Bildung von «Volksverteidigungsgruppen» beschlossen wurde. Verheiratete Männer zwischen 25 und 40, die «ausreichend Moral, Patriotismus, Gemeinsinn und Mut beweisen», sollten vom Militär im

Gebrauch von Schußwaffen ausgebildet werden. Ziel sei, pro Verwaltungseinheit von zehn Gehöften mindestens einen Bewaffneten verfügbar zu halten. Im März 1992 meldete die belgische Botschaft in Ruanda ihrer Regierung, es gebe einen «geheimen Generalstab, der mit der Auslöschung der Tutsi in Ruanda beauftragt ist, um aus seiner Sicht definitiv das ethnische Problem in Ruanda zu lösen und die innere Hutu-Opposition zu vernichten». Zu den Mitgliedern dieses «geheimen Generalstabs» zählten zwei Schwager des Präsidenten, Protais Zigirayirazo und Elie Sagatwa, dazu unter anderem der Polizeichef und der Präfekt der Hauptstadt Kigali. Im selben Monat wurde die CDR als radikale Abspaltung der Regierungspartei MRND gegründet. Kurz zuvor war es im Ort Bugesera zu Massakern an mehreren hundert Tutsi gekommen. Die belgische Botschaft identifizierte als Täter ein Kommando aus Schülern einer Polizeischule und zwei Gruppen der MRDN-Jugendorganisation «Interahamwe».

Das organisatorische Dispositiv des Völkermordes wuchs in dem Maße, wie sich die Regierung Habyarimana unter internationalem Druck zentimeterweise auf eine Demokratisierung und eine politische Lösung des Konflikts mit der RPF zubewegte. Im April 1992 wurden zum erstenmal gemäßigte Oppositionsparteien in die Regierung aufgenommen, im Juli 1992 schloß die Regierung einen ersten Waffenstillstand und im Oktober 1992 ein erstes Machtteilungsabkommen mit der RPF. Gleichzeitig organisierten hohe Politiker der Regierungspartei MRND bereits den zukünftigen bewaffneten Widerstand. Leon Mugesera, Vizepräsident der MRND, rief am 22. November 1992 in einer öffentlichen Rede dazu auf, die Führer der demokratischen Opposition zu töten und die Tutsi als Leichen auf dem Wasserweg «nach Hause» nach Äthiopien zu schicken. Ab Januar 1993 kam es regelmäßig zu Zusammenstößen zwischen MRND-Milizionären und Oppositionsparteien sowie zu Massakern an Tutsi, die wie später 1994 als «Arbeit» und «Abholzen» bezeichnet wurden. Eine internationale Menschenrechtskommission stellte im März 1993 fest, es bestehe in Ruanda eine «bewußte Intention, sich gegen eine Ethnie sowie allgemein gegen politische Gegner zu richten» und führte aus: «Im Umfeld des Staatschefs gibt es eine gewisse Anzahl Personen, die Massaker oder Einzelattentate begehen.» Die Kommission rückte die etwa 2000 festgestellten Morde in die Nähe des Genozids: Es stelle sich die Frage, «ob die Designation der ethnischen Gruppe ‹Tutsi› als zu zerstörendes Ziel einer Intention im Sinne der Genfer Konvention entspricht, diese Gruppe oder einen Teil davon als solche zu zerstören».

Am 4. August 1993 unterschrieben Ruandas Regierung und die RPF im tansanischen Arusha ein Friedensabkommen. Dieses sah vor, unter Schutz einer UN-Blauhelmtruppe Übergangsinstitutionen aus allen Parteien zu bilden. Die Regierungsarmee und die RPF sollten zusammengelegt werden und die Flüchtlinge zurückkehren. Die Umsetzung des Abkommens gedieh aber nicht, weil wesentliche Kräfte um Präsident Habyarimana jede Machtteilung mit den Tutsi ablehnten. Weil das Abkommen die Einbeziehung aller Parteien in Übergangsparlament und Übergangsregierung vorsah, betrieben Hutu-Extremisten erfolgreich die Infiltration und Spaltung aller in Ruanda aktiven Oppositionsparteien: In jeder Gruppe bildete sich ein Flügel heraus, der die Machtteilung mit der RPF ablehnte und für eine Rückkehr zu den Idealen von 1959 eintrat. Wegen der daraus entstehenden endlosen innerparteilichen Machtkämpfe, bei denen auch Blut floß, wurde die Bildung der Übergangsinstitutionen immer wieder verzögert, so daß der Friedensprozeß nicht vorankam.

Zugleich gab es immer wieder politische Morde, Aufmärsche der Milizen und die Bildung von Waffenlagern, während Medien wie *Kangura* und die von MRND-Mitgliedern gegründete, ab Juli 1993 sendende extremistische Radiostation «Radio-Télévision des *Mille Collines*» vom bevorstehenden neuen Krieg gegen die Tutsi sprachen. Ende 1993 importierte der Geschäftsmann Felicien Kabuga, ein enger Vertrauter des Präsidenten Habyarimana und Aktionär von Radio *Mille Collines*, 25 Tonnen Macheten aus Kenia. Zuvor hatte die ruandische Armee große Mengen Handgranaten im Ausland eingekauft. Weder Macheten noch Handgranaten sind für einen klassischen Krieg besonders nützlich – für das Umbringen von Zivilisten erwiesen sie sich aber als ideal.

Der Völkermord wird vorbereitet – Hinweise an die UNO

Ab Ende 1993 war die Situation allen politischen Verantwortlichen bewußt. Am 3. Dezember warnte eine Gruppe ruandischer Armeeoffiziere die UNO schriftlich, eine «terroristische Gruppe» aus «gewissen Militärs» sei dabei, Massaker im ganzen Land vorzubereiten, vor allem in Gegenden mit einem hohen Anteil von Tutsi an der Bevölkerung. «Diese Strategie soll die Bevölkerung glauben machen, es handelt sich um ethnische Unruhen, und damit die RPF wie bereits im Februar 1993 zum Bruch des Waffenstillstands provozieren, was als Vorwand zur allgemeinen Aufnahme von Feindseligkeiten dienen würde.» Der Kommandeur der UN-Blauhelmtruppe UNAMIR in Ruanda, der Kanadier General Dallaire, meldete der UNO am 11. Januar 1994 unter Berufung auf einen Informanten in der MRND, die «Interahamwe» hätten allein in Kigali 1700 Mann unter Waffen und faßte die Aussage seines Informanten so zusammen: «Seit dem UNAMIR-Mandat ist er angewiesen, alle Tutsi in Kigali zu registrieren. Er hat den Verdacht, das könnte für deren Auslöschung sein.» Viele diplomatische Dokumente vom Februar und März 1994 bezeugen die Sorge, es könne zu großangelegten Massakern in Ruanda kommen. Mitte März sagte ein ruandischer Offizier einem belgischen UN-Kollegen, man werde die Tutsi liquidieren, sollte das Arusha-Abkommen umgesetzt werden.

In ihrer März-Ausgabe prophezeite die extremistische Zeitung *Kangura* den Tod von Habyarimana. In einem Artikel mit dem Titel «Habyarimana wird im März sterben» schrieb die extremistische Zeitung, der Präsident werde «von einem Mitglied der ruandischen Armee» erschossen werden, sobald er die im

Arusha-Vertrag vorgesehenen Übergangssituationen eingesetzt habe. Am 24. März stimmte Habyarimana tatsächlich der Einsetzung eines Übergangsparlaments mit den von den jeweiligen Parteien vorgeschlagenen Abgeordneten zu. Am 3. April meldete der deutsche Botschafter in Ruanda, der Friedensprozeß sei «auf gutem Wege». Am 5. April verlängerte der UN-Sicherheitsrat das Mandat der UN-Truppe UNAMIR um vier Monate.

Gegen 20.30 Uhr am Abend des 6. April 1994 stürzte über dem Gelände des Präsidentenpalastes der ruandischen Hauptstadt Kigali ein Flugzeug ab, in dem unter anderem Ruandas Präsident Juvenal Habyarimana und sein burundischer Amtskollege Cyprien Ntaryamira saßen. Die beiden Präsidenten kehrten gerade von einem Ostafrika-Gipfel im tansanischen Arusha zurück. Der Absturz des Flugzeuges war auf den Abschuß dreier Luftabwehrraketen von einem Militärgelände bei Kigali zurückzuführen. Bereits um 21 Uhr wurde die Nachricht von Habyarimanas Tod über Radio *Mille Collines* verbreitet. Die Präsidialgarde, die laut Arusha-Vertrag aufgelöst werden sollte und daher kein Interesse am Frieden besaß, errichtete sofort überall in der Hauptstadt Straßensperren.

Am 7. April ergriff die radikale Fraktion der ruandischen Armee die Macht, geleitet von Leutnant Theoneste Bagosora. Nach Angaben des damaligen Finanzministers Marc Rugenera begann Bagosora sofort nach dem Absturz des Präsidentenflugzeuges, mit ausländischen Botschaften Kontakt aufzunehmen, und bildete dann seine eigene Regierung. Bagosora begab sich damit in einen Machtkampf mit der bisherigen Übergangspremierministerin Agathe Uwilingiyimana von der gemäßigten Partei MDR, die beschlossen hatte, sich unter UNO-Schutz am Morgen des 7. April per Radio an die Bevölkerung zu wenden, um sie zur Ruhe aufzufordern.

Ruandas Militär gewann gegen die UNO. Uwilingiyimana erreichte den Rundfunksender nie. Die Präsidialgarde umstellte ihr Haus und tötete schließlich die Premierministerin zusammen mit den sie beschützenden belgischen UN-Soldaten. Der Staatsrundfunk gab zugleich seine eigene Version der Ereignisse wieder, wie die belgische Journalistin Els de Temmerman sich erinnert: «Radio Ruanda sagte, belgische Fallschirmjäger hätten das Präsidentenflugzeug abgeschossen. Seit Habyarimanas Tod sendeten sie klassische Musik und die Ankündigung, man werde jetzt alle Welt umbringen.»

Auf den Straßen regierten an diesem Tag die Armee, die Präsidialgarde und die MRND-Miliz «Interahamwe». Eine Ausgangssperre wurde verhängt, Soldaten und Milizionäre durchsuchten Gebäude nach Regimegegnern, und es wurden schon offenbar vorab gedruckte Flugblätter verteilt, auf denen zur Ermordung aller Tutsi aufgerufen wurde. Mehrere Minister und Oppositionelle wurden getötet. Ein Zeuge vor dem Ruanda-Völkermordtribunal sagt später aus, wie zum Beispiel Georges Rutaganda, zweiter Vizepräsident der Interahamwe, den Ablauf der Dinge koordinieren half: «Ich erfuhr vom Flugzeugabsturz in den 6-Uhr-Nachrichten von Radio Ruanda. Ich hatte Angst. Der Befehl war, das Haus nicht zu verlassen, aber Mitglieder der CDR (Hutu-Extremistenpartei) und der Interahamwe liefen frei herum. Gegen zehn Uhr begannen wir, Schüsse zu hören. Aus einem herumfahrenden Auto wurde der bevorstehende Ausbruch von Kämpfen angekündigt ... Ich ging mit vielen Leuten weg. Ich traf auf Interahamwe unter Führung von Rutaganda. Er war gerade dabei, dem Zellenführer und seinem Berater den Befehl zu geben, Straßensperren zu errichten ... Der Befehl wurde sofort ausgeführt. Wer als Tutsi identifiziert wurde, wurde verhaftet. Manche starben. Rutaganda sagte, er käme von einem anderen Bezirk, wo er mit dem Völkermord schon fertig sei. Rutaganda sagte, kein Tutsi werde die Straßensperren passieren ... Die Interahamwe in Rutagandas Auto schwenkten bluttriefende Macheten.»

Die Morde geschahen unter dem Deckmantel des Abwehrkampfes gegen die Tutsi-Guerilla RPF, die laut Arusha-Vertrag seit Dezember 1993 bereits einen Vortrupp in Kigali stationiert halten durfte. Dieser Vortrupp griff wegen des absehbaren Zusammenbruchs des Friedensprozesses zu den Waffen. Zugleich gab es Machtkämpfe zwischen verschiedenen Teilen des Militärs. Die radikale Fraktion behielt schließlich die Oberhand, stellte die UNO kalt und rief am 8. April eine eigene Übergangsregierung aus. Am gleichen Tag berichtete UN-Sonderbeauftragter Jean-Jacques Booh Booh dem UN-Untergeneralsekretär Kofi Annan über die Lage: «Das Auftreten einer gut geplanten, organisierten, bewußten und klug orchestrierten Terrorkampagne, die seit dem Morgen nach dem Tod des Staatschefs hauptsächlich von der Präsidialgarde geführt wird, hat die Lage in Kigali völlig verändert. Angriffe richten sich nicht nur gegen Oppositionsführer, sondern auch gegen die RPF, gegen bestimmte ethnische Gruppen, gegen die Zivilbevölkerung im allgemeinen und gegen die UNAMIR.»

Völkermord als Teil eines Machtkampfes

Es handelte sich also nicht um eine Explosion ethnischen Hasses, wie es im nachhinein zuweilen vereinfachend dargestellt wird, sondern um den zielgerichteten Versuch einer politisch-militärischen Elite, die Macht zu monopolisieren. Die Auslöschung aller Tutsi war ein Teil davon. Zunächst waren Gardisten und Milizionäre damit beschäftigt, ihre unmittelbaren politischen Gegner zu eliminieren – Hutu und Tutsi. Dies waren die berühmten Morde nach vorbereiteten Listen, die bereits in den ersten Tagen des Genozids Tausende Tote forderten. Die Hilfsorganisation «Ärzte ohne Grenzen» sprach am 8. April von meterhohen Leichenbergen in Kigali. Das Internationale Rote Kreuz schätzte die Opferzahl allein in Kigali am 10. April auf 10 000.

Als die Milizen die Oberhand gewonnen hatten, zwangen sie weitere Hutu-Zivilisten, sich der darauf folgenden Kampagne zur Ausrottung aller Tutsi anzuschließen. Das Endergebnis war überall das gleiche: Auf Aufforderung der Milizen und lokalen Autoritäten begann im ganzen Land eine systematische Suche nach den Tutsi, um sie allesamt umzubringen. «Gemeindepräsidenten riefen die lokale Bevölkerung zu Versammlungen, in denen Agitatoren die Bauernbevölkerung anspornten, die ansässigen Tutsi zu töten», berichtet der Ethnologe Christian Scherrer. «Den Totschlägern gehörte dann die gesamte Habe der Ermordeten. Es wurde jedem offiziell erlaubt, die Häuser der Tutsi abzubrennen und ihre Kühe zu schlachten. Den kleinen Beamten oblag es, die Produktion und den geregelten Nachschub von Bananenbier für die Totschläger zu organisieren. Diese Aufgaben mußten von lokalen Beamten in allen von mir besuchten Kommunen erfüllt werden, ansonsten wären sie selbst von Mitgliedern der Präsidentengarde umgebracht worden.» In manchen Gegenden setzte dies bereits in der Nacht von Habyarimanas Tod ein.

Mit jedem Tag wurde das Töten systematischer, allgemeiner und großflächiger. Die Dynamik des Völkermordes erklärt sich aus der Siedlungsstruktur Ruandas: Die Landbevölkerung lebt nicht konzentriert in Dörfern, sondern in unzähligen kleinen Gehöften, die über die Hügel verstreut sind. Weil kaum jemand wußte, was eigentlich vorging, versammelten sich in den Tagen nach Beginn der Massaker immer mehr Menschen in dörflichen Zentren, wo es gesellschaftlichen Austausch, öffentliche Institutionen und öffentliche Gebäude wie Schulen, Krankenhäuser und vor allem Kirchen gibt – zuweilen eben auch auf Aufforderung der lokalen Behörden. Diese Ansammlungen verängstigter Menschen wurden dann entweder zur Zwangsrekrutierung von Killern genutzt, oder sie wurden selber Schauplätze von Massenmorden.

Ein evangelischer Kirchenmitarbeiter in der südwestlichen Präfektur Cyangugu hat protokolliert, wie in solchen Situationen der Genozid ablaufen konnte. Der Autor listet auf, wie viele Menschen sich nach dem 7. April in einzelnen Gemeinden in Kirchengebäuden und auf öffentlichen Plätzen versammelten: «Gemeinde Hanika: 2000. Gemeinde Nyamasheke: 3000. Gemeinde Muyange: 300. Gemeinde Shangi: 5000 ...» – insgesamt 20480 Menschen in elf Orten. Dann beschreibt er das Geschehen: Die 2000 Menschen in der Kirche von Hanika wurden am 11. April allesamt von Interahamwe getötet und anschließend «in Anti-Erosionsgräben begraben». In Nyamasheke wollte der Bischof von Cyangugu, Thadee Nthinyura, die Flüchtlinge eigentlich am 14. April evakuieren, mußte aber wieder umkehren, nachdem Milizionäre seinen Autokonvoi stoppten und seine Begleiter töteten. «Die Militärs, die zum Schutz dieser Flüchtlinge abgestellt waren, sind auf diese losgegangen, als der Bischof abgereist war. Sie haben einfach in die Menge geschossen und wurden dabei noch von den Polizisten der Commune unterstützt.» In Shangi beschoß die Armee die in den Ort geflohenen Menschen am 13. April mit Granaten: «Die Gendarmes holten die Erwachsenen ab und brachten sie zur Gemeinde, wo sie sie töteten.»

Der Bericht fährt fort: «Praktisch alle Leute wurden ohne jede Hemmungen getötet, und oft wurden bestimmte Individuen oder ‹Kategorien› noch schwer gefoltert, bevor man sie erledigte. Doch um eine ungefähre Vorstellung von der tatsächlichen Zahl der Toten zu bekommen, muß man all diese Zahlen mit drei, vier, wenn nicht fünf multiplizieren. Denn eine sehr große Zahl ist vor Ort, auf den Hügeln umgebracht worden, bevor sie überhaupt Gelegenheit hatten, in die Gemeinden oder Hauptorte zu fliehen.»

Das Töten intensivierte sich noch, nachdem die Vereinten Nationen am 15. April beschlossen, ihre Mission in Ruanda nicht auszuweiten. In Reaktion darauf, so die US-Menschenrechtlerin Alison Des Forges in ihrer Aussage vor dem Ruanda-Völkermordtribunal, beschloß die neue Übergangsregierung in Ruanda, die Morde auch auf bisher wenig betroffene Gebiete auszuweiten. Zu diesem Zweck wurden widerspenstige Präfekte abgesetzt, und der «Interimspräsident» Theodore Sindikubwabo hielt in Butare am 19. April eine flammende Rede. Auch hier hätten nach diesem Datum, wie anderswo im Land, die Bürgermeister in ihren jeweiligen Gemeinden dann das Töten von Tutsi organisiert.

Die UNO zieht Blauhelme ab – und reagiert nicht auf die Folgen

Am 21. April beschloß die UNO den Abzug ihrer Blauhelmtruppe aus Ruanda bis auf einen kleinen Rest. Dies war besonders erstaunlich angesichts der Tatsache, daß in der Hauptstadt Kigali damals 25 000 Menschen an Orten versammelt waren, die von UN-Soldaten geschützt wurden. Die Menschenrechtsorganisation *Human Rights Watch* meinte, der Sicherheitsratsbeschluß sei eine «buchstäbliche Einladung, jene abzuschlachten, die bisher ein Mindestmaß an Schutz durch UN-Truppen genossen».

Ende April schätzte UN-Generalsekretär Butros Butros Ghali die Zahl der Toten in Ruanda auf 200 000, am 4. Mai sprach die Hilfsorganisation *Oxfam* von einer halben Million. Der größte Teil des Völkermordes fand also vermutlich innerhalb eines Monats statt. Im Mai und Juni ging es hauptsächlich um das Schicksal der noch verbliebenen Ansammlungen verängstigter Zivilisten sowie um das Vorrücken der RPF und den Rückzug der vor der RPF fliehenden ruandischen Armee. Die Militärbehörden Ruandas nahmen auf ihrer Flucht dort, wo sie konnten, die Bevölkerung als Geisel mit – mit dem Argument, sie müsse sich der Rache der Tutsi entziehen. Auf diese Weise flohen eine halbe Million Ruander nach Tansania und über eine Million nach Zaire.

Das Ausmaß des Völkermordes wurde nicht erst hinterher bekannt, sondern war spätestens nach drei Wochen offensichtlich. Viele spezialisierte Beobachter vermuteten bereits am 7. April, daß in Ruanda die Ausrottung der Tutsi beginne. Die meisten sind sich einig, daß spätestens ab Februar 1994 – als die Blockade des Friedensprozesses durch Hutu-Extremisten offensichtlich war – jeder, der es wissen wollte, von den Massakervorbereitungen wissen konnte. Geteilt sind die Meinungen darüber, ob auch das Ausmaß der geplanten Massaker vorher bekannt sein konnte. Doch selbst der Verdacht, in Ruanda bereiteten gewisse Kreise die Auslöschung der politischen Opposition vor, hätte der internationalen Gemeinschaft wichtig genug sein müssen, um vorbeugende Maßnahmen zu treffen.

Obwohl ein Eingreifen in einen Bürgerkrieg nicht zum Mandat der in Ruanda stationierten UN-Truppe gehörte, findet sich in den Einsatzbefehlen der Blauhelme der Satz: «UNAMIR wird notwendige Schritte unternehmen, um Verbrechen gegen die Menschlichkeit zu verhindern.» Das Mandat einer UN-Truppe wird vom Sicherheitsrat festgelegt – die Einsatzbefehle sind Sache des Kommandeurs, in diesem Fall war es der kanadische General Romeo Dallaire. Auch Dallaire warnte Anfang 1994 vor einem möglichen Blutbad in Ruanda, erhielt aber weder damals noch nach Beginn des Völkermordes die von ihm angeforderte personelle und materielle Verstärkung. Obwohl der UNO in Ruanda die Verantwortung für das Gelingen eines Friedensprozesses übertragen worden war, erwiesen sich die UN-Mitgliedsstaaten als unwillig oder unfähig, diese Verantwortung auch in praktische Schritte zur Verhinderung schwerster Verletzungen des Menschen- und Völkerrechts umzusetzen.

Die Wirkung davon reicht weit über den Völkermord von 1994 hinaus. Es besteht weltweit weitgehend Einigkeit darüber, daß ein Hauptgrund für die immer wiederkehrenden blutigen Konflikte im Afrika der Großen Seen die seit Jahrzehnten verankerte Kultur der Straflosigkeit ist, unter der auch Verbrechen gegen die Menschlichkeit höchstens dann juristisch gesühnt werden, wenn dies politisch opportun ist. Massenmord wird so zu einem anerkannten Element der politischen Auseinandersetzung. Indem die internationale Gemeinschaft dem Völkermord von 1994 untätig zusah, trug sie, ohne es zu wollen, zur Legitimierung dieser Sichtweise bei.

Daran hat auch die Einrichtung des Internationalen Ruanda-Strafgerichtshofs im tansanischen Arusha durch die Vereinten Natonen 1995 wenig geändert. Nur wenige Dutzend Angeklagte sitzen in Arusha in Haft und warten auf ihren Prozeß, während in Ruanda über 110000 des Völkermordes Verdächtige auf ihren Prozeß warten – aber das Tribunal in Arusha verschlingt mehr Geld, als das Justizwesen in Ruanda zur Verfügung hat. Dabei hatte es bis Juni 1998 noch kein einziges Urteil gefällt, während in Ruanda immerhin einige hundert Gerichtsverfahren abgeschlossen wurden. Zugleich zeigen die primitiven Arbeitsbedingungen der ruandischen Justiz und die skandalösen Haftbedingungen in den hoffnungslos überfüllten ruandischen Gefängnissen, daß ein einfacher Ausweg aus der Kultur der Straflosigkeit nicht existiert. Erst im Sommer 1996 verabschiedete das ruandische Parlament überhaupt ein Gesetz zur Ahndung von Völkermordverbrechen; erst Anfang 1997 fielen in Ruanda die ersten Urteile – Todesurteile.

Die schleppende juristische Aufarbeitung des Völkermordes ist um so bedenklicher, als die Massaker längst nicht aufgehört haben. Nach der militärischen Niederlage des Völkermordregimes in Ruanda im Juli 1994 entstanden im benachbarten Zaire ruandische Flüchtlingslager, die von Betreibern des Völkermordes beherrscht wurden und entgegen aller Richtlinien des UN-Flüchtlingshochkommissariats direkt an der Grenze zu Ruanda eingerichtet wurden. In einem als Präventivschlag begriffenen Feldzug entledigte sich Ruandas neue Regierung dieser Flüchtlingslager im Herbst 1996 und half dabei bei der Gründung der zairischen Rebellenbewegung «Allianz Demokratischer Kräfte zur Befreiung von Kongo/Zaire», die in den Folgemonaten ganz Zaire eroberte und die Demokratische Republik Kongo gründete. Zehntausende Flüchtlinge starben während des Krieges in Zaire. Die versprengten ruandischen Völkermordmilizen und Reste der am Völkermord beteiligten ehemaligen ruandischen Armee sammelten sich im Busch und begannen ab Sommer 1997, ihren Krieg wieder nach Ruanda hineinzutragen.

Das Morden geht weiter

Inzwischen sind große Teile der Westhälfte Ruandas wieder Kriegsgebiet. Fast wöchentlich werden neue Massaker der aus Kongo/Zaire zurückgekehrten Milizen gemeldet, wobei vor allem Tutsi wieder die Zielscheibe sind. Massaker an Kindern, Überfälle auf Busse mit Selektierung der Passagiere nach Hutu und Tutsi, Metzeleien mit Äxten und Macheten – alle bewährten

Vorgehensweisen von 1994 sind in Ruanda heute wieder anzutreffen, und die Täter sind dieselben wie damals. Und nichts spricht dafür, daß die Weltgemeinschaft angesichts dieses schleichenden «zweiten Völkermords» diesmal mehr Aktivität an den Tag legen könnte. Die Herausforderung, Genozid als Mittel der Politik nicht nur moralisch zu ächten, sondern auch praktisch aus der Welt zu schaffen, bleibt unverändert bestehen.

Manfred Nowak

Die Erde hat sie nicht verschluckt

Über die schwierige Suche nach den «Verschwundenen» im ehemaligen Jugoslawien

«Verschwindenlassen»: Ein lateinamerikanisches Phänomen?

Um 3 Uhr morgens klopft es an der Tür. Vier maskierte und schwer bewaffnete Männer stürmen die Wohnung und durchsuchen sie. Bevor die Frau und ihre Kinder überhaupt begreifen, was geschieht, zerren sie ihren Mann und Vater aus dem Bett, schlagen ihn und stoßen ihn im Pyjama die Treppe hinunter. Sie schieben ihn in einen Lieferwagen ohne Nummernschild und brausen vor den Augen der Familie und mehrerer, durch den Lärm aufgeschreckter Nachbarn davon.

Um 6 Uhr meldet die Frau den Vorfall beim nächstgelegenen Polizeikommissariat, aber niemand hat etwas gehört oder weiß, wo ihr Mann ist. Sie geht zum Polizeidirektor der Stadt, sucht in ihrer Verzweiflung alle Gefängnisse und Haftanstalten der Stadt und ihrer Umgebung ab, ruft befreundete Politiker an, schreibt Briefe an den Bürgermeister, den Innenminister, Justizminister und den Staatspräsidenten, erhält aber überall dieselbe beziehungsweise gar keine Antwort.

Am Anfang ist sie sicher, daß ihr Mann nur für ein paar Tage verhaftet wurde und daß sie ihn schnell finden werde. Schließlich hat er sich nichts zuschulden kommen lassen. Ihre Freunde und Verwandten helfen ihr, trösten sie und bestärken sie in ihrer Zuversicht. Aber nach einer Woche des hektischen Suchens und der schlaflosen Nächte schleicht sich plötzlich dieses unheilvolle und bange Gefühl bei ihr ein, daß sie ihren Mann vielleicht nie mehr wiedersehen wird. Möglicherweise ist er schon tot, haben sie ihn noch in derselben Nacht ermordet oder ist er qualvoll an schweren Folterungen gestorben und irgendwo verscharrt worden. Aber warum? Nein, er wird sicher nur irgendwo festgehalten, vielleicht verhört. Selbst die schlimmste Folter, vor der sie sich ansonsten so fürchtet, erscheint ihr jetzt als weniger schrecklich, wenn sie wenigstens wüßte, wo er gefangen ist. Vielleicht könnte sie ihn sogar besuchen, ihm Essen und Kleidung bringen, ihn aufmuntern …

Von nun an trägt sie ständig ein großes Foto ihres Mannes bei sich, das sie plötzlich herauszieht und unbekannten Menschen auf der Straße zeigt, Anwälten und Menschenrechtsorganisationen. Bei der nationalen Sektion von amnesty international erfährt sie, daß es in der UNO eine eigene Arbeitsgruppe für Verschwundene gibt, die sich für solche Fälle einsetzt. Es dauert jedoch Wochen, bis sie endlich das entsprechende UNO-Formular erhält, erneut gewissenhaft alle relevanten Fragen beantwortet und das Formular an das Hochkommissariat für Menschenrechte in Genf sendet.

Sobald er in den grauen Lieferwagen gestoßen wird, werden ihm die Hände gefesselt und die Augen verbunden. Während der gut einstündigen Fahrt wird er regelmäßig geschlagen. Als ihm die Augenbinde abgenommen wird, befindet er sich in einer Kaserne. Er wird stundenlang von Uniformierten und Zivilen verhört, über Personen befragt, die er nicht kennt, geschlagen und gefoltert. Dann wird er in eine Einzelzelle geworfen, niemand beantwortet seine Fragen, warum er festgenommen wurde, wann er wieder freigelassen würde, ob er seine Familie benachrichtigen könne. Außer mit seinen Peinigern, die ihn in unregelmäßigen Abständen, meist in der Nacht, zum Verhör holen und ihm drohen, ihn zu ermorden, hat er mit niemandem Kontakt. Wenn seine Frau wenigstens wüßte, wo er ist und daß er noch lebt. Trotz seiner Folterschmerzen und der ständigen Angst, wieder gefoltert oder ermordet zu werden, macht er sich noch größere Sorgen um seine Frau. Falls sie ihn hier einfach ermorden und verscharren, wird seine Frau nie erfahren, was mit ihm geschehen ist, vielleicht noch nach Jahren nach ihm suchen.

Die systematische Praxis des «Verschwindenlassens» von Menschen wurde in den späten 60er Jahren unseres Jahrhunderts in lateinamerikanischen Militärdiktaturen als Mittel der nationalen Sicherheitsideologie im Kampf gegen Guerillabewegungen und andere, meist linke, politische Gegner entwickelt. Ausgehend von Guatemala und Brasilien breitete sich diese Krankheit im Lauf der 70er Jahre über beinahe die ganze Region aus, wobei Argentinien, Chile, Peru, Kolumbien, El Salvador und Honduras besonders berüchtigt waren. Die Methode war ziemlich einheitlich. Neben nicht-uniformierten Angehörigen der Sicherheitskräfte bedienten sich die Militärs oft auch paramilitärischer Organisationen und «privater» Haftanstalten und Folterzentren (wie der deutschen «Colonia Dignidad» in Chile), doch besteht kein Zweifel daran, daß das «Verschwindenlassen» im Auftrag, mit Wissen und im Interesse der jeweiligen Regierungen geschah. Offiziell wurde jedoch jede Verantwortung des Staates geleugnet und diese Praxis privaten Banden oder rivalisierenden Guerillagruppen in die Schuhe geschoben. Dadurch glaubten die Militärs, die Kritik für diese Menschenrechtsverletzungen von sich fernhalten zu können. Außerdem verfolgte diese Methode den Zweck, die Bevölkerung einzuschüchtern und ihren Widerstand zu brechen. Durch die nicht offiziell anerkannte Festnahme und Incommunicado-Haft der Opfer konnte man diese ungestört foltern, Geständnisse und Informationen aus ihnen herauspressen, ohne irgend jemanden dafür Rechenschaft ablegen zu müssen. Um die Praxis des «Verschwindenlassens» zu verheimlichen, wurden die Opfer nach der Folter in der Regel ermordet, in Massengräbern verscharrt, in Flüsse oder, wie in Argentinien, aus Flugzeugen lebend ins Meer geworfen.

Die von den USA unterstützten lateinamerikanischen Militärdiktaturen mußten, nicht zuletzt wegen der massiven internationalen Kritik an ihren systematischen Menschenrechtsverletzungen, ihre Macht im Laufe der 80er Jahre allmählich an demokratische Regierungen abgeben. Obwohl sich die meisten der für diese Verbrechen verantwortlichen Politiker und Militärs durch umfassende Amnestiegesetze Straffreiheit aushandelten, konnten sie nicht verhindern, daß die Wahrheit über ihre grausamen Menschenrechtsverletzungen durch unabhängige Untersuchungen der Vereinten Nationen, der Organisation Amerikanischer Staaten, nichtstaatlicher Menschenrechtsorganisationen oder staatlicher Einrichtungen wie beispielsweise der Wahrheitskommissionen in Guatemala und El Salvador ans Tageslicht kam. Auch über die systematische Praxis des Verschwindenlassens wissen wir heute ziemlich genau Bescheid. Dennoch demonstrieren Organisationen von Familienangehörigen wie die Mütter und Großmütter der Plaza de Mayo in Buenos Aires nach wie vor gegen die argentinische Regierung, da sie noch immer keine Gewißheit über das Schicksal ihrer mehr als 3000, vor über 20 Jahren verschwundenen Männer, Söhne, Töchter oder Enkelkinder haben. Es besteht realistischerweise kaum noch Hoffnung, daß jemand dieser «desaparicidos» den «schmutzigen Krieg» der argentinischen Militärjunta überlebt haben könnte. Aber solange der Tod nicht sicher ist, das heißt amtlich untersucht, nachgewiesen und bestätigt wurde, bleibt ein Funken Hoffnung, an den sich die Angehörigen nach wie vor klammern. Sie haben zum Beispiel gehört, daß in Marokko Verschwundene nach über 20 Jahren Incommunicado-Haft in geheimen Haftzentren in der Sahara unter dem Druck der internationalen Öffentlichkeit Anfang der 90er Jahre freigelassen wurden. Warum sollte das in Argentinien nicht auch möglich sein?

In diesem Funken Hoffnung steckt, so paradox dies klingen mag, das besonders Perfide an dem Verbrechen des «Verschwindenlassens». Wenn Personen willkürlich festgenommen, gefoltert, hingerichtet oder auf andere Weise in ihren Rechten und in ihrer Würde verletzt werden, das Schicksal und der Aufenthaltsort dieser Menschen aber nicht verheimlicht wird, so gibt es letztlich in jedem Staat der Welt gewisse Rechtsmittel gegen diese Menschenrechtsverletzungen, oft auch Gerechtigkeit für die Opfer und die Möglichkeit der Trauer, des Vergebens, der Versöhnung, des Vergessens und der Kraft, ein neues Leben zu beginnen. Verschwundenen (falls sie noch leben) und ihren Angehörigen wird sogar diese Möglichkeit vorenthalten. Die Frauen von Verschwundenen wissen nicht einmal, ob sie noch Ehefrauen oder schon Witwen sind, ihre Verzweiflung kann nicht durch Trauerarbeit, durch die Akzeptanz des Todes gemildert werden. Im Gegenteil, die schmerzliche Akzeptanz des Todes und der Versuch, ein neues Leben zu beginnen, würden ihnen auch noch nach vielen Jahren des Wartens als Verrat an ihrem Mann erscheinen, vielleicht auch von ihrer Familie und Freunden als solcher gesehen werden. Oft waren die Verschwundenen für das Einkommen der Familie alleine verantwortlich, nun muß die Frau neben ihrem Leid auch noch die ganze Familie erhalten, obwohl ihr weder der Arbeitgeber noch der Staat eine Pension bezahlt. Die Kinder wissen nicht, ob sie einen Vater haben oder Waisen sind. Solange das Schicksal der Verschwundenen nicht geklärt ist, bleibt die rechtliche und soziale Situation ihrer Angehörigen ungewiß.

Nach Jahrzehnten der Ungewißheit und der Untätigkeit werden heute von manchen lateinamerikanischen Regierungen Initiativen gesetzt, um das Problem der Verschwundenen zu «lösen» und dieses traurige Kapitel ihrer Vergangenheit zu bewältigen. Das brasilianische Bundesparlament hat beispielsweise kürzlich viele Millionen US-Dollar zur Verfügung gestellt, um die Angehörigen von Personen, die noch in den späten 60er Jahren verschwunden sind, zu entschädigen und zur Anerkennung von Todeserklärungen zu bewegen. In Argentinien, Chile und Uruguay versucht man, das Schicksal von Verschwundenen durch die Öffnung von Massengräbern und die Exhumierung der sterblichen Überreste zu klären. In Mexiko wurde die Nationale Menschenrechtskommission beauftragt, neue Wege zu finden, um das Problem der in den 70er Jahren Verschwundenen zu lösen. In Guatemala und El Salvador schlagen sich Wahrheitskommissionen mit diesem Problem herum. Die UNO-Arbeitsgruppe für Verschwundene hat ein eigenes Aktionsprogramm entwickelt, um jene Regierungen, die ehrlich an der Aufklärung dieser Verbrechen der Vergangenheit interessiert sind, zu unterstützen. Trotzdem sind die Fortschritte nur sehr schleppend.

Viele Regierungen hoffen nach wie vor, daß sich dieses Problem durch die Zeit und das Vergessen irgendwann von selbst lösen wird.

«Verschwindenlassen» im Kontext ethnischer und religiöser Konflikte

Als Reaktion auf das Phänomen des «Verschwindenlassens» in Lateinamerika hat die Menschenrechtskommission der Vereinten Nationen 1980 ihren ersten «thematischen Mechanismus» zur Untersuchung schwerer und systematischer Menschenrechtsverletzungen in Übereinstimmung mit der wegweisenden ECOSOC-Resolution 1235 (XLVI) aus dem Jahr 1967 geschaffen: die fünfköpfige, d. h. mit je einem Experten aus den fünf geopolitischen Regionen besetzte «Arbeitsgruppe über erzwungenes und willkürliches Verschwindenlassen». Die Arbeitsgruppe, die dreimal pro Jahr in Genf und New York tagt, sieht sich nicht als Untersuchungsorgan, sondern als bloßes Vermittlungsorgan zwischen den Familienangehörigen von Verschwundenen und den betroffenen Regierungen. Mit anderen Worten: Weder untersucht sie die Stichhaltigkeit der Vorwürfe noch sucht sie selbst nach den Verschwundenen, sondern sie fungiert im wesentlichen als Kommunikationskanal zwischen den Familien (die in der Regel durch eine NGO vertreten werden) und den Regierungen. Sobald eine Beschwerde ausreichende Informationen über die Identität des/der Verschwundenen sowie über Zeit und Ort des Verschwindens (normalerweise der Verhaftung oder Entführung, manchmal aber auch der Zeitpunkt, in dem ein Häftling zum letzten Mal von Mithäftlingen gesehen wurde), eventuell auch über Zeugen oder Täter enthält, wird sie registriert und der betroffenen Regierung mit dem Ersuchen um Untersuchung und Aufklärung übermittelt. In manchen Fällen führt diese Intervention eines UNO-Organs (insbesondere, wenn sie in Form einer «urgent action» erfolgt und/oder durch persönliche Gespräche mit Regierungsvertretern bzw. den Besuch einer Delegation in dem betreffenden Land begleitet wird) relativ schnell zum gewünschten Erfolg, sei es zur Freilassung der verschwundenen Person, zur Bekanntgabe ihres Aufenthaltsortes (meist eine Haftanstalt) oder auch nur zur nachprüfbaren Mitteilung, daß sie hingerichtet oder auf eine andere Art ums Leben gekommen ist. In manchen Fällen verweigern die Regierungen jede Antwort und Zusammenarbeit mit der Arbeitsgruppe, in den meisten Fällen entwickelt sich jedoch ein langsamer und mühsamer Dialog, der oft Jahrzehnte andauert, ohne zu einer Klärung des Schicksals und Aufenthaltsortes der Verschwundenen zu führen.

Diese traditionelle diplomatische Arbeitsmethode der Arbeitsgruppe unterscheidet sich wesentlich von jener länderspezifischer Mechanismen (insbesondere Sonderberichterstatter) der Menschenrechtskommission, aber auch von jener anderer thematischer Mechanismen, die wie die Arbeitsgruppe über willkürliche Haft oder die Sonderberichterstatter über Folter, außergerichtliche und willkürliche Hinrichtungen oder Gewalt gegen Frauen eine viel aktivere Untersuchungs-, Überwachungs- und Kritikfunktion ausüben. Ob diese vergleichsweise zurückhaltende und primär vermittelnde Haltung der Arbeitsgruppe über Verschwundene, die zum Teil mit der Tatsache zusammenhängen mag, daß sie mehrheitlich aus Diplomaten besteht, aber auch mit dem stärker humanitären Charakter ihres Mandats erklärt werden könnte, heute noch adäquat ist, soll hier nicht näher vertieft werden. Das große Verdienst der Arbeitsgruppe besteht aber unzweifelhaft darin, daß sie zusätzlich zur Lösung konkreter Einzelfälle durch ihre ausführlichen Jahresberichte die Aufmerksamkeit der Regierungen und der Weltöffentlichkeit beharrlich auf das Phänomen des «Verschwindenlassens» lenkt, das von den betroffenen Regierungen nämlich ebenso beharrlich unter den Tisch gekehrt wird.

Wenn man die Jahresberichte der Arbeitsgruppe analysiert, so zeigt sich, daß sich das «Verschwindenlassen» von einem ursprünglich lateinamerikanischen Phänomen zu einem weltweiten Problem entwickelt hat. Obwohl die an die Arbeitsgruppe herangetragenen Fälle natürlich nur einen Bruchteil der tatsächlichen Fälle ausmachen und vor allem in Afrika keineswegs die Realität widerspiegeln, so läßt die Statistik der Arbeitsgruppe dennoch erkennen, daß sich die Praxis des «Verschwindenlassens» seit den 70er Jahren auf alle Kontinente ausgedehnt hat. Die beiden Staaten mit der weltweit höchsten Zahl ungelöster Fälle von Verschwundenen sind nach dem letzten Jahresbericht der Arbeitsgruppe vom 12. Januar 1998 der Irak (16496 Fälle) und Sri Lanka (12208 Fälle). Schon diese beiden Länder zeigen aber auch, daß sich der politische Kontext des «Verschwindenlassens», wie übrigens auch anderen schweren Menschenrechtsverletzungen in den 80er und 90er Jahren, geändert hat.

Die schwersten und systematischsten Menschenrechtsverletzungen resultieren heute nicht mehr aus der Repression politischer Opposition durch Militärdiktaturen oder totalitäre Einparteienregime, sondern aus ethnischen und religiösen Spannungen, die zu Bürgerkriegen oder begrenzten internationalen bewaffneten Konflikten eskalieren. Dadurch verwischen sich die Verantwortlichkeiten (neben anerkannten Regierungen sind auch De-facto-Regierungen sowie staatliche und nichtstaatliche Kombattanten für systematische Menschenrechtsverletzungen verantwortlich), die Grenzen zwischen traditionellem Menschenrechtsschutz und humanitärem Völkerrecht sowie die Zuständigkeiten internationaler Organe. Diese Problematik läßt sich am Beispiel des «Verschwindenlassens» besonders gut veranschaulichen.

Die Arbeitsgruppe über Verschwundene als Einrichtung der UNO-Menschenrechtskommission ist ein typisches internationales, d.h. zwischenstaatliches Menschenrechtsorgan. Sie verhandelt nur mit anerkannten Regierungen, nicht jedoch mit Aufständischen. Personen, die im Kontext eines (internationalen) Krieges verschwinden (sogenannte Kriegsvermißte), fallen nicht in ihren Kompetenzbereich, sondern in jenen humanitärer Organisationen, vor allem des Internationalen Komitees vom Roten Kreuz (IKRK). Diese Kompetenzverteilung ist vom Ansatz her sinnvoll, denn Kriegsvermißte werden in der Regel nicht bewußt verborgen gehalten, sondern sind meist Opfer von Kriegshandlungen, also nicht Verschwundene im eingangs beschriebenen Sinn. Meistens haben Kriegsparteien ein wechselseitiges Interesse an der Aufklärung des Schicksals von Vermißten, die entweder tot sind oder als Kriegsgefangene festgehalten werden. Folglich ist es sinnvoll, humanitäre Organisationen und nicht Menschenrechtsorgane mit der Lösung dieses Problems zu betrauen. Das IKRK hat in der Regel als erste Organisation Zugang zu Lagern für Kriegsgefangene und ist durch seine Mittlerrolle und Feldpräsenz am besten geeignet, das Schicksal von Kriegsvermißten aufzuklären.

Die wenigsten bewaffneten Konflikte sind heute allerdings als internationale Kriege deklariert. Bei nichtinternationalen Konflikten verschwimmen jedoch die Grenzen und Zuständigkeiten. Durch die alarmierende Zunahme solcher Konflikte werden auch hier die Vermittlungsdienste des IKRK in zunehmendem Maß in Anspruch genommen, was bei Vermißten angesichts der ähnlich gelagerten Interessenkonstellation auch durchaus sinnvoll erscheint. Auf der anderen Seite ist in solchen Fällen auch die UNO-Arbeitsgruppe zuständig, die aber aufgrund ihres menschenrechtlichen Mandats nicht mit Aufständischen verhandeln darf. Wenn also die Tamil Tigers in Sri Lanka, die sudanesische Befreiungsarmee, der Sendero Luminoso in Peru oder die M 19 in Kolumbien Menschen entführen und verschwinden lassen, so übermittelt die Arbeitsgruppe solche Fälle dennoch an die betreffenden Regierungen, was nicht selten zu erstaunten oder verärgerten Reaktionen führt.

Natürlich ist es sinnvoller, das Rote Kreuz agieren zu lassen, wenn die Tamil Tigers einen Angehörigen der Streitkräfte Sri Lankas verschleppen, als daß die UNO-Arbeitsgruppe einen Standardbrief an die Regierung Sri Lankas sendet, worin sie diese an ihre völkerrechtliche Pflicht zur Aufklärung des Schicksals aller Verschwundenen erinnert und um konkrete Informationen über den Aufenthaltsort des Betroffenen ersucht. Aber häufig wissen die Angehörigen einer Person, deren Schicksal und Aufenthaltsort ungewiß ist, nicht, ob es sich um einen Verschwundenen oder (bloß) um einen Vermißten handelt, bzw. ob die Regierung oder die Gegenseite verantwortlich ist. Im Südosten der Türkei beschuldigen die türkische Regierung und die kurdische Arbeiterpartei (PKK) einander gegenseitig, für das Verschwinden hunderter Zivilisten aus kurdischen Dörfern verantwortlich zu sein. Auch die systematische Praxis des «Verschwindenlassens» in Lateinamerika erfolgte zum Teil im Kontext bewaffneter Konflikte mit Guerillabewegungen (z. B. in El Salvador, Guatemala oder Peru); und obwohl sich die Regierungen alle Mühe gaben, die Verantwortung auf die jeweilige Gegenseite abzuschieben, besteht heute kein Zweifel mehr daran, daß es sich bei den meisten Opfern nicht um Kriegsvermißte handelte, sondern um typische Verschwundene im eingangs genannten Sinn.

Daß es sich bei der Unterscheidung zwischen Verschwundenen und Vermißten nicht um einen akademischen Streit über juristische Begriffe handelt, sondern um ein Problem, dessen Nichtanerkennung bzw. Nichtlösung gravierende Auswirkungen auf die Betroffenen und ihre Familien haben kann, soll im folgenden am Beispiel des ehemaligen Jugoslawien illustriert werden.

Verschwundene als Opfer ethnischer Säuberungen im ehemaligen Jugoslawien

Als die Jugoslawische Nationalarmee (JNA) im Herbst 1991 begann, Vukovar zu belagern, hatte Kroatien zwar seine Unabhängigkeit von der Bundesrepublik Jugoslawien erklärt, war jedoch von der internationalen Gemeinschaft (noch) nicht als selbständiger Staat anerkannt. Nach der Einnahme der Stadt im November 1991 führten paramilitärische Verbände aus Serbien systematisch ethnische Säuberungen durch. Jene 200 Kroaten, die sie trotz der Anwesenheit des Roten Kreuzes und von Beobachtern der Europäischen Gemeinschaft am 20. November 1991 aus Vukovar verschleppten, wurden im September 1992 von forensischen Experten des UNO-Kriegsverbrechertribunals für das ehemalige Jugoslawien in einem Massengrab bei Ovcara ein paar Kilometer außerhalb von Vukovar exhumiert und identifiziert. Sie sind keine Kriegsopfer, sondern Opfer systematischer Menschenrechtsverletzungen wie des «Verschwindenlassens», der Folter und willkürlicher Hinrichtung im Kontext ethnischer Säuberungen.

So wie diese 200 Personen sind seit Herbst 1991 Tausende Kroaten in Ostslawonien, Westslawonien und anderen von serbischen Verbänden und De-facto-Behörden kontrollierten und «gesäuberten» Gebieten Kroatiens verschwunden. Als die UNO-Arbeitsgruppe für Verschwundene im Lauf der Jahre 1992 und 1993 mehr als 11 000 Fälle durch Familienangehörige und nichtstaatliche Organisationen wie die «Mütter von Vukovar» übermittelt bekam, war Kroatien ein unabhängiger Mitgliedsstaat der Vereinten Nationen, und die Bundesrepublik Jugoslawien behauptete, dies seien Kriegsvermißte, wie sie auch auf serbischer Seite existierten. Auch wenn die ursprünglich angegebene Zahl zu hoch war und sich bald herausstellte, daß diese Liste auch viele Personen umfaßte, die nie verschwunden waren, so ist dennoch nach wie vor das Schicksal von mehr als 2000 Kroaten ungeklärt, die 1991 verschwunden sind. Als die kroatische Armee im Mai und August 1995 die von den Serben kontrollierten Gebiete in Kroatien (Westslawonien und Krajina) zurückeroberte, sind ebenfalls mehr als 2000 Menschen, diesmal Serben, verschwunden.

Noch viel dramatischer war die Situation in Bosnien und Herzegowina, wo die Kriegshandlungen und ethnischen Säuberungen durch die JNA und serbische paramilitärische Einheiten im April 1992 begannen und von der bosnisch-serbischen Armee bis zum Ende des Kriegs im Herbst 1995 weitergeführt wurden. In einer ersten Welle von ethnischen Säuberungen verschwanden Tausende Moslems in ostbosnischen Städten wie Zvornik, Visegrad, Foca, Bratunac, Rogatica, Srebrenica oder Vlasenica zwischen April und September 1992. Kurz darauf verschwanden Tausende Moslems, aber auch viele Kroaten, in Westbosnien und der Herzegowina, insbesondere in der Region um Prijedor. Viele von ihnen waren zuletzt in einem der berüchtigten Konzentrationslager wie «Omarska», «Trnopolje», «Manjaca» oder «Keraterm» gesehen worden, die von den bosnischen Serben in dieser Region errichtet worden waren. Nach der Einnahme der von den Vereinten Nationen zu Schutzzonen erklärten ostbosnischen Städte Srebrenica und Zepa im Juli 1995 durch bosnisch-serbische Truppen verschwanden binnen weniger Wochen mehr als 7000 bosnische Moslems. Aber auch die bosnischen Kroaten sind für ethnische Säuberungen verantwortlich, die sie vor allem 1993 in der Herzegowina (z. B. in Mostar und Stolac) gegen die moslemische Bevölkerung ausgeführt haben. Schließlich sind im Lauf des Krieges zwischen 1992 und 1995 von allen drei ethnisch-religiösen Parteien schwere Menschenrechtsverletzungen gegen die jeweils anderen Parteien begangen worden, wobei viele Menschen, Kombattanten wie Zivilisten, verschwunden sind.

Trotzdem wäre es falsch, die mehr als 20 000 in Bosnien und Herzegowina nach wie vor als verschwunden gemeldeten Menschen einfach als Kriegsvermißte zu bezeichnen und alle drei Parteien dafür in gleichem Ausmaß verantwortlich zu machen. Obwohl die Zahlen nach wie vor umstritten sind und vor allem die serbische Seite das Problem als reines Kriegsproblem abtun will, sprechen die Statistiken des IKRK, der UNO und anderer unabhängiger Quellen eine deutliche Sprache: Zwischen 80 und 90 Prozent der bosnischen Verschwundenen sind Moslems, und zwar überwiegend Zivilisten. Demgegenüber handelt es sich bei der Mehrheit der 2000 bis 3000 verschwundenen Serben und Kroaten um Kombattanten, die im Rahmen von Kriegshandlungen gefallen sind und als vermißt gelten. Auch hinsichtlich der Verantwortlichkeit läßt die Statistik keinen Zweifel aufkommen: Serbische und bosnisch-serbische Truppen und paramilitärische Einheiten sind für das «Verschwindenlassen» von 80 bis 90 Prozent aller Bosnier, mehrheitlich moslemischer Zivilisten, verantwortlich, was ebenfalls belegt, daß es sich dabei vor allem um Opfer ethnischer Säuberungen handelt.

Auch wenn folglich heute nicht mehr bezweifelt werden kann, daß nicht die Kriegshandlungen, sondern systematisch geplante und ausgeführte ethnische Säuberungen durch serbische Einheiten die Hauptursache für das massenhafte Verschwinden von Menschen in Bosnien und Herzegowina wie in Kroatien sind, so ist mit dieser Feststellung noch nicht die Frage beantwortet, ob es sich hier um die Menschenrechtsverletzung des «Verschwindenlassens» handelt, wie wir sie vor allem aus Lateinamerika kennen und wie sie in der «UNO-Deklaration über den Schutz aller Personen gegen erzwungenes Verschwindenlassen» vom 18. Dezember 1992 wie folgt umschrieben wurde:

> «Personen werden gegen ihren Willen verhaftet, festgehalten, entführt oder sonstwie ihrer persönlichen Freiheit beraubt, und zwar entweder von Regierungsbeamten der unterschiedlichsten Behörden, oder von organisierten Gruppen von Privaten, die im Auftrag, mit der direkten oder indirekten Unterstützung, Zustimmung oder Duldung der Regierung handeln, und anschließend weigern sich die Behörden, den Entzug der persönlichen Freiheit anzuerkennen, wodurch diese Personen außerhalb des Schutzes der Gesetze gestellt werden.»

Nicht unter diese Definition fallen folglich insbesondere Kriegsvermißte, also Kombattanten, die im Zuge von Kampfhandlungen gefallen sind und irgendwo verscharrt wurden, sowie Entführungen, Kidnappings und ähnliche kriminelle Handlungen von Privaten, die in keinem wie immer gearteten Bezug zu einer Regierung stehen und von dieser zwar nicht verhindert werden können, aber auch nicht geduldet oder unterstützt werden. Drittens fallen nicht unter den Begriff der Verschwundenen Personen, die niemals in ihrer persönlichen Freiheit beschränkt waren, sondern in ihren Häusern, auf der Straße oder auf der Flucht ermordet wurden. Schließlich sind auch jene Kriegsgefangenen und Häftlinge, deren Freiheitsentzug gegenüber der Außenwelt (z. B. dem IKRK) nicht verheimlicht wird, nicht als Verschwundene zu qualifizieren.

Der Verein zur Förderung des Wiener Ludwig Boltzmann Instituts für Menschenrechte (BIM) hat in den Jahren 1996 und 1997 eine empirische Untersuchung über die Hintergründe, Ablaufmuster und Verantwortlichkeiten für das Phänomen des «Verschwindenlassens» in Bosnien und Herzegowina durchgeführt, deren Ergebnisse im Frühjahr 1998 veröffentlicht wurden. Auch wenn die ganze Wahrheit über dieses düstere Kapitel der jüngeren europäischen Geschichte noch lange nicht ans Tageslicht gedrungen ist, so zeigt diese Untersuchung deutlich, daß viele Personen auf den Vermißtenlisten des IKRK und anderer Organisationen im ehemaligen Jugoslawien keine Verschwundenen im Sinn der UNO-Definition sind. Zum einen enthalten diese Listen natürlich typische Kriegsvermißte auf allen Seiten, wobei wahrscheinlich die Mehrheit der vermißten Serben als solche zu qualifizieren sind. Zweitens besteht kein Zweifel darüber, daß viele Personen auf den Listen niemals in ihrer persönlichen Freiheit beschränkt, sondern «einfach» ermordet und verscharrt wurden, zum Teil auch nur liegengeblieben sind. Ein typisches Beispiel dafür sind Tausende bosnische Moslems, die im Sommer 1995 aus Srebrenica geflüchtet sind und in den Wäldern von bosnisch-serbischen Truppen und paramilitärischen Verbänden ermordet wurden. Die sterblichen Überreste mancher dieser Vermißten wurden von forensischen Experten im Auftrag der UNO und der bosnischen Regierung in einem Wald bei Kravice verstreut am Boden liegend gefunden und zum Teil identifiziert.

Völkerrechtlich schwieriger zu beurteilen ist die Frage der Regierungsverantwortlichkeit. Es steht außer Zweifel, daß weder die kroatische Regierung für die Verschwundenen des Jahres 1991 (wohl aber für jene des Jahres 1995) in Kroatien noch die bosnische Regierung für die große Mehrheit der Verschwundenen in Bosnien und Herzegowina verantwortlich gemacht werden können. Ebensowenig kann bezweifelt werden, daß weder die De-facto-Regierungen der kroatischen Serben in Knin noch der bosnischen Serben in Pale oder der kroatischen Serben in Mostar anerkannte Regierungen waren. Es stellt sich daher die

Frage, inwieweit die Regierungen der Bundesrepublik Jugoslawien und der Republik Kroatien (nach ihrer völkerrechtlichen Anerkennung Anfang 1992) für das «Verschwindenlassen» im Sinne der UNO-Definition völkerrechtlich verantwortlich sind. Hinsichtlich der Ereignisse im Herbst 1991 besteht kein Zweifel (und dies wurde von Belgrad auch anerkannt), daß die jugoslawische Regierung für die Kriegshandlungen und ethnischen Säuberungen in Ostslawonien und anderen Teilen Kroatiens die alleinige Verantwortung trägt, und zwar unabhängig davon, ob diese Verbrechen von Angehörigen der JNA oder paramilitärischen Verbänden verübt wurden. Diese ethnischen Säuberungen waren von der Regierung in Belgrad geplant und in ihrem Auftrag bzw. zumindest mit ihrer Unterstützung ausgeführt worden.

Dasselbe gilt für die ethnischen Säuberungen 1992 in Bosnien und Herzegowina, und zwar sowohl vor als auch nach dem offiziellen Rückzug der JNA aus Bosnien im Mai 1992. Es ist historisch nachgewiesen, daß diese ethnischen Säuberungen und damit auch das Verschwinden Tausender bosnischer Moslems, zum Teil auch bosnischer Kroaten, Teil einer von Belgrad aus geplanten Strategie waren, und daß die neugegründete bosnisch-serbische Armee diese Verbrechen ohne die tatkräftige Unterstützung durch die Regierung in Belgrad und die JNA nicht hätte ausführen können. Ob diese Unterstützung, Zustimmung oder zumindest Duldung ethnischer Säuberungen seitens der bosnisch-serbischen Führung in Pale durch Belgrad bis zum Ende des Krieges, also beispielsweise auch für die Massaker in Srebrenica und Zepa, angenommen werden kann, ist allerdings umstritten.

Die Regierung der Republik Kroatien ist nicht nur für das «Verschwindenlassen» kroatischer Serben 1995, sondern auch für ethnische Säuberungen durch die Streitkräfte (HVO) und paramilitärische Verbände der bosnischen Kroaten 1993 verantwortlich. Wie hinsichtlich der bosnisch-serbischen Armee ist heute auch für die HVO historisch nachgewiesen, daß sie diese Verbrechen nicht ohne die Unterstützung, Zustimmung oder zumindest Duldung der Regierung in Zagreb hätte ausführen können. Wo die völkerrechtliche Verantwortung Kroatiens für das «Verschwindenlassen» bosnischer Moslems, zum Teil auch bosnischer Serben, im einzelnen endet, ist freilich auch hier umstritten.

Schwierig zu beurteilen ist schließlich auch die Frage, ob das «Verschwindenlassen» als solches eine geplante Strategie im Kontext der ethnischen Säuberungen war, das heißt ob die Intention der Festnahmen oder Entführungen darauf gerichtet war, den Freiheitsentzug zu verheimlichen und die Verschwundenen dadurch «außerhalb jeglichen Rechtsschutzes zu stellen», wie dies in der UNO-Deklaration umschrieben ist. Viele Interviews mit ehemaligen Verschwundenen im Rahmen der obengenannten Studie des BIM belegen, daß die Häftlinge keinerlei Kontakt zur Außenwelt hatten und folglich völlig rechtlos und der Willkür ihrer Peiniger ausgeliefert waren. Viele Häftlinge wurden sofort nach dem ersten Verhör ermordet oder starben an den Folterungen, Frauen wurden oft zum Zweck der Vergewaltigung oder Zwangsprostitution über Jahre hindurch festgehalten und anschließend ermordet. Nur wenige überlebten die Erfahrung des «Verschwundenseins», indem sie befreit wurden, flohen, gegen Kriegsgefangene ausgetauscht oder freigelassen wurden. In den seltensten Fällen wurde der Freiheitsentzug durch De-facto-Behörden oder Regierungen offiziell anerkannt, doch ist dies nicht notwendigerweise ein Beweis für die Intention des «Verschwindenlassens», sondern kann auch durch den generellen Zusammenbruch jeder rechtsstaatlichen Ordnung in einer Atmosphäre des Völkermords erklärt werden. Auf der anderen Seite hatten die Verantwortlichen natürlich ein Interesse daran, das Ausmaß der Greuel vor der Außenwelt und insbesondere den internationalen Medien geheimzuhalten und folglich Gefangene verschwinden zu lassen und ihre Leichen in Massengräbern zu verstecken.

Die schwierige Suche nach den Verschwundenen im ehemaligen Jugoslawien

Schon in seinem ersten Bericht an die UNO-Menschenrechtskommission hat der Sonderberichterstatter über die Menschenrechte im ehemaligen Jugoslawien, Tadeusz Mazowiecki, im August 1992 auf das drängende Problem von vielen Tausenden Verschwundenen hingewiesen und die Einsetzung einer eigenen Untersuchungskommission gefordert. Unter Hinweis auf ihr beschränktes Mandat, das vor allem internationale bewaffnete Konflikte nicht umfaßt, weigerte sich die UNO-Arbeitsgruppe über Verschwundene, diese Fälle zu bearbeiten. Folglich ersuchte die Menschenrechtskommission im Februar 1993 Mazowiecki, die Arbeitsgruppe und das IKRK, gemeinsam einen Vorschlag zur Lösung dieses Problems zu unterbreiten. Dieser Vorschlag führte schließlich im März 1994 zur Errichtung eines Sonderverfahrens über Vermißte im ehemaligen Jugoslawien («Special process on missing persons in the territory of the former Yugoslavia»), das als gemeinsames Mandat von Mazowiecki und einem Mitglied der Arbeitsgruppe, dem Autor des vorliegenden Artikels, konzipiert wurde. Diese Konstruktion war von Anfang an ein schlechter Kompromiß. Zum einen umfaßte das Sonderverfahren alle Vermißten im ehemaligen Jugoslawien, also auch Kriegsvermißte, ohne daß eine klare Abgrenzung oder zumindest Arbeitsteilung gegenüber dem IKRK ausgehandelt worden wäre. Das IKRK sah den *Special Process* daher als Konkurrenz an, was immer wieder zu Überlappungen und Konflikten führte, da humanitäre und menschenrechtliche Aufgaben eben unterschiedliche Methoden erfordern. Auf der anderen Seite war Mazowiecki über seine Mitarbeit am Sonderverfahren unglücklich, da sie seine Unabhängigkeit zur Kritik an Menschenrechtsverletzungen einschränkte. Mit anderen Worten: Für Mazowiecki war das Sonderverfahren zu humanitär (d. h. auf die wohlwollende Zusammenarbeit aller Konfliktparteien angewiesen) und für das IKRK zu menschenrechtlich, da neben der Aufklärung konkreter Einzelfälle auch die Verpflichtung bestand, der Menschenrechtskommission einen öffentlichen und objektiven, d. h. aber auch kritischen Bericht vorzulegen. In Wahrheit bestand daher für einen halb humanitären und halb menschenrechtlichen *Special Process* zwischen dem IKRK und Mazowiecki kein Platz. Die Menschenrechtskommission war aber angesichts des Ausmaßes des Problems so unter politischem Druck, daß sie der Öffentlichkeit gegenüber zeigen mußte, gehandelt und eine konkrete Maßnahme ergriffen zu haben.

Ich versuchte in dieser schwierigen Situation, dem Sonderverfahren einen Sinn zu geben. Zum einen trennte ich das Verfahren von Mazowiecki, was die Menschenrechtskommission im März 1995 formal absegnete. Zum anderen versuchte ich, zu einer vernünftigen Arbeitsteilung mit dem IKRK zu finden, das im Sommer 1995 parallel zu mir begann, systematisch alle Vermißten zu registrieren, und zwar unabhängig von der Art des Konflikts und den Umständen des Verschwindens, das heißt Kriegsvermißte ebenso wie Verschwundene im engeren Sinn. Da das IKRK für die konkrete Suche im Feld viel besser geeignet ist als ein nebenberuflicher UNO-Experte mit Unterstützung einer kleinen und logistisch schlecht ausgestatteten Feldpräsenz des UNO-Hochkommissariats für Menschenrechte, stellte ich Anfang 1996 die Registrierung individueller Fälle völlig ein und machte die UNO-Datenbank dem IKRK zugänglich. Statt dessen konzentrierte ich mich auf politische Verhandlungen mit allen Parteien und auf die Öffnung von Massengräbern. Um alle Konfliktparteien, das heißt die drei bosnischen Parteien, Kroatien und die Bundesrepublik Jugoslawien, um einen Tisch zu versammeln, schlug ich Ende 1995 die Schaffung einer hochrangig besetzten multilateralen Kommission vor, was zwar von der UNO-Menschenrechtskommission aus politischen Gründen ursprünglich nicht aufgegriffen, kurz darauf aber auf Initiative Bill Clintons zur Errichtung der «International Commission on Missing Persons in the former Yugoslavia» unter dem Vorsitz von Cyrus Vance (der im November 1997 von Bob Dole ersetzt wurde) und US-Patronanz führte.

Angesichts der deutlichen Hinweise, daß die große Mehrheit der über 20000 Verschwundenen und Vermißten in über 300 Massengräbern in Bosnien und Herzegowina, aber auch in Kroatien zu finden sein könnten, schlug ich in meinem Bericht an die UNO-Menschenrechtskommission Anfang 1996 vor, daß die seit dem Friedensabkommen von Dayton massiv im Lande anwesende internationale Gemeinschaft auch die Öffnung der Massengräber sowie die Exhumierung und Identifizierung der darin gefundenen Leichen in Angriff nehmen sollte, wofür das UNO-Sonderverfahren die Hauptverantwortung übernehmen könnte.

Mein Vorschlag stieß in der UNO-Menschenrechtskommission 1996 auf wenig Verständnis. Exhumierungen wären zu teuer, würden zu sehr in die inneren Angelegenheiten eingreifen und dadurch den Friedensprozeß gefährden, «die Lebenden seien wichtiger als die Toten» und ähnliche Argumente mehr wurden von den USA und manchen anderen westlichen Staaten ins Treffen geführt. Auf Druck der bosnischen Regierung, der islamischen und einzelner westlicher Staaten wie den Niederlanden schlugen die USA schließlich einen faulen Kompromiß vor, der zwar als *ultima ratio* Exhumierungen vorsieht, sie aber an so viele Bedingungen knüpfte, daß ein effizientes und rasches Handeln verunmöglicht wurde. Außerdem wurde die Finanzierung offengelassen, und ich wurde in der Resolution ersucht, selbst das *fundraising* zu übernehmen. Schließlich wurde eine eigene «Expert Group on Exhumations and Missing Persons» unter dem Vorsitz des Hohen Vertreters aufgrund des Friedensabkommens von Dayton eingesetzt, in dem neben Experten die USA als einziger Staat repräsentiert waren und alles daran setzten, Exhumierungen so weit als möglich zu verhindern. Ihre diesbezügliche Politik beschränkte sich darauf, Druck auf die bosnischen Parteien auszuüben, um diese selbst zu Exhumierungen zu bewegen.

Im Hinblick auf diese Umstände und die Tatsache, daß das UNO-Sonderverfahren im Abkommen von Dayton ebenso wie die UNO-Sonderberichterstatterin für Menschenrechte und Nachfolgerin Mazowieckis, Elisabeth Rehn, mit keinem Wort erwähnt wurde, ist es nicht weiter verwunderlich, daß mein umfangreiches forensisches Programm, das mit ca. 6 Millionen US-Dollar veranschlagt war, kein durchgreifender Erfolg wurde. Abgesehen von einzelnen Exhumierungen in der Republika Srpska, die von den Regierungen Finnlands und der Niederlande finanziert, von den bosnischen Serben aber torpediert und von der IFOR nicht entsprechend unterstützt wurden und folglich vorzeitig abgebrochen werden mußten, wurden im Rahmen dieses Programms lediglich Vorarbeiten für eine Ante-mortem-Datenbank unternommen und den bosnischen Parteien einzelne internationale forensische Experten für ihre eigenen Exhumierungen beigestellt. Als auch nach einem Jahr trotz intensiver Fundraising-Initiativen von den erforderlichen 6 Millionen lediglich 300 000 US-Dollar (5 %) auf dem dafür eröffneten UNO-Konto eingelangt waren und auch sonst wenig politische Unterstützung für das UNO-Sonderverfahren zu bemerken war, trat ich im März 1997 zurück. Als ich in meiner Rücktrittsrede vorschlug, die für Exhumierungen reservierten 300 000 US-Dollar den Organisationen der Familienangehörigen von Bosnien und Herzegowina zur Verfügung zu stellen, protestierte der deutsche Botschafter, und das Geld wurde schließlich der Feldoperation des UNO-Hochkommissariats für Menschenrechte einverleibt. Das Mandat des Sonderverfahrens wurde schließlich der UNO-Sonderberichterstatterin Elisabeth Rehn, dem IKRK, dem Hohen Vertreter zur Koordinierung der zivilen Komponente des Friedensabkommens von Dayton (damals Carl Bildt, später Carlos Westendorp) und der Internationalen Kommission über Vermißte gemeinsam übertragen.

Daß die Exhumierung der Leichen der Verschwundenen eine wichtige Voraussetzung zur Lösung des Verschwundenen-Problems und damit für den Versöhnungs- und Friedensprozeß in Bosnien und Herzegowina darstellt, ist heute jedoch allgemein anerkannt. Insbesondere der Hohe Vertreter bemüht sich immer wieder, durch massiven Druck auf die bosnischen Parteien Exhumierungen zu erzwingen. Auch das IKRK hat seine ursprünglich eher skeptische Haltung revidiert, und selbst die unter US-Vorsitz agierende Internationale Kommission über Vermißte ist bereit, Exhumierungen zu unterstützen. Trotzdem scheint die internationale Gemeinschaft noch nicht bereit zu sein, selbst die Initiative in die Hand zu nehmen, so daß die Ausgrabungen durch die bosnischen Parteien auch 1997 kaum Fortschritte machten.

Obwohl das IKRK bereits drei Auflagen eines Buches mit den Daten von knapp 20000 vermißten Personen in Bosnien und Herzegowina veröffentlicht und mit großem Aufwand verteilt hat, und obwohl es mit viel Geschick und Geduld versucht, die bosnischen Parteien im Rahmen einer eigenen Arbeitsgruppe an einen Tisch zu bringen und zum Austausch relevanter Informationen zu bewegen, haben auch diese Initiativen nur in wenigen Fällen zur Klärung des Schicksals der Verschwundenen geführt.

Lehren aus diesen Erfahrungen

Das «Verschwindenlassen» stellt eine der schwersten Menschenrechtsverletzungen dar, die oft über Jahrzehnte hinweg die Familienangehörigen im ungewissen läßt und einen nachhaltigen Versöhnungs- und Friedensprozeß verhindert. Sobald Menschen verschwunden sind, ist es nur in Ausnahmefällen möglich, sie wiederzufinden, da die Verantwortlichen alles unternehmen, um die Spuren ihrer Verbrechen zu verwischen. Diesbezüglich unterscheiden sich die Verschwundenen von den Kriegsvermißten, da gegen die Aufklärung ihres Schicksals nach Beendigung eines Krieges in der Regel weniger politische Interessen sprechen und oft ein wechselseitiges Interesse am Austausch von Kriegsgefangenen, Leichen und Informationen besteht.

Besonders schwierig wird die Situation, wenn die systematische Praxis des «Verschwindenlassens» im Kontext bewaffneter Konflikte stattfindet und sich Verschwundene mit Kriegsvermißten wie im ehemaligen Jugoslawien vermischen. Da das Interesse an der Verheimlichung und Verschleierung dieser Kriegsverbrechen und Verbrechen gegen die Menschlichkeit im Vordergrund steht, wird auch die Aufklärung des Schicksals von Kriegsvermißten, die beispielsweise als Kombattanten im Kampf gefallen sind, behindert bzw. unmöglich gemacht. Die traditionelle humanitäre Methode des IKRK als Vermittler für den Austausch von Informationen im wechselseitigen Interesse versagt daher. Ähnliches gilt für den Druck auf die Parteien, Exhumierungen durch die gegnerische Seite auf ihrem Gebiet aus Gründen der Reziprozität zuzulassen. Die Angst vor der Aufdeckung eigener Kriegsverbrechen überwiegt in der Regel das Interesse an der Aufklärung des Schicksals Verschwundener aus der eigenen Bevölkerungsgruppe. Außerdem kann angesichts der unterschiedlichen Qualität und Quantität des Verschwundenenproblems auf seiten der bosnischen Serben und Moslems kaum von reziproken wechselseitigen Interessen gesprochen werden.

Eine Lösung des Problems Tausender Vermißter und Verschwundener kann unter diesen Umständen nach meiner festen Überzeugung nur durch ein viel massiveres internationales Engagement erreicht werden, was in Bosnien und Herzegowina dank der umfangreichen Militär- und Zivilpräsenz auch durchaus möglich wäre. Die ökonomische Wiederaufbauhilfe von der tatsächlichen Bereitschaft der Verantwortlichen, Informationen über Verschwundene bereitzustellen, abhängig zu machen, wäre eine Möglichkeit; Exhumierungen durch die internationale Gemeinschaft selbst durchzuführen, eine zweite. Für beide fehlt es jedoch bisher am erforderlichen politischen Willen der internationalen Gemeinschaft.

Besser als das Schicksal von 30 000 Vermißten und Verschwundenen mühsam im nachhinein aufzuklären, wäre es natürlich, wie bei allen Menschenrechtsverletzungen, die Praxis des «Verschwindenlassens» durch effiziente Präventionsmaßnahmen zu verhindern. Die UNO-Erklärung über das erzwungene Verschwindenlassen von Dezember 1992 enthält einen ganzen Katalog von Maßnahmen, bei deren Einhaltung es keine

Verschwundenen mehr gäbe. Er reicht vom absoluten Verbot der Incommunicado-Haft über die Führung zentraler Haftregister bis zur Verpflichtung der Staaten, jeden Fall eines Verschwundenen umgehend zu untersuchen, die Verantwortlichen zu identifizieren und entsprechend zu bestrafen, wobei weder Immunität noch Amnestiegesetze, Berufung auf Befehlsnotstand oder eine Ausnahmesituation vor einer gerechten Strafe schützen sollte. Aber auch die internationale Gemeinschaft trifft eine moralische und politische Pflicht, durch Frühwarnsysteme und gezielte Präventionsmaßnahmen das Verschwinden und die Ermordung Tausender Menschen durch systematische Aktionen ethnischer Säuberungen zu verhindern. Die Entwicklung im Kosovo wird zeigen, ob die internationale Gemeinschaft, und insbesondere Europa, aus den schrecklichen Erfahrungen in Kroatien sowie in Bosnien und Herzegowina gelernt hat.

Literatur

amnesty international, Auslöschen Könnt Ihr Sie Nicht – Kampagne gegen Verschwindenlassen und politischen Mord, Bonn 1993.

amnesty international, Disappearances and political killings: Human Rights Crisis of the 1990s. A manual for action, ai Dutch Section, 1994.

Bailey-Wiebecke, Ilka, The UN Working Group on Disappearances: After Fifteen Years, Focus on Asia, in Philippine Human Rights Forum (Philippines) Vol. V/1 1995.

Guest, Ian, Behind the Disappearances: Argentina's Dirty War Against Human Rights and the United Nations, Philadelphia 1990.

Human Rights Watch, Disappeared in Guatemala: The Case of Efraín Bámaca Velásquez, New York, HRW, 1994.

Ludwig Boltzmann Institute of Human Rights (BIM), The Phenomenon of Disappearances in Bosnia and Herzegovina, Vienna 1998.

Mazowiecki, Tadeusz, Reports of the UN Special Rapporteur of Human Rights in the Territory of the Former Yugoslavia, submitted to the UN Commission on Human Rights and the General Assembly, zuletzt in UN-Dok. E/CN.4/1996/9.

Nowak, Manfred, «Beyond ‹bookkeeping›: Building human rights to Bosnia», in: The World Today, Vol. 52/4 (April 1996), 102–105.

Nowak, Manfred, Human rights, humanitarian law and the tracing of missing persons, in Michael O'Flaherty and Greg Gisvold (Hg.), International Human Rights Law in Bosnia and Herzegovina after Dayton, Kehl/Strasbourg/Arlington 1998.

Nowak, Manfred, Monitoring Disappearances, The Difficult Path from Clarifying Past Cases to Effectively Preventing Future Ones, Ehrlr 1996, 348.

Nowak, Manfred, Reports of the UN Expert on the Special Process on Missing Persons in the Territory of the Former Yugoslavia, submitted to the UN Commission on Human Rights, UN-Dok. E/CN.4/1995/37, E/CN.4/1992/36, E/CN.4/1997/55.

Rehn, Elisabeth, Reports of the UN Special Rapporteur on the Situation of Human Rights in the Territory of the Former Yugoslavia, submitted to the UN Commission on Human Rights and the General Assembly, zuletzt in UN-Dok. E/CN.4/1998/63.

Rodley, Nigel S., «The UN Draft Declaration on the Protection of All Persons from Enforced Disappearances», Working Paper 1 (Doc. Ceje 022) presented to the International Conference on Political Killings and «Disappearances» organised by the Dutch Section of Amnesty International in Amsterdam from September 4–6, 1992.

Tretter, Hannes/Müller, Stephan/Schwanke, Roswitha/Angeli, Paul/Richter, Andreas (BIM), Ethnische Säuberungen in der nordostbosnischen Stadt Zvornik von April bis Juni 1992, Wien 1994.

United Nations, Enforced or Involuntary Disappearances, Human Rights Fact Sheet No. 6 (Rev. 1), Geneva/New York 1993.

UN-Working Group on Enforced or Involuntary Disappearances, Annual Reports to the UN Commission on Human Rights, zuletzt in UN-Dok. E/CN.4/1998/43.

Christine Chinkin

Gewalt gegen Frauen ist keine Privatsache mehr

Frauenrechte sind heute anerkannter Teil des Menschenrechtskatalogs

Gewalt gegen Frauen fand erst recht spät Eingang in die Menschenrechtsagenda der Vereinten Nationen. Wie die Sonderberichterstatterin zum Thema Gewalt gegen Frauen erklärte – sie wurde von der Menschenrechtskommission 1994 als erste thematische Berichterstatterin ernannt, um über die Lebensbedingungen von Frauen zu berichten –, hatte man Frauenfragen bis dahin zwar im Kontext des Entwicklungsprozesses, nicht aber der Menschenrechte gesehen.[1] Die Menschenrechtsgremien des «Mainstream» hatten Gewalt gegen Frauen nicht als Teil der Menschenrechtsbelange gesehen.[2] Vertragliche Garantien wie das Recht auf Leben und körperliche Unversehrtheit und der Schutz vor Folter und grausamer, unmenschlicher oder erniedrigender Behandlung[3] erstreckten sich nicht auf so geschlechtsbe-

1 Siehe: Preliminary Report submitted by the Special Rapporteur on Violence against Women, its Causes and Consequences, Ms. Radhika Coomaraswamy, in accordance with Commission on human Rights Resolution 1994/95, UN Document E/CN.4/1995/42 (dt.: Vorläufiger Bericht der Sonderberichterstatterin zum Thema «Gewalt gegen Frauen – Ursachen und Folgen», Radhika Coomaraswamy, gemäß der Resolution 1994/95 der Menschenrechtskommission).

2 «Mainstream» bezieht sich hier auf Menschenrechtsabkommen und Institutionen der UN-Menschenrechtskommission. Der Generalsekretär hat es sich zur Priorität gemacht, die Rechte der Frauen in diese «Mainstreampolitik» einzubeziehen; «Mainstreaming the Gender Perspective into all Policies and Programmes of the United Nations System», Report of the Secretary-General, UN-Dokument E/1997/66, 12. Juni 1997.

3 Zum Beispiel International Covenant on Civil and Political Rights (dt.: Internationales Abkommen über bürgerliche und politische Rechte) vom 16. Dezember 1966, 999 UNTS 171, Artikel 6 und 7; United Nations Convention Against

zogene Gewaltakte wie körperliche Mißhandlung innerhalb der Familie, Vergewaltigung, Abtreibung weiblicher Föten, Tötung weiblicher Kinder, Verstümmelung der weiblichen Genitalien, erzwungene Sterilisationen, erzwungene Schwangerschaften, Brautverbrennungen und viele andere Formen von Gewalt gegen Frauen und Mädchen, die begangen werden, weil sie Frauen sind. Die Weltkonferenz zur Prüfung und Beurteilung der Ergebnisse der Frauendekade der Vereinten Nationen: Gleichberechtigung, Entwicklung und Frieden, die 1985 in Nairobi stattfand, stellte in ihrem Abschlußdokument «Zukunftsstrategien von Nairobi zur Förderung der Frau» zwar fest, daß Gewalt «ein großes Hindernis für den Frieden und die Erreichung der anderen Ziele der Dekade» sei, forderte jedoch lediglich, daß weibliche Opfer «besondere Aufmerksamkeit und umfassende Hilfe» erhalten sollten.[1] Allerdings machte das Dokument weder die Staaten für ihr Versagen verantwortlich, derartige Gewalt abzustellen, noch gab es Empfehlungen für einen rechtlichen Rahmen. Auch die große Errungenschaft der Frauendekade, das Übereinkommen der Vereinten Nationen zur Beseitigung jeder Form von Diskriminierung der Frau (die Frauenkonvention) enthält keinerlei ausdrückliche Vorkehrungen gegen Gewalt.[2]

Torture and Other Cruel, Inhuman od Degrading Treatment (dt.: Übereinkommen gegen Folter und andere grausame, unmenschliche und erniedrigende Behandlung oder Strafe) vom 10. Dezember 1984, GA Res. 39/46, Artikel 1; European Convention for the Protection of Fundamental Rights and Freedom (dt.: Europäische Konvention zum Schutze der Menschenrechte und Grundfreiheiten), Rom, 4. November 1950, ETS Nr. 5, Artikel 2 und 3; American Convention on Human Rights, San Jose, vom 22. November 1969, 1144 UNTS 123, Artikel 4 und 5; African Charta on Human Rights and Peoples Rights (Banjul Charter), 27. Juni 1981, in: International Legal Materials (21/1982), S. 58, Artikel 4 und 5.

1 Nairobi Forward Looking Strategies for the Advancement of Women (dt.: Zukunftsstrategien von Nairobi zur Förderung der Frau), A/Conf. 116/28/Rev. 1985. IV. 10, 1986, Ziffer 258.

2 United Nations Convention on the Elimination of All Forms of Discrimination Against Women (dt.: Übereinkommen der Vereinten Nationen zur Beseitigung jeder Form von Diskriminierung der Frau), angenommen von der Vollversamm-

In den neunziger Jahren hat sich institutionell manches verändert. Durch Initiativen, die sich durch ein breites Spektrum unterschiedlicher UN-Aktivitäten ziehen, wird Gewalt gegen Frauen allmählich als Teil der internationalen Menschenrechtsbelange anerkannt. Der vorliegende Beitrag befaßt sich zunächst mit der Frage, weshalb Gewalt gegen Frauen so lange von den Menschenrechten ausgenommen wurde, und skizziert anschließend einige Veränderungen in diesem Bereich. Doch obwohl Gewalt gegen Frauen inzwischen formal in die internationale Menschenrechtsagenda einbezogen ist, bleibt die Veränderung der inneren Einstellung dazu, die für die soziale Förderung der Frau unerläßlich ist, nach wie vor ein unzuverlässiger Faktor.[1]

Gewalt gegen Frauen als Privatangelegenheit

Es gibt eine Reihe von Erklärungen für die geschlechtsbezogene Blindheit, die es verhindert hat, internationale Verbotsnormen für Gewalt gegen Frauen zu formulieren. Aus einer Vielzahl von Gründen bleibt geschlechtsbezogene Gewalt weitgehend in Berichten und Dokumentationen unerfaßt, unter anderem, weil Frauen wirtschaftlich und sozial von den Männern abhängig sind, die sie mißhandeln, und illegale Handlungen vor dem Blick der Öffentlichkeit verborgen werden.[2] Doch wo das wahre Aus-

lung am 18. Dezember 1979, GA Res. 34/180 (XXXIV). Dieser Konvention haben sich über 150 Staaten angeschlossen.

1 Das Übereinkommen zur Beseitigung jeder Form von Diskriminierung der Frau vom 18. 12. 1979 (Frauenkonvention) verlangt in Artikel 5 (a) von den Vertragsstaaten, «alle geeigneten Maßnahmen» zu treffen, «um einen Wandel in den sozialen und kulturellen Verhaltensmustern von Mann und Frau zu bewirken».

2 So werden zum Beispiel wirtschaftlich und sozial motivierte Taten wie das Töten weiblicher Kinder oder Föten, weil männliche Nachkommen gesellschaftlich vorgezogen werden, vor der Öffentlichkeit geheimgehalten; siehe: S. Hom, «Female Infanticide in China: the Human Rights Specter and Thoughts

maß von Gewalt nicht formal erfaßt wird, lassen sich individuelle Taten leicht als Privatangelegenheit und außergewöhnliche Vorkommnisse abtun.[1] Somit sind sie nicht einmal staatlicher Intervention, geschweige denn internationaler Prüfung unterworfen. Die Lage der Frauen statistisch zu erfassen stellt einen erheblichen Fortschritt dar, der eine solche Negierung der Verantwortung untergräbt.[2] Selbst wenn Frauen Mißhandlungen melden, kann es sein, daß Behörden darauf nicht reagieren, weil sie es als rein häusliche Angelegenheit ansehen. In manchen Staaten stellt das Rechtssystem Rechtfertigungsgründe, zum Beispiel Gründe der Ehre bereit, die die Verantwortlichen von Schuld freisprechen.[3] Eng damit verknüpft ist der Wunsch, das Sexualverhalten von Frauen zu kontrollieren, um sicherzustellen, daß die Kinder einer Frau vom richtigen Vater stammen, und somit die korrekte Erbfolge zu gewährleisten.[4] Traditionelle und kulturelle Vorstellungen über die Geschlechterrollen werden herangezogen, um die fortdauernde Unterdrückung und Unterordnung der Frauen zu rechtfertigen. Kulturelle und religiöse Praktiken in Frage zu stellen, indem man das Recht der Frauen auf Freiheit von Gewalt oder Angst vor Gewalt geltend macht, läßt sich als sozial destabilisierend und als Bedrohung der «natürlichen» Familien- und Gesellschaftsstrukturen darstellen.

Diese wechselseitig miteinander verknüpften Gründe für Gewalt gegen Frauen haben es auch erleichtert, sie vom internatio-

Towards (An)Other Vision», Columbia Human Rights Law Review, 23/1991–92, S. 249.

1 Das legen die Abschlußerklärung und die Aktionsplattform der vierten Weltfrauenkonferenz in Peking dar, die am 15. September 1995 angenommen wurde; Bejing Declaration and Platform for Action, Fourth World Conference on Women, UN-Dok. A/Conf. 177/20, Ziffer 120.

2 Zum Beispiel: The World's Women 1995: Trends and Statistics, UN, New York, 1995. Zu Gewalt gegen Frauen siehe insbesondere S. 158–168.

3 Solche Rechtfertigungsgründe werden von kulturellen Ideologien legitimiert, die die untergeordnete Stellung der Frau bekräftigen; Vorläufiger Bericht der UN-Sonderberichterstatterin, a. a. O. (Fußnote 1, S. 104), Ziffer 63.

4 Ebenda, Ziffer 59.

nalen Menschenrechtsregime auszuschließen. Das Konzept der Menschenrechte beruht auf dem Schutz des einzelnen vor staatlicher Willkür. Es definiert den Bereich individueller Autonomie und macht den Staat für Handlungen oder Unterlassungen staatlicher Agenten verantwortlich, die in ihrer Amtsausübung diese Autonomie zu Unrecht beeinträchtigen. Da die Menschenrechte in der öffentlichen Sphäre angesiedelt sind, liegt es auf der Hand, sie eher zum Schutz von Männern anzuwenden, die typischerweise in Form bezahlter Arbeit, Politik, Wirtschaft und Freizeit in diesem Feld tätig sind.[1] Entsprechend galt die Ansicht, daß sich der Menschenrechtsdiskurs nicht ohne weiteres auf Gewaltakte gegen Frauen anwenden ließe, die in der Privatsphäre der Familie oder der Gemeinschaft vorkommen und von einzelnen Privatpersonen (Partnern, Familien- und Gemeindemitgliedern) statt von Vertretern des Staates begangen werden. Tatsächlich ließe sich ein Eingreifen staatlicher Behörden als Reaktion auf solche Taten an sich schon als Verletzung des Rechts auf Familienleben und Privatheit sehen.[2]

Auch Gewaltakte, die sich insofern eher als öffentliche ansehen lassen, als sie von Staatsagenten begangen werden, könnte man als Vorkommnisse abtun, die sich außerhalb der festgelegten Pflichten solcher Beamten ereignen und daher nicht dem Staat anzulasten seien.[3] So lassen sich zum Beispiel Vergewaltigung und andere Formen sexueller Folter, die an Frauen in Haft verübt werden, als individuelle Taten von Polizisten oder Straf-

1 Siehe auch H. Charlesworth, «What are Women's International Human Rights»? in: R. Cook, Human Rights of Women National and International Perspectives, 1994, S. 58.

2 Zum Beispiel Internationales Abkommen über bürgerliche und politische Rechte, a. a. O. (Fußnote 3, S. 104), Artikel 17.

3 International Law Commission, Draft Articles on State Responsibility, in erster Lesung von der Kommission vorläufig angenommen, Draft Report of the ICL on the Work of its Forty-Eight Session, UN-Dok. A/CN.4/L 528/Add. 2, 16. Juli 1996, Artikel 5–13. In Artikel 11 heißt es explizit: «Das Verhalten einer Person, die nicht in staatlichem Auftrag handelt, soll nicht als Handeln des Staates nach internationalem Recht gelten.»

vollzugsbeamten einstufen und nicht als routinemäßige Vorkommnisse der Inhaftierung von Frauen. Auf dieselbe Weise könnte man Gewaltakte gegen Frauen, die staatliche Militärangehörige begehen,[1] abtun, statt sie den separaten Rechtsgrundlagen zum humanitären Schutz der Zivilbevölkerung in bewaffneten Konflikten zu unterwerfen.[2]

Mittlerweile sind in diese konzeptuelle Ausschließung erhebliche Breschen geschlagen worden. Vor allem das Engagement von Aktivistinnen, die in internationalen und nationalen nichtstaatlichen Organisationen (NGOs) arbeiten, hat Gewalt gegen Frauen in den Diskurs über internationale Menschenrechte und humanitäres Recht hineingetragen. Eine erste wichtige Errungenschaft ist, daß solche Gewalt nun als öffentliche Angelegenheit gesehen wird, und zwar unabhängig davon, ob sie von Personen im öffentlichen Dienst oder von Privatpersonen begangen wird, und daß sich entsprechend ein neuer Begriff der Menschenrechte durchsetzt, der dieses Verständnis aufgreift. Die zweite Errungenschaft ist, daß dieses Umdenken explizit oder implizit Eingang in Rechtsinstrumente gefunden hat, die die maßgeblichen Entscheidungsträger anwenden können. Zu diesem Zweck haben sich UN-Weltkonferenzen, die UN-Vollversammlung, die Menschenrechtskommission, die Internationalen Tribunale für Kriegsverbrechen im früheren Jugoslawien und in Ruanda und

1 J. Gardam, «Women and the Law of Armed Conflict: Why the Silence?», International and Comparative Law Quarterly, 46/1997, S. 55.

2 Convention Relative to the Protection of Civilian Persons in Time of War (Genfer Abkommen zum Schutz von Zivilisten in Kriegszeiten), 75 UNTS 287, 12. August 1949; Protocol Additional to the Geneva Conventions of 12 August 1949 and Relating to the Protection of Victims of International Armed Conflicts (Zusatzprotokoll zu den Genfer Konventionen vom 12. August 1949 zum Schutz der Opfer internationaler bewaffneter Auseinandersetzungen), 8. Juni 1977, 1125 UNTS 3; Protocol Additional to the Geneva Conventions of 12 August 1949 and Relating to the Protection of Victims of Non-International Armed Conflicts (Zusatzprotokoll zu den Genfer Konventionen vom 12. August 1949 zum Schutz der Opfer nichtinternationaler bewaffneter Auseinandersetzungen), 8. Juni 1977, 1125 UNTS 609.

regionale Menschenrechtsgremien mit Gewalt gegen Frauen befaßt. Diese diversen Mechanismen schaffen einen substantiellen rechtlichen Rahmen, der das Konzept, Gewalt gegen Frauen als Privatsache zu sehen, hoffentlich endgültig beseitigen wird.

Gewalt gegen Frauen und das internationale Recht

Besonders deutlich in den Vordergrund getreten sind nichtstaatliche Frauenorganisationen bei der Weltkonferenz für Menschenrechte 1993 in Wien, als sie Gewalt gegen Frauen in den Mittelpunkt ihrer erfolgreichen Kampagne stellten, «Frauenrechte als Menschenrechte» geltend zu machen.[1]

Das Aktionsprogramm und die Erklärung von Wien betonten die Notwendigkeit, Gewalt gegen Frauen im öffentlichen und privaten Leben zu beseitigen.[2] Die Internationale Konferenz über Bevölkerung und Entwicklung, die die Vereinten Nationen 1994 in Kairo abhielten, erkannte an, daß Gleichberechtigung und Autonomie der Frauen von grundlegender Bedeutung für einen tragfähigen Entwicklungsprozeß sind, und nahm entsprechend die Beseitigung der Gewalt gegen Frauen in den Katalog der notwendigen Maßnahmen auf.[3] Ein besonders wichtiger Schritt war, daß die UN-Generalversammlung zwischen den Konferenzen in Wien und Kairo die Erklärung zur Beseitigung von Gewalt gegen Frauen verabschiedete,[4] die ihrerseits als

1 D. Sullivan, «Women's Human Rights and the 1993 World Conference on Human Rights», American Journal of International Law, 88/1994, S. 152.
2 Vienna Declaration and Programme of Action, adopted by the World Conference on Human Rights, Juni 1993, A/Conf. 157/24 (Teil I), Abschnitt II. A. 3.
3 International Conference on Population and Development, A/Conf. 171/13, 18. Oktober 1994, Kapitel IV, Ziffer 4.4 (e).
4 Declaration on the Elimination of Violence against Women (dt.: Erklärung zur Beseitigung von Gewalt gegen Frauen), angenommen von der UN-Generalversammlung am 20. Dezember 1993, GA/Res/48/104. Siehe auch General Assembly Resolution on Measures To Prevent Acts of Violence against Women Migrant Workers (Resolution der Generalversammlung über Maßnahmen zur Ver-

Grundlage für den Abschnitt über Gewalt gegen Frauen in der Aktionsplattform der Weltfrauenkonferenz von Peking diente.[1]

In den ständig wiederholten Prinzipien gibt es vier vielleicht besonders signifikante Kriterien, die zusammengenommen versuchen, Abhilfe gegen das bisherige Scheitern des Menschenrechtssystems in Hinblick auf Gewalt gegen Frauen zu schaffen. Das erste Kriterium ist, die Wurzeln der Gewalt in den historisch ungleichen Machtbeziehungen zwischen Frauen und Männern aufzudecken. In der Aktionsplattform von Peking heißt es:

> «Gewalt gegen Frauen ist ein Ausdruck der historisch ungleichen Machtverhältnisse zwischen Männern und Frauen, die zu einer Beherrschung und Diskriminierung der Frau durch den Mann geführt und die umfassende Förderung der Frauen verhindert haben.»[2]

Wie diese Formulierung – die die Präambel der Erklärung der Vollversammlung zur Beseitigung von Gewalt gegen Frauen aufgreift – anerkennt, ist die Unterdrückung der Frau «eine politische Frage und erfordert eine Untersuchung der staatlichen und gesellschaftlichen Institutionen, der Prägung und Sozialisierung des einzelnen sowie der Art der wirtschaftlichen und sozialen Ausbeutung».[3] Die untergeordnete gesellschaftliche Stellung der Frau ist keine natürliche, private oder biologische Gegebenheit, sondern ein bewußtes Konstrukt zur Erhaltung des Patriarchats. Die daraus erwachsende Gewalt «durchdringt jeden Bereich der Gesellschaft ohne Rücksicht auf Klassenzugehörigkeit, Rasse oder ethnische Herkunft, Einkommen, Kultur, Bildungsgrad,

hinderung von Gewalt gegen Wanderarbeiterinnen), GA/Res/49/165, 23. Dezember 1994.

1 Das strategische Ziel D der Aktionsplattform, a. a. O. (Fußnote 1, S. 107) befaßt sich mit Gewalt gegen Frauen: Ziffer 224 des strategischen Ziels I, Menschenrechte der Frau, bestätigt, daß Gewalt gegen Frauen die Ausübung der Menschenrechte und Grundfreiheiten «verletzt und einschränkt».

2 Ebenda, Ziffer 118.

3 Vorläufiger Bericht der Sonderberichterstatterin, a. a. O. (Fußnote 1, S. 104), Ziffer 49.

Alter oder Religion und betrifft ihre Grundfesten».[1] Also kann diese Gewalt keine Privatsache sein.

Das zweite Kriterium betrifft die Definition geschlechtsbezogener Gewalt. Die Aktionsplattform von Peking definiert Gewalt gegen Frauen als:

> «jede geschlechtsbezogene gewalttätige Handlung, die einer Frau Schaden oder Leid körperlicher, sexueller oder seelischer Art zufügt oder wahrscheinlich zufügen wird, einschließlich der Androhung solcher Handlungen, der Nötigung oder der willkürlichen Freiheitsberaubung im öffentlichen oder privaten Leben».[2]

Die Interamerikanische Konvention zur Verhütung, Bestrafung und Beseitigung von Gewalt gegen Frauen geht näher auf den Begriff des Privatlebens ein. Er umfaßt körperliche, sexuelle und seelische Gewalt, «die innerhalb der Familie, der Hausgemeinschaft oder einer anderen persönlichen Beziehung vorkommt, unabhängig davon, ob der Täter zu der Frau in persönlicher Beziehung steht oder gestanden hat ...»[3]

Das dritte Kriterium rückt die schädlichen Aspekte traditioneller Praktiken oder Gebräuche, die Frauenrechte verletzen, in zunehmend scharfer Sprache ins Licht. Die Wiener Erklärung betonte zwar ausdrücklich, daß es wichtig sei, etwaige Konflikte zwischen den Rechten der Frau und den nachteiligen Auswirkungen

1 Präambel der Interamerican Convention on the Prevention. Punishment and Eradication of Violence against Women (Interamerikanische Konvention über Verhütung, Bestrafung und Beseitigung von Gewalt gegen Frauen), per Akklamation angenommen von der Generalversammlung der Organisation der amerikanischen Staaten, Belem do Para, 9. Juni 1994, veröffentlicht in International Legal Materials, 33/1994, S. 1534.

2 Platform for Action, a. a. O. (Fußnote 1, S. 107), Ziffer 114, die Artikel 1 der Erklärung der Generalversammlung zur Beseitigung von Gewalt gegen Frauen aufgreift.

3 Inter-American Convention on the Prevention, Punishment and Eradication of Violence against Women, a. a. O. (Fußnote 1, oben), Artikel 2.

bestimmter traditioneller und brauchtumsmäßiger Verhaltensweisen, von kulturellen Vorurteilen und religiösem Extremismus abzuschaffen, nahm jedoch keine Stellung dazu, was von beiden den Vorrang haben sollte. Die Aktionsplattform von Peking forderte eindeutiger das Verbot und die Abschaffung solcher Verhaltensweisen.[1] Sie stellte darüber hinaus fest, daß moderne Praktiken ebenfalls zu geschlechtsbezogener Gewalt beitragen – ein Thema, das die Sonderberichterstatterin zur Gewalt gegen Frauen bereits angesprochen hatte, als sie die Aufmerksamkeit auf «Stätten der wirtschaftlichen Ausbeutung weiblicher Arbeitskraft lenkte, die aufgrund der modernen Technologie und deren Anforderungen wie Pilze aus dem Boden geschossen sind», und als sie auf die Gewalt hinwies, die aus Fortpflanzungs- und Wissenstechnologien erwächst.[2] Wichtig ist, daß man unter Gewalt gegen Frauen nicht nur körperliche sexuelle Gewalttaten versteht, sondern auch Formen wirtschaftlicher Gewalt, die von der globalen Wirtschaftspolitik gestützt werden.[3]

Das vierte Merkmal bezieht private Gewaltakte explizit in die Forderung ein, Staaten sollten «mit der erforderlichen Sorgfalt vorgehen, um Gewalttätigkeiten gegen Frauen zu verhüten, zu untersuchen und ... zu bestrafen, unabhängig davon, ob diese Taten vom Staat oder von Privatpersonen verübt werden».[4] Diese Formulierung verweist auf die internationale Verantwortung für Gewaltakte gegen Frauen, indem sie sich mit dem Versagen des Staates befaßt, die Einhaltung der Menschenrechte für die seiner Jurisdiktion unterstellten Personen «zu gewährleisten».[5]

1 Platform for Action, a.a.O. (Fußnote 1, S. 107), Ziffern 113a, 118, 124(i).

2 Vorläufiger Bericht der Sonderberichterstatterin, a.a.O. (Fußnote 1, S. 104), Ziffern 55–57.

3 Siehe Y. Lee, «Violence against Women: Reflections on the Past and Strategies for the Future – An NGO Perspective», Adelaide Review, 12/1997, S. 45.

4 Erklärung zur Beseitigung von Gewalt gegen Frauen, a.a.O. (Fußnote 4, S. 110), Artikel 4(c).

5 Zum Beispiel Internationaler Pakt über bürgerliche und politische Rechte, a.a.O. (Fußnote 3, S. 104), Artikel 2. Zur Analyse der staatlichen Verpflichtung,

Diese Instrumente sind zwar relativ scharf formuliert, aber mit Ausnahme der Interamerikanischen Konvention zur Verhütung, Bestrafung und Beseitigung von Gewalt gegen Frauen nach internationalem Recht nicht bindend. Weiter geschwächt werden sie durch das Fehlen von spezifischen Zielsetzungen, Mittelzuweisungen und Überwachungsmechanismen, wie sie die Menschenrechtsabkommen etabliert haben.[1] Die Mißachtung, die die rechtlich verbindliche Frauenkonvention in vielen Staaten erfährt und die sich beispielhaft in zahlreichen substantiellen Einschränkungen und in eklatanter Nichtbeachtung ihrer Gebote niederschlägt,[2] läßt kein sonderliches Vertrauen in die Effektivität unverbindlicher Instrumente aufkommen.

Mit diesen Problemen befassen sich teilweise die Entwicklungen andernorts. So korrigiert der Ausschuß für die Beseitigung der Diskriminierung der Frau (Committee on the Elimination of Discrimination Against Women, CEDAW) in seiner Allgemeinen Empfehlung Nr. 19 den Umstand, daß die Frauenkonvention das Gewaltproblem ausklammert, durch die Feststellung, daß Gewalt die Ausübung der von dieser Konvention garantierten Gleichstellung verhindert.[3] CEDAW fordert Staaten auf, in ihre anfänglichen und periodischen Berichte auch Maßnahmen einzubeziehen, die sie zum Thema Gewalt gegen Frauen ergriffen haben, und hat Staaten dazu befragt. Wenn im Rahmen eines Fakultativprotokolls zur Frauenkonvention ein individuelles

die Achtung der Menschenrechte angesichts von Verletzungen des Rechts auf Leben durch nichtstaatliche Täter zu gewährleisten, siehe: Velasquez Rodriguez versus Honduras (Urteil vom 29. Juli 1989), veröffentlicht in International Legal Materials, 28/1989, S. 294.

1 Die Ausnahme bildet die Inter-American Convention on the Prevention, Punishment and Eradication of Violence against Women, a.a.O. (Fußnote 4, S. 110), die in Artikel 10 bis 12 Schutzmechanismen enthält.

2 C. Chinkin, «Reservations and objections to the Convention on the Elimination of All forms of Discrimination Against Women», in: J. P. Gardner (Hg.), Human Rights to Opt Out, London, BIICL, 1997.

3 CEDAW, General Recommendation Nr. 19 (Allgemeine Empfehlung Nr. 19, «Gewalt gegen Frauen»), GAOR, 47th Session, Supp. No 38 (A/47/38), 1992.

Petitionsrecht an die CEDAW eingeführt würde,[1] könnten im Gegensatz zu den Regelungen der Frauenkonvention Beschwerden über geschlechtsbezogene Gewalt dort vorgebracht werden. Bis dahin können Beschwerden über Gewalt in Staaten, die das Petitionsrecht für Einzelpersonen akzeptiert haben, bei der Menschenrechtskommission und dem Ausschuß gegen Folter eingereicht werden.[2] Wenn weibliche Gewaltopfer diese Beschwerdemechanismen nutzen würden, könnte das diese Gremien ermuntern, sich mit geschlechtsbezogenen Verletzungen der relevanten Abkommen zu befassen.

Die interamerikanischen und europäischen Menschenrechtsgremien entwickeln ein solches rechtliches Instrumentarium im Rahmen scheinbar geschlechtsneutraler Regelungen regionaler Abkommen. Kürzlich erkannten die Interamerikanische Kommission und der Europäische Gerichtshof für Menschenrechte an, daß Vergewaltigung eine Folter darstellt, für die der Staat verantwortlich ist. Im Fall Mejia Egocheaga versus Peru[3] wurde Mejia Egocheaga in Peru von Soldaten vergewaltigt, die ihren Mann, einen bekannten politischen Aktivisten, entführt hatten. Einige Jahre später, nachdem Mejia in Schweden politisches Asyl erhalten hatte, reichte sie eine Petition bei der Interamerikanischen Kommission für Menschenrechte ein, in der sie unter anderem Verstöße gegen Artikel 5 (das Recht auf Freiheit von Folter und andere unmenschliche Behandlung), Artikel 11 (das Recht auf Privatleben) und Artikel 1 (die Pflicht des Staates, die

1 Platform for Action, a. a. O. (Fußnote 1, S. 107) Ziffer 230 (k). Die Frage eines freiwilligen Zusatzprotokolls zur Frauenkonvention steht derzeit auf der Agenda der Kommission für den Status der Frau.

2 First Optional Protocol to the International Covenant on Civil and Political Rights (Erstes Fakultativprotokoll zum Internationalen Pakt über bürgerliche und politische Rechte) vom 16. Dezember 1966; Convention Against Torture and Other Cruel, Inhuman and Degrading Treatment (Übereinkommen gegen Folter und andere grausame, unmenschliche und erniedrigende Behandlung oder Strafe), Artikel 22.

3 Mejia Egocheaga und andere versus Peru (Fall 10 970; Bericht 5/96), 1996, Butterworths Human Rights Cases Bd. 1, S. 229.

Rechte und Freiheiten dieser Konvention zu achten und garantieren) der Interamerikanischen Konvention der Menschenrechte geltend machte.

Die Kommission nahm die von Mejia angegebenen Fakten als wahr an, obwohl sie die Vergewaltigung nicht unmittelbar nach der Tat gemeldet hatte und es keine erhärtenden Beweise gab. Die Kommission akzeptierte die starken Indizienbeweise für die Verantwortung der peruanischen Armeetruppen, unter anderem die Tatsache, daß der Vergewaltiger eine peruanische Armeeuniform trug und mit anderen Soldaten zusammen war. Gestützt wurden die Beschuldigungen der Frau durch die Fülle von Berichten überstaatlicher und nichtstaatlicher Organisationen (NGOs) über Vergewaltigungen durch Sicherheitskräfte in Peru, begangen im Rahmen ihrer Kampagnen zur Einschüchterung, Demütigung und Bestrafung von Zivilisten, die der Kollaboration mit Aufständischen verdächtigt wurden. Solche Vergewaltigungen blieben durchweg ungestraft, und die Kommission stellte fest, daß es innerhalb Perus kein effektives Mittel zur unparteiischen Untersuchung und Strafverfolgung behaupteter Fälle von sexuellem Mißbrauch durch Mitglieder der Sicherheitskräfte gebe. Die Kommission erklärte:

> «Nach geltendem internationalem Recht stellen sexuelle Übergriffe durch Mitglieder der Sicherheitskräfte, seien sie nun Folge einer bewußt vom Staat geförderten Praxis oder Folge eines staatlichen Versagens, das Vorkommen dieses Verbrechens zu verhindern, eine Verletzung der Menschenrechte des Opfers dar, insbesondere des Rechts auf körperliche und seelische Unversehrtheit.»[1]

Die Kommission betonte: «Vergewaltigung ist ein körperlicher und seelischer Mißbrauch, der als Folge eines Gewaltaktes begangen wird.»[2] Durch die zugefügte Demütigung, die Peinigung und die Angst vor öffentlicher Ächtung stellt sie zudem eine

1 Ebenda, S. 251.
2 Ebenda, S. 253.

Methode seelischer Folter dar. Im Fall Mejia waren die «traditionellen» Elemente der Folter, also Inhaftierung oder Verhör, nicht gegeben, vielmehr handelte es sich um einen «privaten» Übergriff in der Wohnung des Opfers. Die Kommission akzeptierte, daß die vorsätzliche Verletzung der Würde, die in einer Vergewaltigung liegt, einen Verstoß gegen das Konzept des Privatlebens nach Artikel 11 der Interamerikanischen Konvention darstellt. Sie empfahl dem Staat, umfassende Ermittlungen über den sexuellen Mißbrauch an Mejia durchzuführen, um die Täter zu identifizieren und nach nationalem Recht zu bestrafen, sowie dem Opfer eine angemessene Entschädigung zu zahlen. Die Interamerikanische Konvention zur Verhütung, Bestrafung und Beseitigung von Gewalt gegen Frauen nutzt den regionalen Menschenrechtsapparat, indem sie Petitionen an die Interamerikanische Kommission für Menschenrechte zuläßt, die «gemäß den in der amerikanischen Konvention über Menschenrechte festgelegten Normen und Verfahren» behandelt werden.[1] Somit zeigt die Entscheidung im Fall Mejia Egocheaga versus Peru, daß sich Entscheidungen über Gewalt gegen Frauen durchaus aufgrund bestehender und weithin ratifizierter Abkommen über Menschenrechte fällen lassen.

Im Fall Aydin versus Türkei[2] vertrat der Europäische Gerichtshof für Menschenrechte, daß Vergewaltigung durch einen Staatsbeamten während der Haft eine besonders schwere und verabscheuungswürdige Form der Mißhandlung darstellt, die tiefe seelische Narben hinterläßt. Die Akkumulation körperlicher und seelischer Gewalt, die die Klägerin in diesem Fall erlitten habe, und «der besonders grausame Vergewaltigungsakt, dem sie ausgesetzt war», stellten eine Folter dar, die gegen Artikel 3 der Menschenrechtskonvention verstieß.[3] Das Gericht

1 Inter-American Convention on the Prevention, Punishment and Eradication of Violence against Women, a. a. O. (Fußnote 4, S. 110), Artikel 12.

2 1998, Butterworths Human Rights Cases Bd. 3, S. 300, Urteil vom 25. September 1997.

3 Ebenda, Ziffern 83–87.

machte zudem den Staat nach Artikel 13 dafür verantwortlich, die Anschuldigungen der Vergewaltigung nicht ausreichend untersucht zu haben. Es wurde keinerlei Versuch unternommen, Zeugen ausfindig zu machen oder Beweise zu sichern. Die medizinische Untersuchung entsprach nicht den «Anforderungen einer angemessenen und effektiven» Ermittlung zu Vergewaltigungen in Haft und richtete sich mehr auf die Feststellung, ob die Beschwerdeführerin Jungfrau war, als auf die Feststellung, ob sie vergewaltigt wurde. Das Gericht verlangte, daß eine Person, die behauptet, vergewaltigt worden zu sein, «mit der gebotenen Sensibilität von Medizinern mit besonderer Erfahrung auf diesem Gebiet [untersucht wird], deren Unabhängigkeit nicht durch Anweisungen durch die Strafverfolgungsbehörden hinsichtlich der Reichweite der Untersuchung eingeschränkt wird.»[1]

Wie die Fälle Mejia Egocheaga und Aydin illustrieren, lassen sich bestehende Menschenrechtsabkommen durchaus dahingehend interpretieren, daß sie sich auf Gewalt gegen Frauen erstrecken. In beiden Fällen handelten die Täter in amtlicher Eigenschaft und ließen sich daher ohne weiteres unter den traditionellen Menschenrechtsbegriff der staatlichen Verantwortung für widerrechtliches staatliches Handeln gegen Einzelpersonen fassen. Die Fakten entsprechen der Definition der Folter nach Artikel 1 des Internationalen Übereinkommens gegen Folter als:

> «jede Handlung, durch die einer Person vorsätzlich große körperliche oder seelische Schmerzen oder Leiden zugefügt werden, zum Beispiel um von ihr oder einem Dritten eine Aussage oder ein Geständnis zu erlangen, um sie für eine tatsächlich oder mutmaßlich von ihr oder einem Dritten begangene Tat zu bestrafen oder um sie oder einen Dritten einzuschüchtern oder zu nötigen oder aus einem anderen, auf irgendeiner Art von Diskriminierung beruhenden Grund, wenn diese Schmerzen oder Leiden von einem Angehörigen des öffentlichen Dienstes oder einer anderen in amtlicher Eigenschaft handelnden Person, auf deren Veranlassung oder

1 Ebenda, Ziffern 103–109.

mit deren ausdrücklichem oder stillschweigendem Einverständnis verursacht werden».

Die Neuerung besteht in den genannten Fällen in der Bereitschaft der Menschenrechtsgremien, Vergewaltigung als vorsätzliche Zufügung von Schmerzen oder Leiden durch einen Angehörigen des öffentlichen Dienstes einzustufen und nicht als privates Vergehen. Die Sonderberichterstatterin zum Thema Gewalt gegen Frauen ist noch weitergegangen und hat argumentiert, man solle die Übereinstimmungen zwischen extremen Fällen häuslicher Gewalt und Folter gemäß der obenzitierten Definition trotz des offensichtlich privaten Wesens der ersteren anerkennen.[1] Sie bezieht sich auf eine Dokumentation von Juristen und anderen Experten, die zeigt, daß Folter und häusliche Gewalt nach Art, Schwere und Auswirkungen vergleichbar sind.[2] Sowohl das Folteropfer als auch die mißhandelte Frau sind isoliert und leben unter einem Terrorregime. Sie werden durch vorsätzlich zugefügtes körperliches und seelisches Leiden geschwächt, das das Opfer einschüchtert und die Wahrnehmung sämtlicher Menschenrechte verhindert. Beide entwickeln Überlebensmechanismen, die ihre Existenz beherrschen. Ebenso wie das Folteropfer ist auch die mißhandelte Frau oft nicht imstande, die Quelle der Gewalt zu verlassen; vielleicht fürchtet sie, weitere tödliche Gewalt gegen sich oder ihre Kinder auszulösen, möglicherweise hat sie keine Unterstützung in der Gemeinde oder sie ist wirtschaftlich von ihrem Peiniger abhängig.[3] In beiden Fällen wird die Institution, die gesellschaftlich als Schutz gedacht ist, zum Deckmantel für Gewalt. Hinter den Gefängnismauern verbirgt sich Folter, die offiziell typischerweise geleugnet

1 Report of the Special Rapporteur on Violence against Women, its Causes and Consequences (dt.: Bericht der Sonderberichterstatterin zum Thema «Gewalt gegen Frauen – Ursachen und Folgen»), Radhika Coomaraswamy, vorgelegt gemäß der Resolution 1995/85 der Menschenrechtskommission, UN-Dok. E/CN.4/1996/53, vom 5. Februar 1996, Ziffern 29–53.
2 Siehe D. Thomas und M. Beasley, «Domestic Violence as a Human Rights Issue», Human Rights Quarterly, 15/1993, S. 36.
3 Ebenda, Ziffer 47.

wird. Häusliche Gewalt wird den Blicken der Öffentlichkeit durch den Rahmen der Familie entzogen, die als «natürliche Kernzelle der Gesellschaft» Anspruch auf Schutz hat.[1] Das Opfer staatlicher Folter kann sich an niemanden wenden, um Schutz vor dem Staat zu suchen, und die mißhandelte Frau kann sich möglicherweise an niemanden außer an den Staat wenden, um sich vor den Angehörigen ihrer Familie in Sicherheit zu bringen.

Das Versagen des Staates, ihr diese Sicherheit zu bieten, liefert nach internationalem Recht den notwendigen Nexus, den Staat für private Gewaltakte verantwortlich zu machen. Wenn der Staat keine rechtliche oder praktische Hilfe leistet, häusliche Gewalt zu verhindern oder zu bestrafen, kann man ihm vorwerfen, sie stillschweigend zu dulden. Wenn das Gesetz von der Frau Gehorsam gegenüber männlichen Verwandten verlangt, Gewalt gegen weibliche Familienangehörige zuläßt oder wenn der Staat Frauen, die Zuflucht vor Gewalt suchen, wirtschaftliche und sonstige Unterstützung versagt oder solche Gewalt hinnimmt, indem er ihr Verbot nicht wirksam durchsetzt, dann duldet er sie stillschweigend. In Peking wurde festgestellt:

> «Gewalt gegen Frauen wird durch soziale Zwänge verschlimmert, insbesondere durch die Scham, gewisse Akte anzuprangern, die gegen Frauen verübt wurden, durch den mangelnden Zugang von Frauen zu juristischen Informationen, Hilfe und Schutz durch fehlende Gesetze, die Gewalt gegen Frauen effektiv verbieten, durch die mangelnde Reform bestehender Gesetze, durch inadäquate Bemühungen der Behörden, das Bewußtsein und die Umsetzung bestehender Gesetze zu fördern und durch das Fehlen erzieherischer und anderer Maßnahmen, die Ursachen und Folgen von Gewalt anzugehen.»[2]

Unter solchen Bedingungen können Frauen, die Opfer häuslicher Gewalt werden, sich wirklich an niemanden mehr wenden. Der pri-

1 Internationaler Pakt über bürgerliche und politische Rechte, a. a. O. (Fußnote 3, S. 104), Artikel 23.
2 Platform for Action, a. a. O. (Fußnote 1, S. 107), Ziffer 118.

vate Schutzbereich der Familie wird zum gewalttätigen Gefängnis, und der Staat versagt in seiner Verantwortung, die vertraglich anerkannten Menschenrechte «allen in seinem Gebiet befindlichen ... Personen ... zu gewährleisten».[1] Das Versagen des Staates, geschlechtsbezogene Gewalt mit gebotener Sorgfalt und gleichem Schutz für alle zu verhindern und zu bestrafen, sollte ebenso internationale Verantwortung begründen wie das Versagen des Staates, Folter in seinen Gefängnissen zu verhindern.

Die Fälle Mejia Egocheaga und Aydin zeigen darüber hinaus, daß Gewaltakte gegen Frauen, die in bewaffneten Konflikten begangen werden, sich nicht ohne weiteres von solchen trennen lassen, die außerhalb dieses Kontextes vorkommen. Im Fall Mejia Egocheaga war der mutmaßliche Täter ein Militärangehöriger, der Fall Aydin erwuchs aus dem anhaltenden Konflikt zwischen den Kurden und der türkischen Regierung. Frauen waren in bewaffneten Konflikten immer besonders stark gewalttätigen Mißhandlungen ausgesetzt, wie der Zusammenbruch des ehemaligen Jugoslawien gezeigt hat. Es gibt zwar separate internationale Rechtsregelungen (humanitäre Abkommen, die für bewaffnete Konflikte gelten, und Menschenrechte); in der Realität wurden und werden jedoch Gewaltakte gegen Frauen zu allen Zeiten von Familienangehörigen, Gemeindemitgliedern, dem Staat und seinen Gegnern begangen. Daher ist es zwingend erforderlich, all diese Gewaltakte als Verstöße gegen internationales Recht anzuerkennen, ganz gleich, welche Rechtsregelungen zur Anwendung kommen. Daß im Fall Mejia Egocheaga (einem Menschenrechtsfall) Prinzipien des humanitären Rechts zur Anwendung kamen, stärkt den Zusammenhang zwischen diesen beiden Rechtszweigen.[2] Die Interamerikanische Kommission

1 Internationaler Pakt über bürgerliche und politische Rechte, a.a.O. (Fußnote 3, S. 104), Artikel 2 (1).

2 Siehe auch Platform for Action, a.a.O. (Fußnote 1, S. 107), Ziffer 224, die Gewalt gegen Frauen in bewaffneten Konflikten und anderen Gewaltsituationen zusammenbringt, obwohl das strategische Ziel E insbesondere für Frauen in bewaffneten Konflikten gilt.

nutzte Artikel 27 der Vierten Genfer Konvention und Artikel 76 des Ersten Zusatzprotokolls, um seine Entscheidung zu stützen, daß «jeder individuell begangene Vergewaltigungsakt ein Kriegsverbrechen darstellt», er verwies auf die Erklärung des Internationalen Komitees vom Roten Kreuz, daß das «schwere Verbrechen, vorsätzlich großes Leid zuzufügen, sexuellen Mißbrauch einschließt», und entschied, daß im Kontext nichtinternationaler bewaffneter Konflikte Vergewaltigung und anderer sexueller Mißbrauch gemäß dem gemeinsamen Artikel 3 der Genfer Konventionen und Artikel 49 (2) des Zweiten Zusatzprotokolls verboten sind,[1] «insoweit sie das Ergebnis von Leiden sind, die einer Person vorsätzlich zugefügt werden».[2]

Diese Feststellungen, die im Rahmen eines Menschenrechtsforums getroffen wurden, finden Widerhall und Bekräftigung in der Rechtsprechung der Internationalen Tribunale für Kriegsverbrechen im ehemaligen Jugoslawien und Ruanda.[3] Die Anklage des Jugoslawientribunals gegen beschuldigte Einzelpersonen im sogenannten «Foca-Fall» enthielt sexuelle Gewalt als schweren Verstoß gegen die Genfer Konventionen und als konstitutives Element der Folter und Sklaverei.[4] Eine Kammer des Internationalen Tribunals für Verbrechen im ehemaligen Jugoslawien riet zudem, daß «Vergewaltigung und andere Formen sexueller Übergriffe gegen Frauen ... unter die Definition der Folter fallen können».[5] Zusammengenommen zeugen diese Äußerungen von einem

1 Der Gemeinsame Artikel 3 und das Zweite Protokoll sind auf nichtinternationale bewaffnete Konflikte anwendbar.

2 Ebenda, S. 252, Zitat Y. Sandoz, C. Swinarski und B. Zimmerman (Hg.), ICRC Commentary on the Additional Protocols of 8 June 1977 to the Geneva Conventions of 12 August 1949, S. 1375.

3 Die Statuten der Tribunale sind enthalten in den Resolutionen des UN-Sicherheitsrates 827 vom 25. Mai 1993 (ehemaliges Jugoslawien) und 955 vom 8. November 1994 (Ruanda).

4 Anklage gegen Gagovic und andere («Foca»), IT-96-23-I, bestätigt am 26. Juni 1996.

5 Erste Kammer, Review of Indictment pursuant to Rule 61, Nikolic case, IT-95-2-R61, 20. Oktober 1995, Ziffer 33.

wachsenden Verständnis dafür, daß Verletzungen des internationalen humanitären Rechts und der Menschenrechte auch die Gewalt gegen Frauen umfassen, was die begrifflichen Grenzen zwischen den beiden rechtlichen Kategorien einreißt. Diese Gemeinsamkeit wurde auch in der Aktionsplattform von Peking anerkannt:

> «Andere Akte von Gewalt gegen Frauen umfassen die Verletzung der Menschenrechte von Frauen in Situationen bewaffneter Konflikte, insbesondere Mord, systematische Vergewaltigung, sexuelle Sklaverei und erzwungene Schwangerschaft.»[1]

Das wiederum kann zur Unterstützung einer umfassenden Tendenz beitragen, nämlich zur Anerkennung, daß jede Gewalt, die ungestraft gegen Frauen und Mädchen begangen wird, gegen internationales Menschenrecht verstößt. In diesem Sinne kann es keinen Unterschied zwischen öffentlichen und privaten Gewaltakten geben, die alle ein nicht hinzunehmender Schandfleck der Zivilisation auf dem Weg in die zweiten fünfzig Jahre des Bestehens der Vereinten Nationen sind. Abschließend sei hier die Vision von Peking angeführt:

> «Eine ganzheitliche und multidisziplinäre Herangehensweise an die anspruchsvolle Aufgabe zu entwickeln, Familien, Gemeinschaften und Staaten zu fördern, die frei sind von Gewalt gegen Frauen, ist notwendig und machbar. Gleichberechtigung, Partnerschaft zwischen Männern und Frauen und Achtung der Menschenwürde müssen alle Stadien des Sozialisationsprozesses durchdringen. Bildungssysteme sollten Selbstachtung, gegenseitige Achtung und Kooperation zwischen Frauen und Männern fördern.»[2]

Übersetzung aus dem Englischen: Ulrike Bischoff

1 Platform for Action, a. a. O. (Fußnote 1, S. 107), Ziffern 114 und 224.
2 Ebenda, Ziffer 119.

Richard C. Dieter

Wenn der Staat tötet: Die Todesstrafe in den USA

> «Ein Gesetzesbereich, der die verfassungsmäßige Vision der Menschenwürde stärker besudelt als jeder andere ... Die barbarische Todesstrafe verstößt gegen unsere Verfassung. Selbst der gemeinste Mörder enthebt den Staat nicht seiner Verpflichtung, die Menschenwürde zu achten, denn der Staat erweist dem Opfer keine Ehre, indem er es seinem Mörder gleichtut. Der fatale Makel der Todesstrafe besteht darin, daß sie Menschen als Objekte behandelt, mit denen man spielen und die man wegwerfen kann ... Eines Tages wird das Gericht die Todesstrafe für ungesetzlich erklären. Dauerhaft.»
> William J. Brennan, Jr., *Supreme Court Justice* im Ruhestand, 1996[1]

Einleitung

Am 2. Juli 1976 ließ der *United States Supreme Court*, das Oberste Bundesgericht, in der Sache Gregg versus Georgia die Todesstrafe wieder zu, nachdem ihre Vollstreckung über ein Jahrzehnt hinweg ausgesetzt worden war. Der Gerichtshof kam mehrheitlich zu dem Schluß, daß neue Gesetze, die Richtern und Geschworenen Richtlinien für die Verhängung der Todesstrafe an die Hand gaben, die Ungerechtigkeit, die die Todesstrafe in der Vergangenheit geprägt habe, genügend berichtigt hätten. Vier

1 W. Brennan, What the Constitution Requires, New York Times, 28. April 1996.

Jahre zuvor, 1972, war das Gericht noch zu dem Schluß gekommen, daß die Todesstrafe grausam und unverhältnismäßig sei, weil sie beliebig angewendet werde, und hatte die bis dahin geltenden Gesetze zur Todesstrafe außer Kraft gesetzt. Die Verhängung der Todesstrafe sei wie ein Blitzschlag: willkürlich, grausam und in ihrer selektiven Gewalt unberechenbar.

Die frühere Willkür der Todesstrafe bedeutete, daß jene, die die Macht besaßen, diesen Blitz zu schleudern, von persönlichen Vorurteilen beeinflußt sein konnten. Es gab eine Fülle von Beispielen, die zeigten, daß Geschworene, Richter und Staatsanwälte die Todesstrafe mit größerer Wahrscheinlichkeit gegen Afroamerikaner verhängten, besonders wenn das Opfer der betreffenden Straftat weiß war.[1] Die Willkür des Verfahrens zeigte sich in einer Flut von Fällen, die nur allzu gleichartig verliefen: Die Todesstrafe wurde in erster Linie gegen Arme, Angehörige von Minderheiten und Angeklagte verhängt, die sich keine kompetenten Anwälte nehmen konnten.

Mittlerweile hat man zwanzig Jahre lang Erfahrungen mit den neuen Regelungen gesammelt. Seit 1976 wurden über 6000 Menschen zum Tode verurteilt, in 29 Bundesstaaten wurden insgesamt 461 Verurteilte hingerichtet, 3400 weitere warten auf die Hinrichtung[2]. Es ist an der Zeit zu fragen, ob die Todesstrafe gerecht angewendet wurde oder ob sie auf Dauer abgeschafft werden sollte.

Die Fortdauer der Rassendiskriminierung

Das Problem der Ungleichbehandlung der Rassen bei der Verhängung der Todesstrafe, das vor 1976 bestand, ist nicht besei-

1 Unter den 455 Menschen, die wegen Vergewaltigung hingerichtet wurden, waren 405 Schwarze, und die Opfer waren in praktisch allen Fällen Weiße. Siehe: Furman versus Georgia, Aktenz. 408 U. S. 238, 364 (1972) (Zustimmung von Marshall, J.).
2 Alle Zahlen haben den Stand vom 1. Juni 1998.

tigt. Obwohl weiterhin wesentlich mehr Afroamerikaner zum Tode verurteilt und hingerichtet werden, als es ihrem Bevölkerungsanteil in den Vereinigten Staaten entspricht,[1] deuten die signifikantesten Studien zur Rassendisparität darauf hin, daß die Rasse des Opfers der verhandelten Straftaten der entscheidende Faktor ist. Die zum Tode Verurteilen waren in der überwiegenden Mehrzahl des Mordes an einem weißen Opfer angeklagt. Bei den Strafverfahren, die seit 1976 zu Hinrichtungen führten, ging es in 82 Prozent der Fälle um weiße Mordopfer,[2] obwohl in weniger als 50 Prozent der in den USA begangenen Morde die Opfer Weiße sind.[3] Betrachtet man sowohl die Rasse des Angeklagten als auch die des Opfers, so sind die statistischen Zahlen noch eklatanter. Seit 1976 wurden 115 schwarze Angeklagte wegen Mordes an einem weißen Opfer hingerichtet, aber nur sieben weiße Angeklagte wegen Mordes an einem schwarzen Opfer.

Das *United States General Accounting Office* (dem Bundesrechnungshof vergleichbar) stellte 1990 eine Übersicht über die besten Studien zu Rasse und Todesstrafe zusammen. Es kam zu dem Schluß, daß die Rasse des Opfers Einfluß auf die Wahrscheinlichkeit hat, wegen Mordes angeklagt oder zum Tode verurteilt zu werden. Jene, die Weiße getötet hatten, wurden mit größerer Wahrscheinlichkeit zum Tode verurteilt als solche, die Schwarze getötet hatten. Diese Ergebnisse waren erstaunlich konsistent über alle Datensets, Bundesstaaten, Datenerfassungsmethoden und analytischen Verfahren hinweg.[4]

Richter Harry Blackmum, der sowohl 1972, als die Todesstrafe offiziell ausgesetzt wurde, als auch 1976, als sie wieder ein-

1 Siehe Death Row U. S. A., NAACP Legal Defence & Education Fund, Inc., Januar 1996 (40 % der zum Tode Verurteilten, die in der Todeszelle sitzen, sind schwarz; 39 % der Hingerichteten waren Schwarze); Schwarze stellen etwa 12 % der US-Bevölkerung.

2 Ebenda.

3 Siehe: Bureau of Justice Statistics, Sourcebook of Criminal Justice Statistics – 1994, 1995, S. 338, Tabelle 3.114.

4 Genreal Accounting Office, Death Penalty Sentencing: Research Indicates Pattern of Racial Disparities, Febr. 1990 (Hervorh. d. Autors) S. 5.

geführt wurde, für ihre Beibehaltung eintrat, stellte kürzlich fest, daß die Rassendiskriminierung die Praxis der Todesstrafe auch weiterhin infiziert. «Selbst unter den ausgeklügelsten Regelungen der Todesstrafe spielt die Rasse auch weiterhin eine große Rolle bei der Entscheidung, wer leben und wer sterben soll.»[1]

Die Ungleichbehandlung der Rasse spielt bei der Verhängung der Todesstrafe nach wie vor in verschiedener Hinsicht eine Rolle:

› In Maryland sind 82 Prozent der zum Tode Verurteilten Afroamerikaner.[2] (Die überwiegende Mehrheit der zum Tode Verurteilten kommt aus einem einzigen ländlichen County.)

› In Kentucky sitzen 100 Prozent der zum Tode Verurteilten wegen Mordes an einem weißen Opfer im Todestrakt, obwohl seit 1976 in diesem Bundesstaat 1000 Afroamerikaner ermordet wurden.[3]

› In New Jersey kam eine Studie zur Todesstrafe, die das oberste Gericht des Bundesstaates in Auftrag gegeben hatte, zu dem Ergebnis, daß es bei ähnlichen sozioökonomischen Hintergründen und ähnlichen strafverschärfenden und mildernden Umständen «starke und durchgängige Schieflagen» gegen schwarze Angeklagte gibt.[4]

› Auf Bundesebene, wo die Todesstrafe 1988 wiedereingeführt und 1994 ausgeweitet wurde, gehörten 80 Prozent der Angeklagten, für die die Staatsanwaltschaft die Todesstrafe forderte, Minderheiten an.[5]

1 Callins versus Collins, Aktenzeichen 114 S. CT. 1127, 1135 (1994), (Blackmum, J., stimmt gegen die Ablehnung der Akteneinsicht).

2 Siehe: NAACP Legal Defense Fund, Death Row U. S. A., 1. Jan. 1998.

3 Siehe: Who Gets to Death Row, Leitartikel im Kentucky Courier-Journal, 7. März 1996 (der eine Studie der University of Louisville zitiert).

4 Siehe: C. Conway, N. J. Death-Penalty Study Raises Specter of Bias Among Juries, Philadelphia Inquirer, 20. Febr. 1996.

5 Siehe: Federal Death Penalty Prosecutions, 1988–96, Federal Death Penalty Resource Counsel Project, Oktober 1997.

Die Rasse ist nicht das einzige Kriterium, das einen Einfluß darauf hat, wer zum Tode verurteilt wird. Die Kriterien zur Verhängung der Todesstrafe variieren von einer Region des Landes zur anderen, von einem Bundesstaat zum anderen und sogar von einem County zum anderen erheblich. Es liegt im praktisch unanfechtbaren Ermessen der Staatsanwälte zu entscheiden, ob sie in einem bestimmten Fall die Todesstrafe anstreben.

Regionale Ungleichheiten

Von den 461 Hinrichtungen, die seit 1976 stattgefunden haben, wurden 373 (oder 81 Prozent) in den Südstaaten vollstreckt. Ein Drittel aller Hinrichtungen in den USA wurden allein in Texas vollstreckt. Und selbst innerhalb von Texas ist die Praxis keineswegs einheitlich. Die Stadt Houston, deren Einwohner etwa 16 Prozent der Gesamtbevölkerung von Texas ausmachen, ist für ein Drittel der in Texas gefällten Todesurteile verantwortlich.[1] Ebenso wird mehr als die Hälfte der Todesurteile von Pennsylvania in einer einzigen Stadt gefällt, in Philadelphia,[2] deren Einwohner lediglich 14 Prozent der Gesamtbevölkerung dieses Bundesstaates ausmachen, deren Staatsanwälte aber praktisch in allen Fällen, die die Möglichkeit dazu bieten, die Todesstrafe fordern.

Ungleichheiten des Rechtsbeistandes

Nach der Entscheidung des Staatsanwaltes, die Todesstrafe anzustreben, dreht sich für den Angeklagten das Glücksrad erneut

1 Siehe z. B.: T. Lewin, Who Decides Who Will Die? Even Within States, It Varies, New York Times, 23. Febr. 1995 (113 von 397 der in Texas ausgesprochenen Todesurteile wurden in Houston verhängt).
2 Siehe: T. Rosenberg, The Deadliest D. A., New York Times Magazine, 16. Juli 1995, S. 22.

bei der Auswahl eines Verteidigers. Über 90 Prozent der Angeklagten in Prozessen, bei denen die Staatsanwaltschaft die Todesstrafe fordert, können sich keinen eigenen Anwalt leisten.[1] Einige wenige Angeklagte bekommen kompetente Anwälte zugeteilt, die fähig sind, einen Fall zu vertreten, in dem es um die Todesstrafe geht. Typischer ist jedoch, daß der Angeklagte einen Anwalt erhält, der bereit ist, für ein jämmerliches Honorar zu arbeiten und dem man die notwendigen Mittel für eine angemessene Verteidigung verweigert. Die Todesstrafe wird nicht über jene verhängt, die die schlimmsten Verbrechen begangen haben, sondern über jene, die die schlechtesten Anwälte bekommen. Angeklagte, denen die Todesstrafe drohte, bekamen Anwälte, die während der Verhandlungen betrunken waren, eingeschlafen sind, in entscheidenden Verhandlungsphasen abwesend waren, gerade erst ihr Studium abgeschlossen oder noch nie einen Strafprozeß geführt hatten.[2] Selbst erfahrene Anwälte können nur wenig tun, wenn sie für einen Fall zwei- oder dreitausend Dollar bekommen, der Tausende von Stunden der Vorbereitung und Tausende von Dollar für Gutachter und Ermittlungen erfordern würde.

Die Bundesstaaten sind schlicht nicht bereit, das Geld aufzuwenden, das notwendig wäre, um diesen Willkürfaktor der Todesstrafe zu beseitigen. Die Todesstrafe bedeutet schon jetzt eine erhebliche finanzielle Belastung des Staates und der öffentlichen Hand auf lokaler Ebene. Den Rechtsbeistand angemessen zu entlohnen und darüber hinaus die Mittel bereitzustellen, die dieser für eine umfassende Verteidigung seines Klienten braucht, hat für den Staat wie für den Steuerzahler keine Priorität. Die Folge ist eine willkürliche Verhängung der Todesstrafe. Richter Harry Blackmum schrieb, bevor er den Obersten Gerichtshof

1 Siehe: R. Tabak und M. Lane, The Execution of Injustice: A cost and Lack-of-Benefit analysis of the Death Penalty, 23 Loyola of Los Angeles Law Review 59, 70, 1989, S. 23.

2 Siehe allgemein: S. Bright, Counsel for the Poor: The Death Sentence Not for the Worst Crime but for the Worst Lawyer, Yale Law Journal 1835, 1994, S. 103.

verließ: «Die 24 Jahre, in denen ich die Verhängung der Todesstrafe durch diesen Gerichtshof miterlebt habe, haben ernste Zweifel bei mir hinterlassen ..., ob die verfassungsmäßige Forderung nach kompetentem Rechtsbeistand für Angeklagte, die mit der Todesstrafe bedroht sind, erfüllt ist.»[1]

Unberechenbarkeit der Geschworenenjurys

Selbst Geschworene, die angeblich von der Forderung des Obersten Gerichtshofes profitiert haben, daß sie in ihren Beratungen Anleitung erhalten, sind in ihren Entscheidungen über die Todesstrafe unberechenbar. Nachdem ein Angeklagter für schuldig befunden wurde, sind die Geschworenen in die einzigartige Rolle gedrängt, zu entscheiden, wer leben oder sterben soll. Üblicherweise erhalten sie die Anweisung, die Todesstrafe zu verhängen, wenn die strafverschärfenden Faktoren die strafmildernden überwiegen, und zwar ohne andere Fälle zum Vergleich hinzuzuziehen. Es nimmt nicht wunder, daß dieser künstliche Mechanismus, mit dem an eine derart entscheidende Frage herangegangen wird, viele Geschworene verwirrt.

Eine Studie, die kürzlich zu Geschworenen bei Strafverfahren durchgeführt wurde, in denen den Angeklagten die Todesstrafe drohte, fand heraus, daß die Mehrzahl der Geschworenen sich über das Urteil bereits eine Meinung gebildet hatte, bevor sie überhaupt Indizien oder Beweise in der Verhandlungsphase der Strafzumessung zur Kenntnis genommen hatte. Über 40 Prozent verstanden die Belehrungen nicht, wie strafmildernde Faktoren zu bewerten seien.[2] Darüber hinaus bleibt es oft den Vermutungen der Geschworenen anheimgestellt, was eine «lebenslängliche Freiheitsstrafe» bedeutet, obwohl sie häufig fragen, wie

1 McFarland versus Scott, Aktenzeichen 114. S. Ct. 2785, 2790 (1994) (Blackmum, J., stimmt gegen die Ablehnung der Akteneinsicht).
2 Siehe: M. Coyle, Death Juries Get It Wrong – Study, National Law Journal, 13. März 1995.

lange eine solche Strafe dauert.[1] Und die Kenntnisse der Geschworenen darüber, welche mildernden Umstände den Ausschlag zugunsten einer lebenslänglichen Freiheitsstrafe geben könnten, hängt vollständig von der Darlegung des Verteidigers ab. In vielen Fällen legen Verteidiger keinerlei strafmildernde Beweise vor und enthalten den Geschworenen somit Informationen vor, die für ihre Entscheidung notwendig wären.[2]

Wer wird hingerichtet, und wer wird verschont? Frauen und die Todesstrafe

In den vergangenen 20 Jahren haben Frauen durchgängig einen sehr geringen Prozentsatz der zum Tode Verurteilten ausgemacht. Seit Wiedereinführung der Todesstrafe wurden 117 Frauen zum Tode verurteilt, das entspricht etwa zwei Prozent aller Todesurteile dieses Zeitraums. Davon befinden sich heute noch 43 Frauen in der Todeszelle.[3] Drei Frauen wurden in diesem Zeitraum hingerichtet: Velma Barfield, die 1984 wegen Mordes an ihrem Verlobten in North Carolina mit einer Injektion getötet wurde. Karla Faye Tucker, die Anfang 1998 in Texas hingerichtet, und Judi Buenoano, die kurz darauf in Florida getötet wurde. Die Hinrichtung von Karla Faye Tucker löste in den USA eine breite Debatte über die Todesstrafe aus. Besonders kritisiert wurde, daß alle Gnadengesuche von der texanischen Regierung abgelehnt worden waren. In Texas war seit 130 Jahren keine Frau mehr hingerichtet worden.

1 Siehe: Sentencing for Life: Americans Embrace Alternatives to the Death Penalty, Death Penalty Information Center, 1993.
2 Siehe z. B.: State versus Melson, Aktenzeichen 772 S. W. 2d 417, 421 (Tennessee 1989) (mit einer Liste von 17 Fällen in Tennessee, bei denen die Verteidigung in der Prozeßphase der Strafzumessung keine Beweise für mildernde Umstände vorlegte).
3 Siehe: V. Streib, Capital Punishment of Female Offenders, 1997 (erhältlich bei der Ohio Northern University).

Jugendliche und die Todesstrafe[1]

Die Zahl der jugendlichen Straftäter (die zur Zeit der Straftat das achtzehnte Lebensjahr noch nicht vollendet hatten), welche zum Tode verurteilt wurden, beläuft sich auf 70. Seit 1976 wurden elf jugendliche Straftäter hingerichtet, die Mehrzahl davon in Texas. Zwei Drittel der zum Tode verurteilten jugendlichen Straftäter sind schwarz oder hispanischer Abstammung.

Vierzehn Bundesstaaten und das Bundesrecht verbieten die Todesstrafe für jugendliche Straftäter. Das Oberste Bundesgericht entschied 1988, daß die Hinrichtung eines Jugendlichen, der zur Zeit der Straftat 15 Jahre alt war, verfassungswidrig sei.[2] Dasselbe Gericht hielt 1989 jedoch an der Todesstrafe für Täter fest, die zur Zeit der Straftat 16 oder 17 Jahre alt waren.[3] Nur von sieben weiteren Staaten der Welt ist bekannt, daß sie in den vergangenen zehn Jahren einen jugendlichen Straftäter hingerichtet haben – zum Beispiel Bangladesh –, aber keiner von ihnen hat in diesem Jahrzehnt so viele Hinrichtungen an Jugendlichen vollstreckt wie die Vereinigten Staaten.[4] Der Internationale Pakt über bürgerliche und politische Rechte, den die Vereinigten Staaten mit Einschränkungen ratifiziert haben, verbietet die Verhängung der Todesstrafe über jugendliche Straftäter.[5]

1 Siehe allgemein: V. Streib, The Juvenile Death Penalty Today, 1997 (erhältlich bei der Ohio Northern University).

2 Thompson versus Oklahoma, Aktenzeichen 487 U. S. 815 (1988).

3 Stanford versus Kentucky, Aktenzeichen 492 U. S. 361 (1989).

4 Amnesty International, Juveniles and the Death Penalty: Executions Worldwide Since 1985, Aug. 1995, S. 8 f.

5 Internationaler Pakt über bürgerliche und politische Rechte, Artik. 6, angenommen am 16. Dez. 1966, in Kraft getreten am 23. März 1976, G. A. Res. 2200, 21 U. N., (Supp. Nr 16) 52, Doc. a/6316 (1966).

Geistige Behinderung und die Todesstrafe

Geistig Behinderte machen zwei bis drei Prozent der US-Bevölkerung aus. Es ist unwahrscheinlich, daß sie geistig ein Entwicklungsalter erreichen, das über jenes eines Zwölfjährigen hinausreicht.[1]

Geistig Behinderte, die ein Verbrechen begangen haben, haben eine verminderte Fähigkeit, zwischen Recht und Unrecht zu unterscheiden und die rechtlichen Konsequenzen ihres Handelns zu begreifen. Und selbst solche, die völlig unschuldig sind, neigen eher dazu, eine Tat zu gestehen, die sie nicht begangen haben, um den Verhörenden zu gefallen. Geistige Behinderung beeinträchtigt zudem die Fähigkeit des oder der Angeklagten, dem Anwalt bei der Verteidigung zu helfen. Im Zeugenstand oder auch im Gerichtssaal mag der Angeklagte den Eindruck erwecken, es fehle ihm an Reue oder Mitgefühl, was die Geschworenen bei der Erwägung eines Todesurteils in Betracht ziehen.[2] Dreißig geistig behinderte Angeklagte wurden seit 1976 in den Vereinigten Staaten hingerichtet,[3] das sind etwa sieben Prozent aller Hinrichtungen. Obwohl in den meisten der 38 Bundesstaaten, in denen es die Todesstrafe gibt, die Hinrichtung geistig Behinderter erlaubt ist, gibt es gewisse Bestrebungen, solche Hinrichtungen rechtlich zu unterbinden. Als der Bundesgerichtshof der Vereinigten Staaten 1989 die Verfassungsmäßigkeit einer Anwendung der Todesstrafe auf geistig Behinderte bestätigte, stellte er fest, daß nur ein einziger Bundesstaat diese Praxis verbiete.[4] Heute schließen die gesetzlichen Regelungen in 12 Bundesstaaten und auf Bundesebene die Anwendung der Todesstrafe auf geistig Behinderte aus. Richter William Brennan

1 Siehe: E. Reed, The Penry Penalty: Capital Punishment and Offenders with Mental Retardation, 1993, S. 14.

2 Siehe: R. Perske, Unequal Justice?, 1991, S. 15–23.

3 D. Keyes et. al., People with Mental Retardation are Dying, Legally +, Journal of Mental Retardation, Febr. 1997, S. 60.

4 Siehe: Penry versus Lynaugh, Aktenzeichen 109 S. Ct. 2934, 2954 (1989).

schrieb, in diesem Punkt abweichend vom Obersten Bundesgericht: «Die Hinrichtung geistig Behinderter ist nichts anderes als sinnlose und unnötige Zufügung von Schmerz und Leid und nach dem Achten Zusatzartikel zur Verfassung verfassungswidrig.»[1]

Der Sinn der Todesstrafe bleibt zweifelhaft

Vor zwanzig Jahren unterstützte die Mehrheit der US-Bürger die Todesstrafe, weil man sie für eine Abschreckung gegen Verbrechen hielt. Heute begründen nur noch 13 Prozent der Bürger ihre Unterstützung der Todesstrafe mit der abschreckenden Wirkung.[2]

Experten sprechen der Todesstrafe jegliche Abschreckungswirkung ab. Wie eine Umfrage unter Kriminologen vor kurzem ergab, sind über 80 Prozent dieser Experten der Ansicht, daß die vorhandenen Forschungsergebnisse Abschreckung als Rechtfertigung der Todesstrafe nicht stützen.[3] Eine bundesweite Umfrage unter den Polizeichefs des Landes ergab 1995, daß die Polizei die Todesstrafe nicht für ein wirksames Mittel der Verbrechensbekämpfung hält.[4] Zwei Drittel der Befragten glaubten nicht, daß die Todesstrafe die Zahl der Tötungsdelikte signifikant verringere, und die meisten erklärten, sie sei kein effektives Instrument zur Durchsetzung von Gesetzen. Auch in einer Umfrage, die die *National League of Cities* unter Spitzenvertretern der Kommunalverwaltungen des Landes durchführte, ran-

1 Ebenda, S. 2963 (Gegenstimme von Brennan, J.).
2 Siehe P. Ellsworth und S. Gross, Hardening of the Attitudes: Americans' Views on the Death Penalty +, Journal of Social Issues, 19/1994, S. 26–28.
3 M. Radelet und R. Akers, Deterrence and the Death Penalty: The Views of Experts, 1995 (erhältlich beim Death Penalty Information Center).
4 Siehe: P. Murphy, Death Penalty Useless, USA Today, Febr. 1995, S. 23 (ehemaliger Polizeichef von New York); siehe auch Sourcebook of Criminal Justice Statistics – 1994, Bureau of Justice Statistics, 1995, Tabellen 2.61 und 2.62.

gierte die Todesstrafe an letzter Stelle einer langen Liste von Maßnahmen, die am wahrscheinlichsten zur Verbrechensverhütung und -bekämpfung beitrügen.[1]

Die Kosten für den Steuerzahler

Während die rationale Rechtfertigung der Todesstrafe zweifelhaft bleibt, besteht wenig Uneinigkeit darüber, daß sie dem Staat hohe Kosten abverlangt. Die umfassendste Studie des Landes fand heraus, daß die Todesstrafe North Carolina 2,16 Millionen Dollar pro Hinrichtung mehr kostet als ein Mordprozeß mit einer lebenslänglichen Freiheitsstrafe.[2] Eine andere Studie ergab, daß die Todesstrafe den Staat Kalifornien jährlich 90 Millionen Dollar zusätzlich kostet, 78 Millionen Dollar davon entstehen auf Prozeßebene.[3] Der Staat Florida gibt durchschnittlich 3,2 Millionen Dollar pro Hinrichtung aus.[4] In Texas kostet ein Fall von Todesstrafe durchschnittlich 2,3 Millionen Dollar, das ist etwa das Dreifache des finanziellen Aufwandes, um jemanden 40 Jahre lang in einer Einzelzelle mit höchster Sicherheitsstufe zu inhaftieren.[5]

Die Hunderte von Millionen Dollar, die für die Todesstrafe ausgegeben werden, könnten statt dessen für Programme verwendet werden, die die Kriminalität tatsächlich reduzieren.

1 National League of Cities, The State of American Cities, Jan., 1995, S. 14.
2 Siehe: P. Cook und D. Slawson, The Costs of Processing Murder Cases in North Carolina, Mai 1993.
3 Siehe: S. Magagnini, Closing Death Row Would Save State $ 90 Million a Year, Sacramento Bee, 28. März 1988, S. 1.
4 Siehe: D. Von Drehle, Bottom Line: Life in Prison One-sixth as Expensive, Miami Herald, 10. Juli 1988, S. 12A.
5 Siehe: c. Hoppe, Executions Cost Texas Millions, Dallas Morning News, 8. März 1992, S. 1A.

Seit 1973 wurden 75 zum Tode Verurteilte freigelassen, nachdem Beweise für ihre Unschuld auftauchten. Einige dieser Strafgefangenen kamen nur Tage vor ihrer Hinrichtung frei. In viel zu vielen Fällen hatte der Verteidiger es versäumt, die grundlegenden Ermittlungen anzustellen, die notwendig gewesen wären, um seinen Mandanten zu entlasten. Im Durchschnitt dauerte es nach der Verurteilung sieben Jahre, bis diese Menschen freigelassen wurden. Dennoch hat man die Berufungsmöglichkeiten auf der Ebene der Bundesstaaten und des Bundes eingeschränkt und so die Wahrscheinlichkeit erhöht, daß unschuldig Verurteilte hingerichtet werden.

Zu jenen, die in den vergangenen zwanzig Jahren aus der Todeszelle entlassen wurden, gehören:

› Wilbert Lee und Freddie Pitts in Florida, 1975. Sie waren des Doppelmordes angeklagt und wurden zum Tode verurteilt. Sie wurden von Gouverneur Askew freigelassen und vollständig rehabilitiert, weil sie unschuldig waren. Ein anderer hatte die Morde gestanden.

› Randall Dale Adams in Texas, 1989. Der *Texas Court of Appeals* (Appellationsgericht) ordnete seine Freilassung an, nachdem neue Beweise aufgetaucht waren. Die Staatsanwälte lehnten ein neues Verfahren ab. Mit dem Fall Adams befaßte sich der Film *The Thin Blue Line* («Der Fall Randall Adams»), der gedreht wurde, als er noch im Gefängnis saß.

› Clarence Brandley in Texas, 1990. Brandley erhielt ein neues Verfahren, nachdem Rassismus, Meineid und Unterschlagung von Beweismitteln aufgedeckt wurden. Nach zehn Jahren in der Todeszelle wurden sämtliche Anklagepunkte fallengelassen.

› Gary Nelson in Georgia, 1991. Nelsons Verteidigung während des Prozesses war eine Schande. Zum Glück übernahm eine große Anwaltskanzlei aus Atlanta seinen Fall. Schließlich räumte der Staatsanwalt des Countydistrikts ein: «Es gibt kein materielles Element in der Verhandlungsführung des Staates bei dem ursprünglichen Prozeß, das nicht später in Frage gestellt oder widerlegt worden wäre.»

› Kirk Bloodsworth in Maryland, 1993. Bloodsworth wurde wegen Vergewaltigung und Mordes an einem jungen Mädchen angeklagt und zum Tode verurteilt. Er bekam zunächst ein neues Verfahren, das mit einer lebenslänglichen Freiheitsstrafe endete. Nachdem eine spätere DNA-Analyse seine Unschuld bestätigte, wurde er freigelassen.

› Walter McMillian in Alabama, 1993. Seine Verurteilung wurde vom *Alabama Court of Criminal Appeals* aufgehoben, und er wurde freigelassen, nachdem drei Zeugen ihre Aussagen widerriefen und die Staatsanwaltschaft eingeräumt hatte, daß der Fall falsch gehandhabt worden sei. Sein Fall wurde von der Fernsehsendung *60 minutes* recherchiert.

› Andrew Golden in Florida, 1994. Goldens Verurteilung wurde 1993 vom *Florida Supreme Court* aufgehoben. Das Gericht kam zu dem Schluß, der Staat habe nicht bewiesen, daß der Tod des Opfers etwas anderes als ein Unfall gewesen sei. Golden, ein ehemaliger Lehrer, wurde am 6. Januar 1994 entlassen und von seinen wartenden Kindern empfangen.

› Rolando Cruz in Illinois, 1995. Cruz wurde wegen Mordes an der zehnjährigen Jeanine Nicario zum Tode verurteilt. Ein anderer Mann, Brian Dugan, gestand danach die Tat. Ein stellvertretender Justizminister des Bundesstaates trat zurück und andere Justizbeamte protestierten, weil sie eine weitere strafrechtliche Verfolgung von Cruz, der ihrer Ansicht nach unschuldig war, für unrechtmäßig hielten. Im November 1995 wurde Cruz bei seinem Wiederaufnahmeverfahren freigesprochen.

Die Opposition wächst

In dem Maße, wie die Zahl der Hinrichtungen in den USA gestiegen ist, ist auch eine breite Opposition aus juristischen, religiösen und internationalen Kreisen gewachsen, die die Abschaffung der Todesstrafe fordert. Auf ihrer Tagung im Februar 1997 in Texas stimmte die *American Bar Association* mit einer Zweidrittel-Mehrheit dafür, sich für ein Moratorium der Todesstrafe einzusetzen.

Zur Begründung führte die *American Bar Association* in ihrer Resolution die unangemessene Vertretung und die Rassenungleichheiten der zum Tode Verurteilten sowie die Einschränkungen der Berufungsverfahren an. Diese Resolution fand großes Echo bei örtlichen Anwaltsverbänden, die ebenfalls die Ungerechtigkeiten in Prozessen anführten, die mit der Todesstrafe endeten.

Religionsgemeinschaften haben sich besonders stimmgewaltig gegen die Todesstrafe ausgesprochen. Trotz der beängstigenden Erinnerungen an das Bombenattentat in Oklahoma City, die die Prozesse gegen Timothy McVeigh und Terry Nicholas wachgerufen hatten, brachten führende Kirchenvertreter ihre wachsende Opposition gegen die Todesstrafe zum Ausdruck. In Texas, dem Bundesstaat, der in der Verhängung der Todesstrafe führend ist, forderten die katholischen Bischöfe ein Ende der Todesstrafe. Papst Johannes Paul II. und Mutter Teresa unterstützten diese Opposition mit Gnadengesuchen in bestimmten Fällen.

Internationale Gegenstimmen

Im April 1997 stimmte die UN-Menschenrechtskommission mit klarer Mehrheit (27 Stimmen dafür, 11 dagegen, 14 Enthaltungen) dafür, die Mitgliedstaaten dringend zu ersuchen, Schritte zur Abschaffung der Todesstrafe zu unternehmen. Diese Haltung wurde 1998 noch einmal bekräftigt. Die Vereinigten Staaten gehörten gemeinsam mit Ländern wie China, Bangladesh und Indonesien zu der Minderheit, die gegen die Resolutionen stimmte.

Rußland und die Ukraine, die früher bei Hinrichtungen zu den führenden Ländern der Welt zählten, verpflichteten sich zur Abschaffung der Todesstrafe, als sie die Aufnahme in den Europarat beantragten, der die Abschaffung als Vorbedingung der Mitgliedschaft verlangt. Mexiko protestierte energisch gegen die Hinrichtung einiger mexikanischer Staatsbürger in den USA, weil man die Verurteilten nicht über ihr Recht gemäß der Wiener Konvention in Kenntnis gesetzt hatte, Kontakt mit ihrem Heimatland aufzunehmen. Italiener griffen den Fall Joseph O'Dell in Virginia auf, der ihrer Ansicht nach ohne faire Anhörung hingerichtet wurde.

Ende September 1997 stattete der UN-Sonderberichterstatter für außergerichtliche, summarische oder willkürliche Hinrichtungen den USA erstmals einen Besuch ab. Dieser Sonderbeauftragte der UN-Menschenrechtskommission untersuchte Hinrichtungen, die im Ruf standen, gegen das internationale Recht zu verstoßen, darunter auch die Hinrichtungen von geistig behinderten Straftätern und solchen, die zur Zeit der Straftat noch Jugendliche waren. Zudem befaßte er sich auch mit den wiederholten Vorwürfen der Rassendiskriminierung bei der Anwendung der Todesstrafe. In seinem im April 1998 veröffentlichten Bericht stellt er fest, daß Ungleichheiten bei der Anwendung der Todesstrafe in den USA weit verbreitet seien, und fordert ein Hinrichtungsmoratorium.

Während die USA die Todesstrafe ausgeweitet und die Hinrichtungen beschleunigt haben, ist die Staatengemeinschaft der Welt von der Todesstrafe abgerückt. Mittlerweile gibt es mehr Länder (104), die die Todesstrafe gesetzlich oder praktisch abgeschafft haben, als solche, die an ihr festhalten (91).[1] Seit 1976 haben durchschnittlich zwei Staaten pro Jahr die Todesstrafe zumindest für gewöhnliche Verbrechen abgeschafft. Zu den Ländern, die die reguläre Verhängung der Todesstrafe seit 1976 eingestellt haben, gehören: Südafrika, Italien, Griechenland, die Schweiz, Ungarn, Irland, Kambodscha, Neuseeland, Rumänien, Deutschland (DDR), Australien, Argentinien, Frankreich, Spanien und Kanada. Der Vatikan hat die verbreitete Verhängung der Todesstrafe verurteilt. Die Vereinten Nationen haben die

1 Stand 31. März 1998. Vgl. ai-Journal 5/98, Seite 10.

Mitgliedstaaten aufgerufen, Schritte zur Abschaffung der Todesstrafe zu unternehmen, sie nicht weiter auf neue Straftaten auszuweiten und nicht auf jugendliche Straftäter anzuwenden.[1]

Zum Schluß

Vor zwanzig Jahren begannen die USA ein Experiment mit neuen Bestimmungen für die Todesstrafe, die darauf zielten, die Ungleichheiten und die Willkür der Vergangenheit zu korrigieren. Mittlerweile liegen umfangreiche Erkenntnisse – in Form von Statistiken, Expertenmeinungen und persönlichen Schilderungen – vor, die eindeutig zeigen, daß die Todesstrafe nach wie vor mit Ungerechtigkeit behaftet ist. Rasse, wirtschaftliche Lage, Lokalpolitik und eine Fülle anderer Faktoren, die nichts mit dem erklärten Zweck der Todesstrafe zu tun haben, diktieren, wer hingerichtet und wer verschont wird. Während die Todesstrafe zwar das Rachebedürfnis mancher Menschen befriedigen mag, bleibt sie in der Praxis eine Lotterie, deren Verlierer letztlich die amerikanische Justiz ist. Nach zwanzig Jahren kommen zahlreiche Organisationen und Einzelpersonen zu dem Schluß, den der Richter des Bundesgerichtshofes im Ruhestand, Harry Blackmum gezogen hat, daß nämlich «das Experiment der Todesstrafe gescheitert ist».

Übersetzung aus dem Englischen: Ulrike Bischoff

1 Siehe Fußnote 5 auf S. 132.

Günther Kaiser

Folter und Mißhandlungen in Europa

I.

Mehr als 200 Jahre – fast bis zu den ersten Menschenrechtserklärungen und dem Beginn zur Reform der Freiheitsstrafe – reicht die Überzeugung zurück, daß auch die gefangenen Menschen einmal des Schutzes der Menschenrechte teilhaftig werden.[1] Aber die Renaissance von Folter und unmenschlicher und menschenunwürdiger Behandlung Straffälliger, politischer Gegner und Minderheiten, insbesondere unter der Herrschaft des Nationalsozialismus während des Zweiten Weltkriegs, erschütterte die gesamte Völkergemeinschaft. Sie verstärkte weltweit das Bestreben um Anerkennung und Schutz der Menschenrechte. Seither kann das Folterverbot wohl als zwingendes Völkergewohnheitsrecht gelten.

Bereits die Charta der Vereinten Nationen vom 26. Juli 1945 bekannte sich in Art. 55 zur Achtung und Verwirklichung der Menschenrechte. Doch vor allem nahm die UN-Erklärung der Menschenrechte vom 10. Dezember 1948 den Kampf gegen die Folter auf. Gleichwohl sind Verletzungen von Menschenrechten inhaftierter Personen selbst in Europa noch immer nicht ungewöhnlich, in manchen Teilen der Welt sogar alltäglich. Gegen Ende des Jahres 1997 haben die nichtstaatlichen Menschenrechtsorganisationen, die sogenannten NGOs, erneut auf Folterungen durch Mitgliedstaaten der Organisation für Sicherheit und Zusammenarbeit in Europa (OSZE) aufmerksam gemacht. Auch wenn man der kritischen Behauptung, wonach Folterungen auch heute noch in «allen OSZE-Teilnehmerstaaten» vor-

1 Vgl. v. Wagnitz, H. B.: Historische Nachrichten und Bemerkungen über die merkwürdigsten Zuchthäuser in Deutschland, Bd. 1, Halle 1791, IV.

kommen[1], in der Verallgemeinerung nicht folgt, so ist doch die Annahme blamabel, daß weltweit betrachtet «immer noch in 120 Staaten gefoltert oder mißhandelt» werde.[2] Man wird daher vermuten dürfen, daß in manchen Teilen der Welt Mißhandlungen sogar alltäglich sind.[3] Gefoltert wird unter Einsatz moderner Technologie («High-Tech-Folter») und selbst unter ärztlicher Beobachtung, ganz abgesehen von der umstrittenen «Isolationsfolter», auch als «Incommunicado» bezeichnet. Dadurch wird es ebenso wie bei der sogenannten «Falaka» – empfindlichen Schlägen auf die Fußsohlen – schwieriger, Folterungen nachzuweisen, da oftmals keine äußerlich sichtbaren körperlichen Spuren hinterlassen werden. Deshalb besteht unverändert das Bedürfnis, den Menschenrechten besonders dort Aufmerksamkeit zu widmen, wo der Staat dem Bürger mit voller Machtentfaltung gegenübertritt und die Sicherung der Menschenrechte am meisten gefährdet erscheint, nämlich bei der staatlichen Freiheitsentziehung. Diese spezifische Gefahrenlage hat auch dazu geführt, daß Folter und Mißhandlungen durch Staatsorgane zunehmend unter dem kriminologischen Konzept der «Kriminalität der Mächtigen» erörtert werden.

Demgemäß kann man begrifflich die Folter in Anlehnung an Art. 1 Abs. 1 der UN-Antifolterkonvention nach drei Merkmalen eingrenzen: Zum einen muß sie große körperliche Schmerzen oder Leiden verursachen. Zum anderen muß sie einem bestimmten Zweck dienen und drittens von einem Staatsorgan oder mit dessen Billigung angewandt werden. Als Mittel zur Sicherung und zum Ausbau bestehender Machtstrukturen nimmt die Folter ebenso wie die weitergreifende Mißhandlung bzw. unmenschliche oder erniedrigende Strafe oder Behandlung einen herausragenden Platz innerhalb der sogenannten Krimina-

1 Nach FAZ Nr. 270 vom 20. November 1997.

2 Amnesty-International-Bericht nach FAZ Nr. 287 vom 10. Dezember 1997.

3 Zur Abgrenzung zwischen Folter, unmenschlicher Behandlung und Bestrafung und erniedrigender Behandlung und Bestrafung iSd Art. 3 EMRK vgl. Frowein, J. A./Peukert, W.: EMRK-Kommentar. 2. Aufl., Kehl u. a. 1996, 41 ff.

lität der Mächtigen ein. Vor allem, obschon nicht ausschließlich, ist es der autoritäre oder totalitäre Staat, der sich der Anwendung der Folter bedient oder deren Praxis duldet, um auf diese Weise seine Herrschaft zu stabilisieren. Die Folter manifestiert die gewaltsame Dimension der Macht, die in Krisensituationen über Humanität und Gesetze erheblich hinausgeht. Sie stellt zugleich ein Mittel dar, mit dem der Staat auf drastische Weise signalisiert, daß er gegenüber den Bürgern keine Dialogbereitschaft hat, und daß die Mißhandelten als Feinde der Gemeinschaft gelten.

II.

Die Folter hat eine lange Geschichte, die in den verschiedenen Epochen unterschiedliche Bedeutung gewonnen hat. Sie hat wohl seit dem Beginn der herrschaftlichen Organisation der Gesellschaft die Menschheit begleitet. Zwar unterschied sich die Folter begrifflich von den grausamen Methoden, die in Europa bis in die Neuzeit hinein zur Bestrafung eines verurteilten Täters üblich waren, weniger freilich in der Realität und Intensität der Schmerzzufügung gegenüber dem Betroffenen, als vielmehr nach ihrem Zweck. Als Form unmittelbaren Zwangs zu einer Aussage ist sie im deutschsprachigen Raum mindestens seit dem 14. Jahrhundert belegbar.[1] Sie steht in engem Zusammenhang mit den damaligen Veränderungen des Beweisrechts. Obschon die frühen Rechtsaufzeichnungen die Fragwürdigkeit der Folter nicht verkennen, erfährt sie im sogenannten Inquisitionsprozeß noch eine Steigerung. Die entwicklungsgeschichtliche Bedeutung des Inquisitionsprozesses darf daher nicht darüber hinwegtäuschen, daß dem Martersystem im Namen der Verbrechens-

1 Vgl. Peters, E.: Folter: Geschichte der peinlichen Befragung, Hamburg 1991, sowie Spirakos, D.: Folter als Problem des Strafrechts. Kriminologische, kriminalsoziologische und (straf-)rechtsdogmatische Aspekte unter besonderer Berücksichtigung der Folter in Griechenland, Frankfurt/M. 1990.

verfolgung bald schlimmere Verbrechen unterliefen, als diejenigen, die es wirklich oder vermeintlich zu sühnen galt. Die Wirklichkeit der Hexenprozesse schließlich löschte jede Erinnerung an rechtliche Formen und Grenzen der Tortur aus. Angesichts dessen traten Vollstreckung und Vollzug der Freiheitsstrafe in einer Epoche verstümmelnder Leibesstrafen und verschiedenartiger Todesstrafen zurück, obgleich diese an Grausamkeit der Folter keineswegs nachstanden. Erst die erneute Wandlung des Beweissystems und die Reformbewegung im Gefängniswesen in der Zeit der Aufklärung bewirkten auch eine Änderung der Zulässigkeit und Handhabung der Folter. Wenn sich seither in den europäischen Staaten ein Rückgang der Anwendung oder gar die völlige Abschaffung von Folter und unmenschlicher Behandlung abzeichnete, so beruhte dies wohl nicht nur auf der Einsicht in die Menschenunwürdigkeit einer solchen Handlungsweise, sondern auch darauf, daß der damals vorherrschende Inquisitionsprozeß zunehmend kritikanfällig wurde. Damit verlor dessen Hauptanliegen an Bedeutung, ein Geständnis um jeden Preis zu verlangen, sei es auch um den der Tortur. Folgerichtig darf das Geständnis, das durch Zwang, Folter oder Drohung gewonnen und erst nach ungerecht langer Inhaftierung abgelegt wurde, nicht mehr als Beweis verwendet werden.

III.

Gleichwohl erfüllen manche polizeilichen und strafprozessualen Maßnahmen zur Verbrechensaufklärung, insbesondere zur Gewinnung des Geständnisses, noch immer nicht die internationalen Standards des Menschenrechtsschutzes. Um Mißbräuchen entgegenzuwirken, gewährleisten sowohl der Internationale Pakt über bürgerliche und politische Rechte vom 19. Dezember 1966 in Art. 7 als auch die Europäische Menschenrechtskonvention, die in Deutschland und der Schweiz jeweils als Bundesrecht gelten, in Art. 3 ausdrücklich den Schutz vor Folter und unmenschlicher oder erniedrigender Behandlung oder Strafe. Da ferner Menschenrechtskommissionen und -ausschüsse der Vereinten Nationen sowie die nichtstaatlichen Menschenrechtsorganisationen der Folter entgegenwirken wollen, wird man sich fragen, welche Aufgabe das Europäische Übereinkommen zur Verhütung von Folter überhaupt erfüllen soll.

Das Ziel des Übereinkommens zur Verhütung von Folter und unmenschlicher oder erniedrigender Behandlung oder Strafe (im folgenden kurz: Antifolterkonvention) ist vor allem die Vorbeugung gegenüber Folter oder unmenschlicher und entwürdigender Behandlung von inhaftierten Personen.[1] Es soll durch ein nichtgerichtliches Verfahren erreicht werden, indem ein international besetzter Ausschuß oder einzelne Ausschußmitglieder als Delegation in den Vertragsstaaten Besuche von Orten durchführen, an denen Personen die Freiheit entzogen ist. Damit zielt die europäische Konvention freilich nicht darauf, die einzelnen Staaten für schuldig zu erklären oder zu diskriminieren. Auch werden die Besuche durch einen Ausschuß oder einzelne Mitglieder nicht primär als von außen gegen den jeweiligen Staat gerichtete Kontrolle verstanden. Vielmehr soll im Wege der wechselseitigen Zusammenarbeit (Kooperation statt Konfrontation) eine Verhütung von etwaigen Mißständen erreicht werden. Zwar werden Folter, grausame, unmenschliche oder erniedrigende Behandlung oder Strafe generell bereits durch innerstaatliches Recht sowie durch mehrere internationale Vereinbarungen verboten, wie der Europarat in seinem erläuternden Bericht zur Antifolterkonvention nicht verkennt. Die Erfahrung zeige allerdings, daß ein Bedürfnis für breitere und wirksamere internationale Kontrollmaßnahmen bestehe, um vor allem den Schutz von Personen zu verstärken, denen die Freiheit entzogen ist.

Die inzwischen mehr als vierzig veröffentlichten länderbezogenen Besuchsberichte des Europäischen Antifolterausschusses

1 Vgl. Bank, R.: Die internationale Bekämpfung von Folter und unmenschlicher Behandlung auf den Ebenen der Vereinten Nationen und des Europarats. Freiburg 1996, 87ff.

(European Committee for the Prevention of Torture – CPT) und dessen bisher sieben Jahresberichte belegen denn auch, wie berechtigt die Annahme war und wie begründet das Bedürfnis für externe Kontrolle durch ein spezielles Besuchssystem ist.[1] Danach hängt die Verwirklichung des Art. 3 EMRK und des ihm dienenden Europäischen Antifolterabkommens, partiell auch der Europäischen Strafvollzugsgrundsätze aus dem Jahr 1978[2], wesentlich von den Aktivitäten des Antifolterausschusses ab. Dies gilt nicht zuletzt vor dem Hintergrund der nur partiellen Umsetzung internationaler Mindestgrundsätze im Strafvollzug der herkömmlich langen Verfahrensdauer vor der Europäischen Menschenrechtskommission und dem Europäischen Gerichtshof für Menschenrechte sowie der geringen Erfolgsaussichten der Beschwerden. Zusätzliche Bestrebungen zur Reform dieser Organe sollen daher deren Wirksamkeit verbessern.[3]

Gerade im Hinblick auf die Situation der Menschenrechte in Osteuropa erscheint dies notwendig. Anhand der CPT-Berichte kann man zwar bisher wenig sagen, da einige osteuropäische Staaten der Veröffentlichung von Besuchsberichten des CPT noch nicht zugestimmt haben. Der Antifolterausschuß hat jedoch zum Beispiel auf polizeiliche Mißhandlungen in Bulgarien hingewiesen.[4] Zudem berichtet *Human Rights Watch* davon,

1 Vgl. Docker: Five Years Experiences with the European Torture Prevention Convention. In: Torture, Vol. 6, Number 4, 1996, 97.

2 Vgl. dazu European Committee on Crime Problems (Council of Penological Cooperation): Results of the Survey into the Application of the European Prison Rules in the Member States of the Council of Europe, Straßburg 1994, sowie Gonsa, H.: Introduction to the European Prison Rules. Historical Background, Development, Main Contents. In: Penological Information Bulletin, Nos. 19 and 20 (1994–1995), 24–33 (24ff.).

3 Siehe den Draft of the European Convention on Human Rights concerning Rights of Persons Deprived of their Liberty to the Committee of Experts for the Development of Human Rights, Straßburg 1992; ferner CPT: 7th general report on the CPT's activities covering the period 1 January to 31 December 1996, Straßburg 1997, Rn. 7f., 20ff.

4 CPT: Report to the Bulgarian Government on the visit to Bulgaria carried out

daß Folter und Mißhandlungen im russischen Polizeigewahrsam alltäglich zu sein scheinen.[1] Auch bestehen offensichtliche Mängel im russischen Strafvollzugssystem.[2] So sagte der UN-Sonderberichterstatter über Folter, der die Russische Föderation im Juli 1994 besucht hatte, um zu untersuchen, ob die Bedingungen der Untersuchungsgefängnisse als Folter angesehen werden könnten: «Der Sonderberichterstatter bräuchte die poetische Gabe eines Dante oder die künstlerischen Mittel eines Bosch, um angemessen die höllischen Bedingungen zu umschreiben, die er in diesen Zellen vorgefunden hat».[3]

IV.

Nach den bisherigen Erfahrungen innerhalb der mehr als achtjährigen Tätigkeit seit November 1989 sind bestimmte «sensible Bereiche» der Freiheitsentziehung erkennbar geworden, in denen auf Amtsmißbrauch zu achten besonders angezeigt sein kann. Generell kann man sagen, daß die Polizeihaft dazu zählt, ferner die Einzelhaft (Isolation), die Gesamtheit der Unterbringungsbedingungen, insbesondere soweit es um die Überfüllung, die Hygiene, die Kontakte mit der Außenwelt und die Mängel des Behandlungsregimes einschließlich von Freizeitaktivitäten geht. Außerdem kommen die gelegentlich empfundenen Re-

by the CPT from 26 March to 7 April 1995 and Responses of the Bulgarian Government. CPT/Inf (97) 1, Straßburg 1997, Rn. 224 ff.

1 Human Rights Watch/Helsinki: Russian Federation, Vol. 9, No. 3 (D), 1997, 13.

2 Human Rights Watch/Helsinki a.a.O., 13. Vgl. auch Abramin, V.: In Search of a Solution: crime, criminal policy and prison facilities in the former Soviet Union, Moskau 1996, 57 ff.

3 Zitiert nach *Stern, V.:* Reform des Straf(vollzugs)Systems in Osteuropa und der früheren Sowjetunion. Erscheint in BewHi 1998. Vgl. ferner Walmsley, R.: The European Prison Rules in Central and Eastern Europe. European Journal on Criminal Policy 3–4 (1995), 73–90 (73 ff.); Lakes, G.: An overview of the Prison System of the Baltic States. European Committee on Crime Problems, Straßburg 1995, zur Situation in den baltischen Staaten.

striktionen während der Untersuchungshaft, die interne und externe Kontrolle bezüglich Haft und Gefangenschaft sowie schließlich der Zugang zu Verteidiger und Arzt, die Unterrichtung naher Angehöriger über die Inhaftierung und die Belehrung über die Aussagefreiheit hinzu. Zwar berichtet der Ausschuß gelegentlich von schweren Mißhandlungen, die teilweise einen Grad erreichen, der als Folter betrachtet werden kann, zum Beispiel in Bulgarien[1]. In keinem der bislang veröffentlichten Besuchsberichte des CPT wird jedoch eine systematische Folterpraxis dokumentiert.[2] Dies gilt auch für die Bundesrepublik – hier hielt das CPT in seinem zweiten Besuchsbericht fest, daß es keine Anhaltspunkte für den Einsatz von Folter in den 1996 besuchten deutschen Haftanstalten gebe. Dem Ausschuß wurden jedoch Vorwürfe über andere Mißhandlungsformen zugetragen. So sollen mit Handschellen gefesselte Gefangene der JVA Bützow von Vollzugsbeamten geschlagen worden sein. Ferner wird festgestellt, daß es zur unverhältnismäßigen Anwendung von Gewalt durch Polizeibeamte bei der Festnahme von Personen gekommen sei.[3]

Zwar sind nach der «fact finding mission» des Antifolterausschusses in der ganz überwiegenden Mehrheit der dem Europarat angehörenden Staaten begründete Anhaltspunkte für die Anwendung von Foltermethoden wie Aufhängen an Armen und Beinen, Elektroschocks, Schläge auf die Fußsohlen, Dunkelhaft über längere Zeiträume durch Beobachtungen und Folgerungen der Sachverständigen nur selten nachgewiesen. Doch kommen Mißhandlungen insbesondere durch Polizeibeamte gelegentlich vor, und zwar in mehreren Ländern (z.B. in England und Wales, Frankreich, Deutschland, Österreich, Griechenland,

1 CPT-Report Bulgaria (Fußnote 4, S. 146), Rn 224f.

2 Vgl. Kaiser, G.: Der Europäische Antifolterausschuß und die Vorbeugung kriminellen Machtmißbrauchs. In: Festschrift für Triffterer, Wien u.a. 1996, 777–797 (782f.).

3 Vgl. CPT: Report to the government of the Federal Republic of Germany on the visit to Germany carried out by the CPT from 14 to 26 April 1996. CPT/Inf (97) 9, Straßburg 1997, Rn. 10ff., 79f.

Spanien, Bulgarien und der Türkei).[1] Immerhin hat das CPT die in der Türkei weitverbreitete Praxis von Folterungen und Mißhandlungen in der Polizeihaft wiederholt zum Gegenstand einer öffentlichen Erklärung gemacht, nachdem auch nach mehreren Delegationsbesuchen die Situation in der Türkei nicht durchgreifend verbessert worden war. Die dem Ausschuß bekanntgewordenen Beschwerden der Inhaftierten reichten von schweren körperlichen Quälereien (Aufhängen an den Armen, Elektroschocks, gewaltsames Eindringen in Körperöffnungen mit Schlagstöcken) bis zu erheblichen psychischen Beeinträchtigungen und Isolationshaft in sehr kleinen, dunklen, unbelüfteten Zellen über längere Zeiträume. Die Beschwerden der Gefangenen wurden durch weitere Beweismittel erhärtet: So waren die behaupteten Mißhandlungen oftmals medizinisch nachweisbar.[2]

Überdies berichten die NOGs, insbesondere *amnesty internationale*, regelmäßig über Mißhandlungsvorwürfe gegen die Polizei in verschiedenen Ländern Europas.[3] Während Folter und Mißhandlung früher hauptsächlich unter dem Gesichtspunkt der politischen Unterdrückung und der politischen Gefangenen thematisiert wurden, widmet sich *amnesty internationale* neuerdings vermehrt der Folter und Mißhandlung von sozial benachteiligten Gruppen wie ethnischen Minderheiten, Flüchtlingen bzw. Asylbewerbern und Verdächtigen gewöhnlicher krimineller Delikte.[4] An Deutschland kritisierte *amnesty international*

1 Vgl. Kaiser (Fn. 15), 783 sowie Krauß, K.: Die Aktivitäten des Europarats auf strafrechtlichem Gebiet unter besonderer Berücksichtigung der EMRK. In: Strafrechtsentwicklung in Europa 5.1., hrsg. v. Eser/Huber, Freiburg 1997, 257–358 (265 ff.); ferner CPT-Report Bulgaria (Fußnote 4, S. 146), Rn. 224.

2 Vgl. auch Human Rights Watch/Helsinki: Turkey – Torture and Mistreatment in Pre-Trial Detention by Anti-Terror Police. Vol. 9, No. 4 (D), 1997, 3 ff.

3 Vgl. z. B. Amnesty International: Concerns in Europe, January–June 1996, London 1996; *dies.*: Concerns in Europe, January–June 1997. OSCE human dimensional special edition, London 1997.

4 Amnesty International: The International Conference on Torture. Final Report, Stockholm (4–6 October 1996), 1997, 3.

insbesondere den polizeilichen Umgang mit Ausländern. In der Zeit von Januar 1992 bis März 1995 seien mehr als 70 Fälle bekanntgeworden, bei denen deutsche Polizeibeamte in Ausübung ihres Dienstes in «unverhältnismäßiger und ungerechtfertigter Weise Gewalt angewandt» hätten oder «in Gewahrsam befindliche Personen grausamer, unmenschlicher und erniedrigender Behandlung oder Strafe unterworfen haben sollen».[1] Bis auf wenige Ausnahmen handle es sich bei den Opfern um ausländische Staatsangehörige, unter ihnen Asylbewerber und Flüchtlinge, ferner um Angehörige ethnischer Minderheiten. Mehr als die Hälfte der Vorwürfe richtete sich gegen Beamte der Berliner Polizei. Außerdem wurde der Vorwurf erhoben, daß den Opfern im Gewahrsam der Polizei «grundlegende Rechte, wie sie in innerstaatlichen Gesetzesvorschriften und in internationalen Abkommen und Standards verankert sind», vorenthalten wurden, zum Beispiel das Recht auf Information über die Festnahmegründe oder auf medizinische Betreuung in Haft.[2] Oftmals hätten diese Vorfälle für die Beschuldigten keine strafrechtlichen oder disziplinarischen Konsequenzen. Letztlich führe die «Übereinstimmung in den Aussagen mutmaßlicher Mißhandlungsopfer und die Regelmäßigkeit, mit der *amnesty international* Berichte über Mißhandlungen zugegangen sind», zu dem Schluß, daß die Fälle von Mißhandlungen durch Polizeibeamte keine isolierten Einzelvorkommnisse darstellten.[3] Ähnliche Berichte gibt es auch über andere europäische Staaten.

1 Amnesty International: Ausländer als Opfer. Polizeiliche Mißhandlungen in der Bundesrepublik Deutschland, London 1995, Zusammenfassung.

2 Amnesty International, a.a.O.

3 Vgl. Amnesty International, a.a.O., sowie die neuen Mißhandlungsvorwürfe in: Amnesty International: Neue Fälle – altes Muster. Polizeiliche Mißhandlungen in der Bundesrepublik Deutschland, London 1997; zu den staatlichen Reaktionen jedoch eingehend die Stellungnahmen der deutschen Bundesregierung zu den beiden Deutschlandbesuchen des CPT: Response of the Government of the Federal Republic of Germany to the report of the CPT on its visit to Germany from 8 to 20 December 1991. CPT/Inf (93) 14, Straßburg 1993, 3 ff.; Interim

Es verwundert nicht, daß viele westliche Staaten in neuerer Zeit sogenannte *police complaint boards* eingerichtet haben, um gegen etwaige Mißbräuche gleichsam selbstreinigend vorzugehen. Allerdings tut man sich in der Bundesrepublik Deutschland schwer, eine derartige Einrichtung zu schaffen [1], weil man meint, daß die etablierten Disziplinar- und Strafverfahren zur Verfolgung und Vorbeugung ausreichten, und im übrigen derartige neuzuschaffende Einrichtungen von staatskritischen Kräften mißbraucht, Polizisten verunsichern und gegen die polizeiliche Effizienz ins Feld geführt werden könnten. Die ausländischen Erfahrungen stützen jedoch eine solche Befürchtung nicht. Solche Einrichtungen sind demnach eher geeignet, das Vertrauen in die Polizei zu stärken, falls die Beschwerde- und Kontrollorgane auch wirklich unabhängig arbeiten und die Opfer nicht gezwungen sind, im Zivilverfahren ihr Recht auf Schadensersatz durchzusetzen, wie zum Beispiel in England und Wales.

V.

Da die Gefährdung von Menschenrechten durch Amtsmißbrauch zu Beginn jeder Inhaftierung besonders groß ist – gleichgültig, ob es sich juristisch um Festhaltung (Gewahrsam), Ergreifung oder Untersuchungshaft handelt –, mißt der Antifolter-

Report of the German Government in response to the CPT's report. CPT/Inf (97) 9, Straßburg 1997, 84ff. Vgl. ferner den Untersuchungsbericht «Fremdenfeindlichkeit in der Polizei?» in: PFA – Schriftenreihe der Polizei-Führungsakademie 1/2/1996 sowie den Bericht des Parlamentarischen Untersuchungsausschusses «Hamburger Polizei», Drs. 15/6200 der Bürgerschaft der Freien und Hansestadt Hamburg, 32ff., wonach in der Zeit von Januar 1989 bis September 1994 in Hamburg in 1957 Fällen gegen Polizeibeamte wegen Körperverletzungsdelikten ermittelt wurde. In immerhin jedem dritten Ermittlungsverfahren waren Ausländer die potentiell Geschädigten.

1 Vgl. aber den Bericht des Parlamentarischen Untersuchungsausschusses «Hamburger Polizei» (Fußnote 3, S. 150), 986ff., 1032, 1081ff. zur Einführung eines unabhängigen Polizeibeauftragten.

ausschuß drei Rechten von polizeilich inhaftierten Personen besondere Bedeutung zu.[1] Erstens geht es um

- das Recht einer Person, eine dritte Partei ihres Vertrauens, etwa die Familie, über die Tatsache der Verhaftung zu unterrichten, ferner um
- das Recht, sich von einem Rechtskundigen (Verteidiger) beraten zu lassen, und schließlich um
- das Recht, durch einen Arzt seiner Wahl medizinisch untersucht zu werden, und zwar zusätzlich zu einer etwaigen Untersuchung durch einen Polizeiarzt.

Nach Auffassung des Antifolterausschusses handelt es sich hierbei um drei fundamentale Sicherungen gegen die Mißhandlung von inhaftierten Personen, also um Vorkehrungen, die schon von Anfang an bei jeglicher Freiheitsentziehung Anwendung finden sollten.

Die Strukturanalyse der Beschwerden läßt darauf schließen, daß die Gefahr von Mißhandlungen in Polizeigewahrsam in der Zeit nach der Festnahme offenbar am größten ist. Demgemäß gelangt das CPT zu der Forderung, zum Schutz vor Machtmißbrauch durch die staatlichen Ordnungskräfte gerade für diesen Zeitraum besondere Sicherungsmaßnahmen in Betracht zu ziehen. Dazu zählen vor allem die Festschreibung und Umsetzung von Verfahrensrechten des Festgenommenen sowie die detaillierte Reglementierung des polizeilichen Verhörs und des Polizeigewahrsams. Auch die Ausbildung des Personals, die Ausgestaltung des Beschwerde- und Disziplinarverfahrens und eine externe Kontrolle der Polizeistationen durch Inspektion und Besuchskommissionen sind wichtige Maßnahmen, um das Risiko von Mißhandlungen zu vermindern.

Das Recht auf Benachrichtigung eines Angehörigen oder einer Vertrauensperson verhindert zum einen, daß der Gefan-

1 Vgl. CPT: 2nd general report on the CPT's activities covering the period 1 January to 31 December 1991, Straßburg 1992, 7, sowie Krauß (Fußnote 1, S. 149), 266.

gene von der Außenwelt abgeschnitten ist, zum anderen, daß die jeweiligen Ordnungskräfte Personen einfach «verschwinden» lassen können. Soweit dieses Recht überhaupt ausdrücklich gesetzlich garantiert wird, ist es zum Teil von einer bestimmten prozessualen Stellung des Betroffenen abhängig. Lediglich in England und Wales gilt das Recht ab dem Zeitpunkt der Festnahme, wobei die Ausnahmen, unter denen seine Ausübung verschoben werden kann, genau definiert und auf 36 bzw. 48 Stunden, hier im Falle terroristischer Straftaten, begrenzt sind.[1] Eine kompetente rechtliche Beratung verbessert nicht nur die Möglichkeiten der Wahrnehmung eigener Rechte, sondern stellt auch ein Element externer Kontrolle in den Institutionen staatlicher Freiheitsentziehung dar. Das Recht auf Zugang zu einem Rechtsanwalt ist mit Ausnahme Frankreichs, Österreichs bei bestimmten Vergehen und verschiedenen, vom CPT besuchten Kantonen der Schweiz gesetzlich vorgesehen.[2]

Eine Untersuchung durch einen Arzt eigener Wahl ermöglicht eine effiziente externe Kontrolle des Gesundheitszustandes von Gefangenen. Da sich auf diese Weise körperliche Folgen von etwaigen Mißhandlungen schnell nachweisen lassen, wäre hiervon ein wichtiger präventiver Impuls zu erwarten.[3] In den besuchten Ländern ist zwar in der Regel vorgesehen, auf Nachfrage des Gefangenen oder bei zweifelhaftem Gesundheitszustand auf Veranlassung der Polizei einen Arzt zu rufen, der jedoch überwiegend ein Polizeiarzt ist. Das Recht auf einen Arzt eigener Wahl wird nur in Dänemark und in den Niederlanden garantiert, in der Praxis auch in einigen deutschen Bundeslän-

1 CPT: Report to the United Kingdom Government on the visit to the United Kingdom carried out by the CPT from 29th July to 10th August 1990, adopted on 21st March 1991, Straßburg 1992, 62 (72).

2 Vgl. Kaiser (Fußnote 2, S. 148), 785 f. m. N.

3 Dazu eingehend *Kaiser, G./Rebmann, M.:* Genügen die deutschen Regelungen zur Rolle des Arztes bei der Vorbeugung von Mißhandlungen durch Polizei und Strafvollzugspersonal den europäischen Anforderungen? Erscheint in NStZ 1998, Heft 3.

dern, Finnland und England (auf eigene Kosten) gewährt.[1] Die medizinische Untersuchung von Personen im Polizeigewahrsam sollte allerdings so durchgeführt werden, daß Polizeibeamte keine unmittelbare Kenntnis nehmen können. Außerdem sind die Ergebnisse jeder Untersuchung und die relevanten Befunde durch den Arzt förmlich zu dokumentieren und dem Gefangenen und seinem Verteidiger zugänglich zu machen.

Überdies sollen klare Regeln oder Richtlinien über die Art und Weise der polizeilichen Vernehmung bestehen. Ein einziger zusammenfassender Bericht über jede in Polizeigewahrsam befindliche Person würde die fundamentalen Sicherungen ergänzen. Doch die vorhandenen Vorschriften zum polizeilichen Verhör beschränken sich weitgehend darauf, allgemein die Einwirkung auf die freie Willensbildung des Gefangenen zu verbieten, detaillierte Regelungen fehlen hingegen fast vollständig. So sind die Entscheidung über Ort und Dauer des Verhörs sowie die Bekanntgabe der Identität der vernehmenden Beamten zumeist eine Frage des Ermessens.[2]

VI.

Nach den Wahrnehmungen des Antifolterausschusses tritt die Gefahr, durch Gefängnispersonal mißhandelt zu werden, gegenüber den Gefährdungen im Polizeigewahrsam sowohl quantitativ als auch qualitativ erheblich zurück. In den meisten Ländern, auch in der Türkei, gibt es insoweit keine oder nur wenige Beschwerden. Dem steht nicht entgegen, daß Einzelfälle in verschiedenen Staaten immer wieder bekannt werden. Doch eine systematische Mißhandlung ist nach den erwähnten und dokumentierten Fällen nicht erkennbar. Dies gilt auch für die Bundesrepublik – hier hielt das CPT in seinem zweiten Besuchsbericht fest, daß es keine Hinweise auf die Existenz von Folter und

1 Vgl. Kaiser/Rebmann, a. a. O.
2 Vgl. die Forderungen in CPT: 2nd general report (Fußnote 1, S. 152), 12 (39).

systematischer Mißhandlung in den besuchten Justizvollzugs- bzw. Untersuchungshaftanstalten gebe.[1] Schon beim ersten Deutschland-Besuch fanden sich diesbezüglich keine Anhaltspunkte.[2] Gleichwohl scheinen gewisse Konstellationen, wie etwa Gefängnisrevolten oder ein ungünstiges Klima zwischen Personal und Inhaftierten, die Gefahr von Mißhandlungen zu erhöhen. Bezüglich der Strafhaft unterstreicht das CPT die Notwendigkeit von wirksamen Beschwerdeverfahren und regelmäßigen Inspektionen durch unabhängige Persönlichkeiten.

Eine Einzelhaft von längerer Dauer ist, so die Auffassung der Menschenrechtskommission[3], abzulehnen. Eine vollständige sensorische Isolierung, die mit totaler sozialer Isolation einhergeht, kann die Persönlichkeit zerstören. Sie stellt deshalb eine Form der Behandlung dar, die weder aus Gründen der Sicherheit noch aus anderen Gesichtspunkte gerechtfertigt sein kann.[4] Das CPT vertritt die Auffassung, daß die Einzelhaft unter gewissen Umständen, etwa bei fortgesetzter Isolation, zu unmenschlicher und entwürdigender Behandlung im Sinne des Art. 3 EMKR führen kann.[5] Im Zusammenhang mit der Inhaftierung terroristischer Gewalttäter, wurde – vor allem in Deutschland – immer wieder der Vorwurf der «Isolationshaft», ja der «Isolationsfolter» erhoben. Für derartige Täter bestehen zwar gesetzlich weitgehende Möglichkeiten der Kontaktbeschränkung zum Schutze von Leben und Gesundheit des Vollzugspersonals und von Dritten. Auch lehnen inhaftierte Terroristen nicht selten von sich aus den Kontakt mit ihrer Umwelt aus ideologischen oder gruppendynamischen Gründen ab. Die EMR-Kommission hat sich bereits im Jahr 1978 mit den Haftbedingungen für Terroristen in

1 CPT-Report Germany, 1997 (Fußnote 3, S. 148), 25.

2 Vgl. CPT: Report to the Federal Republic of Germany on the visit to Germany carried out by the CPT from 8 to 20 December 1991. CPT/Inf (93) 13, Straßburg 1993, 27 ff.

3 EuGRZ 1990, 87 f.

4 So EKMR, EuGRZ 1992, 588.

5 So im zweiten Generalbericht des CPT: 2nd general report (Fußnote 1, S. 152), 11.

Deutschland befaßt, aber einen Verstoß gegen Art. 3 EMRK verneint, allerdings eine gewisse Isolierung der Inhaftierten festgestellt.[1] Die Isolierung von Gefangenen wird daher nur dann mit Art. 3 EMRK vereinbar sein, wenn wichtige Gründe dafür vorliegen sowie ein Mindestmaß an Informations- und Kontaktmöglichkeiten gewahrt bleibt. Das CPT hat die Durchführung der Einzelhaft in deutschen Haftanstalten bei seinen beiden Deutschland-Besuchen kritisiert. So wurde die teilweise recht lange Unterbringung in Einzelhaft ebenso bemängelt wie unzureichende Möglichkeiten, außerhalb der Zelle sinnvollen Beschäftigungen nachzugehen oder angemessene menschliche Kontakte zu pflegen.[2]

Erwartungsgemäß unterscheiden sich die materiellen oder physischen Bedingungen des Strafvollzugs in den europäischen Ländern. Ein relativ hohes Niveau der Unterbringung von Strafgefangenen bei durchgehender Einzelbelegung und angemessenem Zellenraum findet sich etwa nach den Besuchsberichten des CPT in den Niederlanden sowie in Dänemark, Norwegen und Schweden. Allerdings begegnet die allgemein angestrebte Einzelunterbringung erhebliche Schwierigkeiten dann, wenn die verfügbare Kapazität aufgrund von Überbelegung (overcrowding) nicht ausreicht. Denn die Überbelegung beeinflußt die gesamte Vollzugseinrichtung mit all ihren Arbeits- und Lebensbereichen. Deshalb gilt sie als Problem, das für das Mandat des Ausschusses als unmittelbar relevant betrachtet wird. Vor allem in Belgien, Bulgarien, England, Frankreich, Griechenland, Italien, Portugal und Rumänien erschwert eine fast extreme Überbelegung die Durchführung eines sinnvollen Strafvollzugs. Durch zum Teil schlechte hygienische und sanitäre Verhältnisse wird die Situation noch verschärft.

Überdies wird der Gefangene Schwierigkeiten haben, angemessene Beziehungen mit seiner Familie oder seinem Rechtsbei-

1 Frowein/Peukert (Fußnote 3, S. 142), 47f. m. w. N.

2 CPT-Report Germany, 1993 (Fußnote 1, S. 148), 38; CPT-Report Germany, 1997 (Fußnote 3, S. 153), 43ff.

stand aufrechtzuerhalten. Auch hier kann am Ende die fortlaufende Verlegung unter gewissen Umständen bis zur unmenschlichen oder entwürdigenden Behandlung führen.[1] Möglichkeiten zur günstigen Veränderung erblickt der Ausschuß nicht zuletzt in der Aus- und Fortbildung des Vollzugspersonals, weshalb er diesen Punkt besonders betont.

Auch bezüglich des Vollzugsregimes heben sich die skandinavischen Länder (außer Finnland) und die Niederlande positiv ab. Ein ausreichendes und konstruktives Arbeitsangebot ergänzt sich durch sportliche Aktivitäten und Fortbildungsangebote zu einem sinnvollen Tagesablauf mit viel Zeit außerhalb der Zelle. Demgegenüber lassen die Vollzugsregime in England und Frankreich weitgehend eine Tendenz zur bloßen Verwahrung erkennen. Die Arbeits- und Freizeitangebote sind völlig unzureichend, so daß viele Gefangene den Großteil des Tages in ihren Zellen verbringen müssen.[2] Zusammen mit der extremen Überbelegung und den schlechten sanitären Verhältnissen summiert sich dies nach Einschätzung des Ausschusses in einigen Einzelstaaten zu unmenschlicher und erniedrigender Behandlung.

VII.

Nicht ausschließlich, aber besonders unter dem Gesichtspunkt der Gleichbehandlung und des Diskriminierungsverbotes ist die Inhaftierung von ausländischen Personen ein erhebliches Problemfeld. In den Haftanstalten der europäischen Hauptstädte oder der Großstädte mit einem internationalen Flughafen finden sich nicht selten Inhaftierte aus mehr als 50 Nationen. Die Anteile der ausländischen Insassen schwanken allerdings in den eu-

1 CPT: 2nd general report (Fußnote 1, S. 152), 11.

2 CPT: Rapport au Government de la République Française relatif à sa visite effectuée par le CPT en France du 27 octobre au 8 novembre 1991, adopté le 4 juin 1992, Straßburg 1992, 43 (106), 48 (125), 49 (126); CPT-Report United Kingdom (Fußnote 1, S. 153), 23 ff. (51 ff.).

ropäischen Vollzugsanstalten erheblich und bewegen sich im ganzen zwischen einem Fünftel bis zu einem Drittel der Gefangenenpopulation. Während Italien, Dänemark und Spanien mit etwa 15 Prozent sowie Portugal mit ungefähr 10 und England mit ca. 6 Prozent sich im unteren Bereich bewegen, und die Länder Ostmitteleuropas fast alle Anteile unter 3 Prozent aufweisen, liegen die Anteile in Luxemburg, Zypern und der Schweiz mit fast der Hälte aller Insassen im Spitzenbereich.[1] Für Deutschland werden im Jahr 1996 etwa 23 Prozent angegeben[2], ähnlich wie in Frankreich, den Niederlanden und Schweden. Bei den Untersuchungshäftlingen ist der Ausländeranteil noch höher. Er lag in Deutschland Anfang der neunziger Jahre bei zwei Dritteln aller Insassen. Hinzu kommt das Sonderproblem der Unterbringung von sogenannten Abschiebehäftlingen, ein Sachverhalt, der in den letzten Jahren wiederholt zu öffentlicher Kritik Anlaß gegeben hat.

Auch der Europäische Antifolterausschuß hat sich jüngst mit diesem Bereich staatlicher Freiheitsentziehung beschäftigt und fordert allgemein eine Unterbringung von Abschiebehäftlingen in angemessen großen, hygienisch einwandfreien Räumlichkeiten in speziellen Haftanstalten und ein ausreichendes Angebot an Freizeitaktivitäten.[3] Demzufolge kritisiert das CPT bei seinem zweiten Deutschlandbesuch, daß Abschiebehäftlinge zum Teil noch in Justizvollzugsanstalten untergebracht sind.[4] Als problematisch eingeschätzt wurde außerdem das mangelnde Angebot an Freizeitaktivitäten und die medizinische Versorgung in den besuchten Haftanstalten.[5] Besonders betont wird weiterhin die Bedeutung der Ausbildung und Auswahl des Personals in den Abschiebehaftanstalten, da ein konfliktvermeidender Um-

1 Vgl. Penological Information Bulletin, Nos. 19 and 20 (1994–1995), 79.
2 StaBA: Strafvollzug. Fachserie 10, Reihe 4.1. Stand: 31. 3. 1996, 8f.
3 Vgl. CPT: 7th general report (Fußnote 3, S. 146), Rn 29.
4 CPT-Report Germany, 1997 (Fußnote 3, S. 148), 33.
5 CPT-Report Germany, 1997 (Fußnote 3, S. 148), 27, 30.

gang mit Menschen zahlreicher verschiedener Nationalitäten spezieller Fähigkeiten bedürfe.[1]

VIII.

Da der Europäische Ausschuß zur Verhütung von Folter erst 1989 seine Arbeit aufgenommen hat, lassen sich verständlicherweise seine Funktionstüchtigkeit, geschweige die Auswirkungen seiner Arbeit auf die gesamteuropäische Lage der Freiheitsentziehung und der Verhinderung von Amtsmißbrauch noch kaum abschätzen. Immerhin wurden ausweislich der ersten sieben Jahresberichte des Ausschusses mehr als 30 Mitgliedsstaaten des Europarats besucht. Die Zwischen- und Folgeberichte der besuchten Einzelstaaten künden nicht nur von deren ungebrochener Dialogbereitschaft mit dem CPT, sondern auch von dem Willen, die Empfehlung des CPT zu prüfen, aufzugreifen und auch weitgehend umzusetzen. Dies gilt besonders dort, wo sich das CPT aus dringendem Anlaß zu sogenannten «immediate observations» entsprechend Art. 8 Abs. 5 V der Konvention veranlaßt gesehen hat.

Zum Teil werden die CPT-Berichte und Empfehlungen, die erst nach Zustimmung der Vertragsstaaten veröffentlicht werden, auch dazu benutzt, um vorübergehend zurückgestellte Reformvorhaben wieder aufzugreifen und mit neuer Schubkraft zu versehen. Allerdings läßt sich nicht verkennen, daß vor allem Mängel an finanziellen Ressourcen sowie an fähigem und ausgebildetem Personal, ferner Migrationsdruck und das *overcrowding* dem Strafvollzug vieler Staaten oft nur kleine Reformschritte gestatten, die überdies erhebliche Zeiträume (oft mehrere Jahre) benötigen. Nur bei einigen Aspekten (Einführung elektronischer Protokollierung der polizeilichen Vernehmung, Entwicklung eines sogenannten *code of practice* polizeilicher

1 Vgl. CPT-Report Germany, 1997 (Fußnote 3, S. 148), 26, 31; ferner *Bank* (Fußnote 1, S. 145), 231 und CPT: 7th general report (Fußnote 3, S. 146), Rn. 29.

Vernehmung, zusammenfassender polizeilicher Haftbericht und Überwindung der Diskrepanz zwischen Beschwerden und Sanktionen gegenüber Polizeibeamten) scheinen sich manche Staaten schwerzutun, den Empfehlungen des CPT unmittelbar zu folgen, sei es aus traditionellen oder aus ökonomischen Gründen.

IX.

Die Europäische Konvention zur Verhütung von Folter und unmenschlicher oder erniedrigender Behandlung oder Strafe stellt im Kampf gegen die Folter ein neuartiges Instrument dar, das die Anwendung von Foltermaßnahmen überhaupt verhindern will. Insofern erfüllt sie in diesem Bereich eine Pionierfunktion. Obwohl auch eine regional begrenzte Antifolterkonvention sinnvoll ist, sollte sich die Entwicklung aber nicht auf Europa beschränken. Ein universelles Besuchssystem nach dem Vorbild der Europäischen Konvention bleibt nach wie vor notwendig. Nur wenn das präventive Besuchssystem weltweite Geltung erlangt, sind eine nachhaltige Eindämmung der Folter und eine wirksame Verbesserung der Strafvollzugsverhältnisse möglich.

Weit größere Chancen für den Einfluß der Maßstäbe des internationalen Strafverfahrens- und Vollzugsrechts dürften freilich in Europa bestehen, insofern sich unter der Herrschaft der Europäischen Menschenrechtskonvention und durch die Spruchpraxis der Straßburger Menschenrechtsorgane bereits jetzt ein «gemeineuropäischer Standard» abzeichnet.[1] Dazu kann und wird auch der Europäische Ausschuß zur Verhütung von Folter und unmenschlicher und erniedrigender Behandlung oder Strafe beitragen. Dies nicht zuletzt dadurch, daß er bestrebt

1 Dazu van Dijk, P./van Hoof, G. J. H.: Theory and Practice of the European Convention on Human Rights, 2. Aufl., Deventer u.a. 1990, 231; Sommermann: Der Schutz der Menschenrechte im Rahmen des Europarats, 2. Aufl., Speyer 1990, 26; skeptisch gegenüber einer solchen Tendenz allerdings Müller-Dietz, H.: Menschenwürde und Strafvollzug, Berlin 1994, 23f.

ist, für West- wie Osteuropa einheitliche Maßstäbe zugrunde zu legen und nicht mit zweierlei Maß *(no double-standards)* zu messen. So gesehen erscheint es nicht vermessen, wenn der erste Generalbericht des Europäischen Ausschusses den allmählichen Aufbau eines festen Bestandes von konkreten Mindestregeln und -bedingungen für die Behandlung von Inhaftierten als Zukunftsperspektive aufnimmt.

Nicht erst der Zukunft, sondern der Gegenwart zuzuordnen sind Aufgaben, die sich in bezug auf das Personal und die entsprechenden Dienste im Zusammenhang mit der Freiheitsentziehung stellen. Denn offenbar reichen internationale Konventionen und deren Implementierung sowie die Kriminalisierung und Strafverfolgung von Folterhandlungen nicht immer aus, um Mißhandlungen und Amtsmißbräuche zu vermeiden. Deshalb erscheint dem Europäischen Ausschuß die Ausbildung des fraglichen Personals, auch im Hinblick auf die Gewährleistung der Menschenrechte, zunehmend wichtig. Er lehnt sich dabei auch an die entsprechenden Empfehlungen der Vereinten Nationen aus dem Jahre 1979 an, die einen Verhaltenskodex («Code of Conduct for Law Enforcement Officials») beschlossen haben und auf den Umgang mit Inhaftierten sowie das Folterverbot in den Art. 5 und 6 ausdrücklich Bezug nehmen. Damit wird dem eigentlichen Zweck der Ausschußtätigkeit und der Tätigkeit des NGOs, menschenunwürdige Behandlung und Unterbringung unter den Bedingungen des Freiheitsentzugs vorzubeugen, wohl am wirksamsten gedient und zugleich nähert man sich damit der Erfüllung eines der Postulate der vor 50 Jahren verkündeten Menschenrechtserklärung.

Robert Ménard

Headline = Deadline?

Die Pressefreiheit ist weltweit noch unter Druck

In Kuba müssen Schreibmaschinen angemeldet werden. Der Besitz eines nicht genehmigten Fax- oder Kopiergeräts kann einen ins Gefängnis bringen. Regimekritische Berichte dürfen nicht in Umlauf gebracht werden: Ein Äquivalent zu den sowjetischen Untergrundschriften des *Samisdat* der siebziger Jahre konnte so nie entstehen. Allein im Jahr 1997 haben nicht weniger als dreißig Journalisten die Gefängnisse von Havanna kennengelernt.

Dies ist leider keine Besonderheit des Fidel-Castro-Regimes. Journalisten, die in Mauretanien die Korruption oder in China die fehlende Freiheit anprangern, landen im Kerker, ihre Texte in den Papierkörben der Zensoren. Tabus und Verbote sind in allzu vielen Ländern gang und gäbe. Noch treten fast die Hälfte der 185 Staaten, die einen Sitz in den Vereinten Nationen haben, die Pressefreiheit mit Füßen. Weltweit wurden in den letzten zehn Jahren mehr als 600 Journalisten getötet.

Auf allen Kontinenten und unter allen Regimen gelten bestimmte Journalisten als Störenfriede, ihre Ermittlungen und Stellungnahmen sind lästig, ihre Unabhängigkeit erregt Ärger. Guerillos oder paramilitärische Gruppen, Drogenhändler oder Mafiaorganisationen – sie alle schrecken nicht davor zurück, jeden, der ihre Machenschaften anprangert, physisch zu eliminieren und so zum Schweigen zu bringen.

Allen diesen Morden ist eins gemeinsam: Die Mörder laufen, bis auf seltene Ausnahmen, immer noch frei herum, und die meisten dieser Verbrechen bleiben wohl für immer ungesühnt. In den meisten Fällen führt die Polizei nicht einmal ernsthafte Ermittlungen durch, als fürchte sie, dabei auf unerwartete Verflechtungen, auf wirtschaftliche oder politische Kollusion zu stoßen. Mangelnde Unabhängigkeit der Justiz, allenthalben herrschende Korruption, Unfähigkeit der Polizei, mächtige finanzielle Interessen – all diese Faktoren wirken zusammen, um die Schuldigen straflos ausgehen zu lassen.

Doch die Dinge sind im Wandel, die Zensur ändert ihr Gesicht. So ist die Zahl der Journalisten, die den Tod fanden, 1997 nicht nur im Vergleich zum Vorjahr deutlich gesunken (26 gegenüber 49 in 1996), sie ist auch die niedrigste im ganzen letzten Jahrzehnt. Dies ist durchaus ein Grund zur Freude, zumal tödliche Gewalt gegen Journalisten im allgemeinen ein guter Maßstab für die Gewalt ist, der die Bevölkerung ausgesetzt ist. Doch ist dieser Rückgang der Zahl der Todesopfer eher auf eine vermutlich kaum mehr als momentane Atempause bei blutigen Auseinandersetzung (wie in Algerien) oder auf eine erfolgreiche und hoffentlich endgültige Wiederherstellung des Friedens an der einen oder anderen Kriegsfront (wie im ehemaligen Jugoslawien) zurückzuführen, wenn nicht auf eine Ruhephase zwischen zwei Massakern (wie im Gebiet der großen Seen in Afrika) oder in einem Bürgerkriegsgebiet (wie der Türkei).

Andere positive Trends waren nur von kurzer Dauer. Am 1. Juni 1998 befanden sich auf allen fünf Kontinenten insgesamt 103 Journalisten in Haft. Im Vorjahr waren es zur gleichen Zeit nur 80 Inhaftierte, was zu Hoffnungen Anlaß gab. Dabei handelt es sich allerdings, wie die Wirtschaftswissenschaftler sagen würden, nur um den «festen Bestand». Die Zahl der Festnahmen liegt erheblich höher. Selbst wenn man die (bis maximal 48 Stunden dauernden) vorübergehenden Festnahmen nicht mitrechnet und nur die Verhaftungen zählt, haben wir es im Jahr 1997 mit Hunderten von Fällen zu tun.

Weniger erfreulich ist auch, daß einige Länder, die sich – wenn auch erst seit kurzem – auf die Demokratie berufen, in jüngster Zeit jene Gesetze verschärft haben, mit denen man Journalisten mundtot machen oder sie zumindest zwingen will, sich jede schriftliche oder mündliche Äußerung dreimal zu überlegen. Was hier manch ein Staats- oder Regierungschef anstrebt, ist schon beinahe die gesetzliche Wiedereinführung des von Juristen des *Ancien regime* so gern verfolgten Verbrechens der «Majestätsbeleidigung». Vor allem auf dem afrikanischen Kontinent erlag man dieser Versuchung, aber auch Lateinamerika, Südostasien, der Nahe Osten und Osteuropa zeigen sich nicht völlig standhaft gegen die Verlockung solch repressiver Maßnahmen. Glücklicherweise ließ sich die Öffentlichkeit in diesen Ländern nicht zum Narren halten und brachte derartige Vorhaben im allgemeinen zum Scheitern. Obwohl die Bürger wissen, daß viele Journalisten in unverantwortlicher Weise mit den Mitteln der Insinuierung und des Gerüchts arbeiten und auch vor Diffamierung nicht zurückschrecken, ist ihnen dennoch auch bewußt, daß eine freie Presse das wichtigste Maß ihrer Freiheit und ein Bollwerk gegen den Absolutismus ist.

Ein weiterer Vorstoß der Zensoren: Staaten, die von der Presse wohl nichts zu befürchten haben und auch keine Angst vor einer Infragestellung auf dem Umweg über die audiovisuellen Medien zu haben brauchen, wie z.B. China, wollen der Gefahr, die sie im Internet wittern, vorbeugen, und zwingen ihre Bürger, sich registrieren zu lassen und sich über staatlich kontrollierte Provider ans Netz anzuschließen. Ebenfalls in Asien sind in diesem Bereich jüngst sogar strikt antikommunistische Länder, die sich an der Spitze der Globalisierung sehen möchten – so Singapur und Malaysia –, im Namen der berühmten «asiatischen Werte» auf einen entschieden repressiven Kurs eingeschwenkt.

Schritt für Schritt zu kämpfen, um der Willkür zu wehren und sich dem Unannehmbaren zu widersetzen, sollte die Pflicht aller Menschen sein, vor allem aber der Regierungen, die sich zur Demokratie bekennen, und der Politiker, die von der hohen Warte der internationalen Arena aus demonstrativ die Achtung der Menschenrechte fordern. Die Wirklichkeit sieht anders aus …

Am 13. Dezember 1995 hat das Europäische Parlament mit 343 Stimmen gegen 149 bei 36 Enthaltungen grünes Licht für die Zollunion mit der Türkei gegeben – trotz aller Warnungen der Menschenrechtsorganisationen. Einige Tage später wurde in

Istanbul Metin Göktepe, Reporter der linksradikalen Tageszeitung *Evrensel*, von Polizeischüssen getötet. Nach langem Hin und Her erhob man gegen elf Polizisten Anklage, im März 1998 wurden fünf der Täter wegen «Totschlags» zu jeweils siebeneinhalb Jahren Gefängnis verurteilt. Sechs weitere wurden freigesprochen. Der Gerichtsvorsitzende war nach seinen eigenen Worte während des Verfahrens «großen Pressionen» ausgesetzt. Keine vier Monate später wurde das Urteil wegen «Verfahrensmängel» wieder aufgehoben. Das Verfahren wird neu aufgerollt.

Trotz aller anderslautenden Beteuerungen ihrer Regierung und ihrer Fürsprecher ist die Türkei das Land auf der Welt, in dem die meisten Journalisten verhaftet werden. Neulich wurde sogar ein Zeitungsdirektor vor Gericht zitiert, der inzwischen – tot war. Folter ist beinahe an der Tagesordnung. Jedes Jahr werden Dutzende von Zeitungen beschlagnahmt, Verbote verhängt, Strafverfahren gegen Journalisten eingeleitet. *Reporter ohne Grenzen* zählte für das Jahr 1997 mehr als 200 Übergriffe der Ordnungskräfte gegen Journalisten.

Ankara hat die bei der Unterzeichnung der Zollunion eingegangenen Verpflichtungen bei weitem nicht erfüllt. Nicht wenige Europaparlamentarier bedauern inzwischen, diesem Abkommen zugestimmt zu haben. Aber haben die Europaabgeordneten deshalb eine Lehre aus der Art und Weise gezogen, wie sie von den türkischen Machthabern hinters Licht geführt wurden? Man darf es bezweifeln, da ja etliche Europaratsmitglieder nun – im Namen des gleichen «Realismus» – bereit sind, ein Assoziierungsabkommen mit Algerien zu unterzeichnen. Als ob sich gerade die Militärs, die in Algier die Zügel der Macht in der Hand haben, besser als ihre türkischen Kollegen an Verpflichtungen auf dem Gebiet der Menschenrechte halten würden.

Wenn die bewaffneten islamistischen Gruppen in Algerien hemmungslos Menschen morden, vergewaltigen und verstümmeln, fragt man sich, was für eine Rolle eigentlich die Sicherheitsorgane bei den Massakern in diesem «schmutzigen Krieg» spielen. Doch es wird alles getan, um eine Mauer des Schweigens um diesen neuen Algerienkrieg zu errichten. Die nationale

Presse wird mundtot gemacht (in fünf Jahren wurden 53 Journalisten ermordet), ausländische Berichterstatter arbeiten unter strenger Bewachung, wenn sie überhaupt Visa erhalten. Angehörige von Menschenrechtsorganisationen bekommen keine Aufenthaltserlaubnis. Mit Hilfe von Zensur und Manipulation haben die algerischen Generäle keine Gelegenheit ausgelassen, ihre Version der Wahrheit über den Konflikt durchzusetzen, der das Land seit nunmehr sechs Jahren mit blutigem Terror überzieht. Daß Algier mit der Begründung, es handle sich um fremde Einmischung, kein internationales Untersuchungskomitee ins Land läßt, verbirgt nur schlecht den Wunsch, seine Mitschuld an einem Krieg zu vertuschen, in dem Zehntausende von Zivilisten getötet wurden. In Europa und in den Vereinigten Staaten scheinen jedoch viele zu resignieren: Da Algerien nicht bereit ist, Rechenschaft abzulegen – obwohl es Abkommen und Verträge unterzeichnet hat, die es verpflichten, sich der Überwachung durch die internationale Gemeinschaft zu unterwerfen –, sei man, so wird erklärt, zur Ohnmacht verdammt. Die Lage sei «zu kompliziert». Ein falscher Vorwand – es gibt genug Zeugen, wenn man sich nur die Mühe macht, ihnen zuzuhören –, um wahre Passivität und regelrechte Gleichgültigkeit zu rechtfertigen.

Die internationale Gesellschaft hat bestimmte Pflichten. Aber sie muß sich endlich dazu durchringen, die «Dinge beim Namen zu nennen», wie unlängst ein französischer Premierminister verlangte. Wie kann man einen Mann wie den 1994 mit 99 Prozent der Stimmen gewählten tunesischen Präsidenten Ben Ali zum «Demokraten» erklären? Wie die Barbarei der algerischen Islamisten anprangern und gleichzeitig die Greueltaten der vom algerischen Staat bewaffneten Ordnungskräfte und der Volkswehren verschweigen? Wie mit einer totalitären Regierung – wie zum Beispiel in China – verhandeln und dabei die dort zu Tausenden in den Gefängnissen einsitzenden Regimegegner «vergessen»? Daß Ein Staat bei seiner Außenpolitik nicht allein die Menschenrechte berücksichtigen kann, wird jedem einleuchten. Die Menschenrechtsorganisationen sind nicht so naiv und töricht, um nicht zu verstehen, daß ein Land auch seine diplomatischen, wirtschaftlichen und militärischen Interessen zu verfolgen hat. Doch wenn der Schutz der Freiheitsrechte bei einem Staatsbesuch nur eben mal zwischen Tür und Angel oder beim Dessert eines offiziellen Essens zur Sprache kommt, dann sind die Grenzen von Ehre und Würde überschritten.

Die – oftmals berechtigte – Empörung über gewisse Auswüchse in den Medien und der Zorn über die Arroganz und den «Leichtsinn» des einen oder anderen Journalisten darf nicht dazu führen, daß die seit einigen Jahren in vielen westlichen Ländern zu beobachtende Vertrauenskrise zwischen der öffentlichen Meinung und der Presse gutgeheißen wird. Die Demokratie selbst steht auf dem Spiel, denn wer einen ganzen Berufsstand in Frage stellt – was hat ein Lokalreporter des *Daily Mirror* mit einem Kolumnisten der *Frankfurter Allgemeinen* gemeinsam? –, arbeitet den Poujadisten jeder Couleur in die Hände. Ein Lied davon wissen die Politiker zu singen, deren ganze Zunft in manchen Ländern wegen einiger schwarzer Schafe in Verruf geraten ist. Wer davon am meisten profitiert sind die Rechtsradikalen.

Ohne freie Presse keine freien Wahlen, so lautete eine Parole der Demonstranten auf dem «Platz der Freiheit» in Belgrad bei den Protestkundgebungen gegen Slobodan Milošević im Winter 1996. «Das serbische Fernsehen liefert uns die besten Fiktionen», spottete einer der Demonstranten. Wer gegen die Inhaftierung eines Journalisten protestiert, verteidigt damit die Freiheit, zu informieren, und die Freiheit, sich zu informieren. Erstere ist Sache der Medien, doch sie hat nur Sinn in Beziehung für letzteren, und die ist unser aller Sache.

Sisyphus, der seinen immer wieder ins Tal rollenden Felsbrokken rastlos stets von neuem den Berg hinaufwälzen mußte, könnte der Schutzpatron all derer sein, die sich gegen die überall auf der Welt begangenen Verstöße gegen die Pressefreiheit erheben und das Recht der Bürger verteidigen, informiert zu werden unter anderem auch darüber, was ihre Regierungen tun. Zum Glück sind viele demokratisch gesinnte Männer und Frauen auf allen Kontinenten bereit, jenen Journalisten Unterstützung zu gewähren, die fest entschlossen sind, um keinen Preis aufzugeben.

Reporter ohne Grenzen leistet seinen bescheidenen, aber hartnäckigen Beitrag zu diesem unablässigen Kampf. Wir tun dies möglichst im Einvernehmen mit anderen Organisationen, die in verschiedenen Ländern das gleiche Ziel verfolgen, und in Koordination mit etwa 110 Korrespondenten, Journalisten und/oder Menschenrechtskämpfern, die ein nahezu weltumspannendes Netz bilden. 1997 hat *Reporter ohne Grenzen* Hunderte von Briefen und Protestnoten verschickt, sobald die Organisation Kenntnis von einem schweren Verstoß gegen ein Informationsorgan oder einen Journalisten Kenntnis erhielt. 1997 hat unsere Organisation 20 Missionen durchgeführt, um in einem Notfall tätig zu werden, oder auch, um sich ein umfassenderes Bild machen zu können, wie es in dem entsprechenden Land um die Pressefreiheit bestellt ist.

An Erfolgen mangelt es nicht. *Reporter ohne Grenzen* sorgt dafür, daß Medien, die das Glück haben, ungehindert arbeiten zu können, «Patenschaften» für inhaftierte Journalisten übernehmen. In den letzten fünf Jahren konnten auf diese Weise über hundert Journalisten und Korrespondenten von einer Redaktion «adoptiert» werden. Mehr als die Hälfte kam frei – nicht nur dank dieser Patenschaften, sondern auch aus eigener Kraft. Als ein Team des ersten französischen Fernsehprogramms unter der Leitung von *Reporter ohne Grenzen* am Vorabend eines Gipfeltreffens der Frankophonie nach Hanoi fuhr, um eine Reportage über den seit 19 (!) Jahren inhaftierten Journalisten und Dissidenten Doan Viêt Hoat zu machen, konnten die an dem Treffen teilnehmenden Staatschefs die Existenz des vietnamesischen Gulag nicht länger ignorieren und sahen sich genötigt, sich mit der Menschenrechtsfrage zu befassen. Und wenn Isik Yurtçu, der ehemalige Chefredakteur der prokurdischen Zeitung *Ozgür Gündem*, sich heute auf Istanbuls Straßen frei bewegen kann, dann verdankt er dies der großartigen Mobilisierungskampagne der gesamten türkischen Presse, die auf die Initiative von Organisationen wie *Reporter ohne Grenzen* zurückging.

Seit dem 10. Dezember 1948, dem Tag, an dem achtundvierzig Länder – acht weitere enthielten sich der Stimme – im Pariser

Palais de Chaillot die Allgemeine Erklärung der Menschenrechte annahmen, hat die Pressefreiheit trotz all der soeben erwähnten Einschränkungen wesentliche Fortschritte gemacht. Trotz des Völkermordes in Ruanda und der algerischen Tragödie ist Afrika nicht mehr der Kontinent, in dem nur Einparteiensysteme und eine gleichgeschaltete Presse gedeihen. In Mittel- und Osteuropa folgten auf den Kommunismus echte Demokratien wie in Ungarn und der Tschechischen Republik, allerdings auch der Krieg auf dem Balkan und die Herrschaft der Mafia in der ehemaligen Sowjetunion. Lateinamerika ist nicht mehr, wie in den siebziger Jahren, das Refugium der Militärregime. Information kennt keine Grenzen mehr: Die algerische Militärregierung kann tun, was sie will, die Informationsflut, die dank der Parabolantennen in allen Häusern Algiers empfangen werden kann, straft die einseitigen Meldungen des Staatsfernsehens Lügen. Und im Internet kann man der Zensur ein Schnippchen schlagen. Jede Woche gehen über den Server von *Reporter ohne Grenzen* Texte ins Internet, deren Urheber in ihren Heimatländern zensiert werden. Internationale Radiosender haben beim Zusammenbruch des Kommunismus eine wichtige Rolle gespielt. *Radio Free Europe* hat sich als effektiver erwiesen als Ronald Reagans Pershing-Raketen.

Die Pressefreiheit ist heute ein wichtiges Menschenrecht. Die Medien besitzen eine enorme Macht, und jedem ist bewußt, daß sie sich – im Guten wie im Bösen – zu einer Gegenmacht entwikkelt haben, die mit der staatlichen Allmacht rivalisieren kann. Seit dem amerikanischen Debakel in Vietnam haben die Generalstäbe – der Golfkrieg hat es gezeigt – die Kontrolle über die Presse zu einer Dimension ihres Handelns gemacht. Bei jeder Konfrontation gibt es künftig auch eine Art «Medienfront». Im Krieg im ehemaligen Jugoslawien haben die kriegführenden Parteien erstmals in der Geschichte der bewaffneten Konflikte die Journalisten als solche zur Zielscheibe gemacht, um sie daran zu hindern zu berichten, zu schildern und aufzudecken. Mehr als vierzig Journalisten fanden im Jugoslawienkrieg den Tod. Die Presse ist ein Druckmittel und damit eine potentielle Geisel. Für diejenigen, deren Beruf es ist zu informieren, ist dies gefährlich und beunruhigend und doch eine große Ehre. Die Diktatoren, rechts wie links, haben erkannt, daß die Pressefreiheit die wichtigste Freiheit ist. So versuchen sie als erstes die Journalisten zum Schweigen zu bringen, um dann die anderen Freiheiten zu beschneiden. Versuchen wir gemeinsam, ihnen zu widerstehen.

Übersetzung aus dem Französischen: Renate Heimbucher

Menschenrecht schützen ...

Kenneth Roth und Joanna Weschler

Das Versprechen muß gehalten werden

Die Vereinten Nationen und die Menschenrechte

Fünfzig Jahre nach der Verabschiedung der Allgemeinen Erklärung der Menschenrechte verdienen die Vereinten Nationen ebensoviel Kritik wie Lob für die Rolle, die sie bei der Verwirklichung des Potentials dieser Erklärung spielen. Die UN-Hochkommissarin für Menschenrechte, Mary Robinson, stellte kürzlich fest: «Zu Beginn dieses Jubiläumsjahres ist offenkundig, daß wir wenig Grund zum Feiern haben.»

Sie hat recht, denn nach fünfzig Jahren werden selbst die grundlegendsten Rechte, die in der Erklärung enthalten sind – das Recht auf Leben, körperliche Unversehrtheit, politische Freiheit, Freiheit von Diskriminierung –, weiterhin in großem Maßstab verletzt. Und seit die Vereinten Nationen die Erklärung der Menschenrechte geboren haben, waren sie ihr oft nachlässige Eltern. Seit Jahren werden Menschenrechtsfragen marginalisiert und erhalten lediglich einen winzigen Bruchteil der Ressourcen dieser Organisation.

Es gibt jedoch auch eine positive Seite der Bilanz. In den Jahren nach der Annahme der Menschenrechtserklärung schufen die Vereinten Nationen ein umfangreiches System internationaler Menschenrechtsstandards, unter anderem den Internationalen Pakt über bürgerliche und politische Rechte, den Internationalen Pakt über wirtschaftliche, soziale und kulturelle Rechte, die Abkommen gegen Folter, Rassendiskriminierung und Diskriminierung von Frauen und die Konvention über die Rechte des Kindes, um nur einige zu nennen. Zudem entwickelten sie ein System, die Umsetzung dieser Standards zu überwachen und die Menschenrechte zu schützen und zu fördern. Im Bestreben, die Regel zu Durchbrechen, daß schwere Verstöße ungestraft bleiben, richteten die Vereinten Nationen zwei vorübergehende Tribunale für

Kriegsverbrechen im ehemaligen Jugoslawien und in Ruanda ein und brachten die Einrichtung eines ständigen internationalen Gerichtshofes für Strafrecht voran. Langsam und gegen den Widerstand zahlreicher Mitgliedstaaten wie auch von Teilen ihrer eigenen Bürokratie haben sie zudem begonnen, die Menschenrechte in alle Bereiche ihrer Tätigkeit und Politik einzubeziehen.

Historisch standen die meisten UN-Mitgliedstaaten den Menschenrechten zwiespältig gegenüber, und viele waren dagegen, vor allem solche, die eine sorgfältige Prüfung ihrer eigenen Menschenrechtsbilanz fürchteten. 1946 schufen die Vereinten Nationen ein politisches Gremium, das sich ausschließlich den Menschenrechten widmen sollte: die UN-Menschenrechtskommission. Doch jahrzehntelang waren die Mitgliedstaaten bestrebt, allein schon die Erörterung von Menschenrechtsverletzungen in bestimmten Ländern zu vermeiden. Statt dessen widmeten sie sich fast ausschließlich der Aufgabe, Menschenrechtsabkommen und -standards zu entwerfen. Bei der ersten Sitzung der Menschenrechtskommission Anfang 1947 kamen die Mitgliedstaaten zu dem Schluß, daß «die Kommission nicht die Befugnis hat, Maßnahmen zu Beschwerden hinsichtlich der Menschenrechte zu ergreifen». Erst Ende der sechziger Jahre gab sich die Kommission formal das Recht, spezifische Menschenrechtsbedingungen zu erörtern, als die Lage in Südafrika in Verbindung mit dem Stimmrecht junger afrikanischer Staaten einen Impuls dazu lieferte. Es dauerte noch fast ein Jahrzehnt, bevor die Kommission anfing, Mechanismen zum Umgang mit solchen Verletzungen auszubilden.

Als die Menschenrechte im Laufe der Jahre an Akzeptanz gewannen und die Vereinten Nationen anfingen, auf die Einhaltung der Menschenrechtsstandards hinzuarbeiten, schlugen einige Regierungen, vorwiegend aus Asien, zurück. Zu ihnen gehörten Staaten wie China, Burma und Iran, von denen schwere Verletzungen der Menschenrechte bekannt waren, und Staaten mit geschlossenen politischen Systemen wie Singapur, Malaysia und Indonesien. Ihre Chance kam bei der Weltkonferenz über Menschenrechte, die im Juni 1993 in Wien stattfand. Da sie die

Legitimität der Menschenrechte nicht länger glaubwürdig leugnen konnten, versuchten sie die grundlegenden Menschenrechtsprinzipien zu verwässern oder umzudefinieren. Sie stellten die Unteilbarkeit der Menschenrechte mit dem Argument in Frage, daß die Wirtschaftsentwicklung der Sorge um bürgerliche und politische Rechte vorausgehen solle. Zudem griffen sie das Prinzip an, daß die Menschenrechte für alle Menschen gleichermaßen gelten, und vertraten, die Menschenrechtsstandards sollten je nach heimischer Kultur und Tradition variieren. Erst nach einer massiven Mobilisierung seitens der weltweiten nichtstaatlichen Menschenrechtsbewegung bestätigten die in Wien vertretenen Staaten die Unteilbarkeit und universelle Geltung der Menschenrechtsstandards.

Innerhalb des Verwaltungsapparats der Vereinten Nationen haben die Menschenrechte kaum eine herausragende Rolle gespielt. Ein anschauliches Beispiel sind die inadäquaten Finanzmittel, die sie dem Zentrum für Menschenrechte (das 1997 in «Büro des Hochkommissars» umbenannt wurde) zur Verfügung stellte, also jenem Teil des UN-Sekretariats, das für die Unterstützung der Menschenrechtskommission und anderer UN-Menschenrechtsaktivitäten zuständig ist. Zur Zeit der Wiener Konferenz erhielt das Zentrum nur 0,7 Prozent des UN-Jahresetats. Seitdem hat sich die Lage nur leicht gebessert, und derzeit erhält es 1,8 Prozent des regulären Haushaltsbudgets. Auch räumlich wurde das Zentrum an den Rand gedrängt: Hatte es ursprünglich seinen Sitz bei der UN-Hauptverwaltung in New York, so zog es 1974 in den relativen Schatten des *Palais des Nations* in Genf. Als die Generalversammlung 1993 nach jahrzehntelangem Ringen beschloß, das Amt des UN-Hochkommissars für Menschenrechte einzurichten, vereinbarte es, daß er seinen Sitz in Genf nehmen und in New York lediglich ein Verbindungsbüro unterhalten sollte.

Trotz dieser Probleme hat das UN-Menschenrechtssystem bemerkenswerte Fortschritte gemacht. Das gilt besonders für die UN-Menschenrechtskommission, ein Gremium, dem derzeit 53 Staaten angehören, die unter allen UN-Mitgliedern für drei

Jahre gewählt werden und jährlich zu einer sechswöchigen Sitzung zusammenkommen. In der Zeit etwa von Beendigung des Kalten Krieges bis Mitte der neunziger Jahre erlebte die Kommission eine Phase beispielloser Effektivität. Nachdem sie jahrzehntelang weitgehend darauf beschränkt war, Abkommen zu entwerfen, begann die Kommission Ende 1970 Mechanismen zu entwickeln, um Verletzungen der Menschenrechte zu untersuchen, in dringenden Fällen Kontakt mit Regierungen aufzunehmen und öffentlich über ihre Untersuchungsergebnisse und Empfehlungen zu berichten. Zu diesen Mechanismen gehörte auch ein System von Arbeitsgruppen, Sonderberichterstattern, unabhängigen Experten und Sonderbeauftragten (den sogenannten Sonderverfahren) mit dem Mandat, die Menschenrechte in einem bestimmten Land oder eine bestimmte Art von Menschenrechtsverletzung global zu überwachen. Gab es Anfang der achtziger Jahre nur einige wenige dieser Mechanismen, so waren es Mitte der neunziger Jahre bereits an die dreißig, die sich mit Problemen wie außergerichtlichen Hinrichtungen, dem Verschwinden von Menschen, Folter, Willkürhaft, Rassismus, Verstößen gegen das Recht auf freie Meinungsäußerung, mit religiöser Intoleranz und Menschenrechtsverletzungen in mehr als einem Dutzend Staaten befaßten. Zudem trat die Kommission zu den ersten Dringlichkeitssitzungen ihrer Geschichte zusammen, um sich mit dem Genozid im ehemaligen Jugoslawien und in Ruanda zu befassen.

Nach wie vor sah sich die Kommission gewissen politischen Einschränkungen ausgesetzt, so der Schwierigkeit, sich mit Menschenrechtsverletzungen in politisch einflußreichen Ländern zu befassen. Sie unternahm zum Beispiel im Falle Chinas acht fruchtlose Versuche, nach der gewaltsamen Zerschlagung der Demokratiebewegung auf dem Tiananmen-Platz eine Resolution zu verabschieden, die die Vorgänge verurteilte. In den themengebundenen Sonderverfahren legte sie allerdings eine relative Unabhängigkeit, Schnelligkeit und Stärke an den Tag, zum Beispiel, als sie in allen fünf Staaten, die einen ständigen Sitz im Sicherheitsrat haben, vor Ort Untersuchungen durchführte.

Peinliche Berichte, die aufgrund dieser Überprüfungen herausgegeben wurden, trieben den Preis für Menschenrechtsverletzungen erheblich in die Höhe.

Diese Sonderverfahren sehen auch die Möglichkeit vor, durch «Dringlichkeitsappelle» schnell auf einzelne Menschenrechtsverletzungen zu reagieren. Solche Dringlichkeitsappelle, die im Namen einzelner Opfer direkt an die Regierungen gerichtet wurden, bewirkten oft erhebliche Verbesserungen. Darüber hinaus erteilte die Kommission in den letzten Jahren dem Zentrum für Menschenrechte das Mandat, in mehreren von Unruhen heimgesuchten Ländern ständig präsent zu sein und dadurch die Möglichkeit einer fortlaufenden Vor-Ort-Überwachung zu schaffen.

All diese Entwicklungen haben zu einem zunehmend effektiven und professionellen Menschenrechtssystem beigetragen, das Staaten, die die Menschenrechte verletzen, erhebliches Unbehagen und Peinlichkeiten zu bereiten vermag und gezielte Empfehlungen für Abhilfe geben kann. Leider war diese positive Tendenz zu schön, um von Dauer zu sein. Während die Welt sich auf die Feiern zum 50. Jahrestag der Allgemeinen Erklärung der Menschenrechte vorbereitet, versuchen zahlreiche Staaten, die sich aufgrund ihrer Menschenrechtsverletzungen häufig genauer Überprüfungen durch das UN-Menschenrechtssystem ausgesetzt und in eine peinliche Lage gebracht sahen, diese Maschinerie zu schwächen.

Die Gegenoffensive hat verschiedene Formen angenommen. Zum einen haben sich Staaten, die Menschenrechtsverletzungen begehen, energisch um die Wahl in die Menschenrechtskommission beworben, wo sie einflußreiche Abstimmungsblöcke bilden. Wenn sie Maßnahmen gegen ihre Menschenrechtsverletzungen nicht kollektiv blockieren konnten, unternahmen sie ungeheure Anstrengungen, die UN-Menschenrechtsmechanismen zu schwächen, zu marginalisieren, zu zerstreuen und unwirksam zu machen. Oft nutzten die Staaten zur Untergrabung dieser Mechanismen eine gekonnte oder gar oberflächlich ansprechende Sprache, zum Beispiel wenn sie vorschlugen, Verfahren zu «rationalisieren», «Doppelbearbeitung zu reduzieren» oder Menschenrechtsstandards «nicht selektiv» anzuwenden. Ein Großteil ihrer Sabotageversuche geschah jedoch völlig offen. Sie versuchten den für die Menschenrechtsarbeit zur Verfügung stehenden Etat zu kürzen, die Personalauswahl des Sekretariats zu beeinflussen, den Leumund und die Unabhängigkeit der Berichterstatter und der nichtstaatlichen Organisationen in Zweifel zu ziehen, die Informationen liefern. Sie versuchten Einschränkungen durchzusetzen, was untersucht werden darf, wer wie Untersuchungen durchführt und wer die Ergebnisse bekommt. Sie versuchten die öffentliche Berichterstattung über Untersuchungsergebnisse hinauszuzögern, die Relevanz der Schlußfolgerungen, zu denen Experten gelangt waren, abzuwerten und Landesgesetze als Schutzschild gegen die Anwendung internationaler Standards anzuführen (ein weiterer Angriff gegen die universelle Geltung der Menschenrechte). Vor kurzem protestierten sie gegen das Abstimmungsverfahren über länderspezifische Resolutionen und forderten, daß die Schwelle von einer einfachen auf eine Zwei-Drittel-Mehrheit oder sogar auf «Einstimmigkeit» angehoben wird – ein Versuch, die Berichte von Sonderberichterstattern zu zensieren.

Es hat auch Bestrebungen gegeben, die Kommission zu zwingen, daß sie fast ausschließlich auf der Basis von Einstimmigkeit Maßnahmen ergreifen darf – eine Bedingung, die ihre Handlungsfähigkeit ernstlich einschränken würde. Einstimmigkeit, die in einigen Tätigkeitsfeldern der Vereinten Nationen zwar sinnvoll sein mag, bedeutet im Kontext der Menschenrechte im Effekt, den Staaten, die die Menschenrechte am stärksten verletzen, ein Vetorecht einzuräumen.

Glücklicherweise erhielten die Menschenrechte bei diesen Angriffen unerwartet Unterstützung aus der UN-Verwaltung. Generalsekretär Kofi Annan, der am 1. Januar 1997 sein Amt antrat, erklärte wiederholt seine Absicht, seine Führungsposition zur Förderung der Menschenrechte zu nutzen. So erklärte er zum Beispiel in einer Botschaft an die Kommission im März 1997: «Als Generalsekretär werde ich der Fürsprecher der Menschenrechte sein.» Und im *Harvard Human Rights Journal* schrieb er: «Als Generalsekretär werde ich alles unternehmen, um sicherzustellen, daß die Menschenrechte den ihnen gebührenden Platz als zentrale Sorge der Vereinten Nationen und der internationalen Gemeinschaft einnehmen.»

Um die Bedeutung solcher Erklärungen richtig zu würdigen, muß man sich nur Kofi Annans Vorgänger anschauen. Obwohl es während der Amtszeit von Generalsekretär Boutros Boutros-Ghali zu einigen der umfangreichsten Menschenrechtsverletzungen seit dem Zweiten Weltkrieg kam, sprach er selten über Menschenrechte und tat nur wenig, um die UN-Menschenrechtsmaschinerie zu stärken. Er lehnte es ab, das Amt des Hochkommissars für Menschenrechte einzurichten, und als die Generalversammlung ihm dennoch den Auftrag gab, einen Hochkommissar zu ernennen, wählte er jemanden aus, der für diese Aufgabe schlecht geeignet war, und versäumte es dann, die Autorität des Amtsinhabers gegenüber der Menschenrechtsbürokratie in Genf klarzustellen. Boutros-Ghali scheute zudem davor zurück, Menschenrechtskrisen, die sich entwickeln, anzusprechen, und wenn er dazu gezwungen war, neigte er dazu, sie als interne Belange der Mitgliedstaaten zu bezeichnen.

Die folgenschwersten Beispiele für Boutros-Ghalis mangelnde Führungskraft ereigneten sich im Zusammenhang mit dem Genozid in Ruanda, dem langjährigen Leiden von Sarajewo und dem Massenmord an muslimischen Flüchtlingen in Srebrenica. In allen drei Fällen waren die Vereinten Nationen bereits seit langem vor Ort präsent und hätten zumindest dazu beitragen können, daß die Zahl der Opfer erheblich kleiner ausgefallen wäre. In jedem dieser Fälle entschied man sich jedoch entweder dafür, nichts zum Schutz der Zivilisten zu tun oder sich schlicht zurückzuziehen. Dieses Fehlen von Führungskraft kam den Vereinten Nationen teuer zu stehen. Im fünfzigsten Jahr ihres Bestehens, 1995, dem Jahr des Massenmordes in Srebrenica zu einer Zeit, als der Genozid in Ruanda noch frisch in Erinnerung war, sank das öffentliche Ansehen der Vereinten Nationen erheblich.

Die tragischen Ereignisse im ehemaligen Jugoslawien und in Ruanda haben zudem gezeigt, daß die Menschenrechte in engem Zusammenhang mit der Sicherheit stehen. Lange Jahre hatten die Vereinten Nationen die Tendenz, alle Menschenrechtsfragen in die stillen Gewässer von Genf zu relegieren, und perpetuierten damit die bequeme Fiktion, daß Sicherheitsfragen und Menschenrechte zwei völlig getrennte Dinge seien. Erst seit Anfang der neunziger Jahre haben die Vereinten Nationen angefangen, die Menschenrechte in ihre Sicherheitsaktivitäten einzubeziehen. Die Erfahrung des Friedensprozesses in El Salvador nach einem zwölfjährigen Bürgerkrieg zeigt, wie das Augenmerk auf die Menschenrechte zum Frieden beitragen kann. Die Menschenrechtskomponente des Friedenseinsatzes in Salvador, die der Sicherheitsrat eingeführt hatte, trug entscheidend dazu bei, sowohl die politischen Spannungen zu entschärfen als auch die Hauptinstitutionen der Repression zu beseitigen.

Leider waren nachfolgende Friedensmissionen in anderen Ländern nicht so erfolgreich. Weitgehend lag das an einer anhaltenden Tendenz, die Menschenrechte als verzichtbaren Luxus statt als zentrale Komponente friedenserhaltender oder humanitärer Einsätze zu behandeln. Das war zum Beispiel in Kambodscha der Fall, wo der Sicherheitsrat 1992 im Rahmen eines Friedensprozesses einen Einsatz von noch nie dagewesener Größe und Autorität zuwegebrachte, um ein politisch neutrales Umfeld für Wahlen zu schaffen. Obwohl Menschenrechtsbelange eine herausragende Rolle in den Friedensvereinbarungen spielten und die Operation ein recht ansehnliches Menschenrechtsbüro umfaßte, ordneten die Vereinten Nationen die meisten Menschenrechtsbelange der zügigen Durchführung der Wahlen unter. Aus Angst, die Wahlen zu gefährden, reagierten die Vereinten Nationen verspätet und ineffektiv, als die politische Gewalt eskalierte. Obwohl die Wahlen wie geplant stattfanden, legte der Präzedenzfall unbeantworteter politischer Gewalt und Einschüchterung die Grundlage für den Putsch von 1997 und die erneuten gewaltsamen Auseinandersetzungen.

Ähnlich billigte man auch in Somalia den Menschenrechten

keine ausdrückliche Rolle in dem gescheiterten humanitären Einsatz zu, der sich statt dessen darauf konzentrierte, Führer der verschiedenen kriegführenden Parteien an den Verhandlungstisch zu bringen, ohne gleichzeitig zu versuchen, sie für ihre Verbrechen gegen die Menschenrechte zur Verantwortung zu ziehen. Die Vereinten Nationen verstießen selbst gegen internationale Standards, als ihre Truppen mehr als einmal das Feuer auf die Menschenmenge in den Straßen eröffneten und Zivilisten, einschließlich Frauen und Kinder, töteten. Die mangelnde Respektierung internationaler Standards führte zu einer heftigen Reaktion gegen die Vereinten Nationen und 147 getöteten Blauhelmsoldaten.

Es dürfte auf der Hand liegen, daß Menschenrechtserwägungen in die meisten Maßnahmen des Sicherheitsrates einbezogen werden sollten. Fast alle gegenwärtigen Konflikte, mit denen sich der Sicherheitsrat befaßt, sind ihrem Wesen nach innenpolitisch, und insofern zählen zu ihren Ursachen sehr häufig schwere Menschenrechtsverletzungen. In solchen Situationen sollte jede Präventivstrategie besonderes Augenmerk auf zunehmende Menschenrechtsverletzungen richten. Nach einem Konflikt muß man sich um die Menschenrechtsbelange kümmern, um dauerhaften Frieden zu erreichen, da sich sonst der Kreislauf nicht abgestellter Menschenrechtsverletzungen nur perpetuiert und die Gefahr eines erneuten Konflikts erhöht.

Die Vereinten Nationen sind jedoch noch weit davon entfernt, diese zentrale Rolle der Menschenrechte anzuerkennen. Obwohl in den letzten Jahren viele Resolutionen des Sicherheitsrates eine stark von Menschenrechtserwägungen geprägte Sprache enthielten – und damit von den früheren Zeiten abgingen, als Menschenrechtsfragen sich strikt auf Genf beschränkten –, opponierten noch 1997 mehrere Mitgliedstaaten dagegen, Menschenrechtsbegriffe in Dokumente des Sicherheitsrats einzubeziehen. So sprach sich zum Beispiel China im April 1997 bei einer Debatte über eine Präsidiumserklärung zum Bürgerkrieg im damaligen Zaire dagegen aus, den Begriff «Menschenrechte» zu verwenden, und erzwang, daß man Formulierungen wie «Verletzung humanitärer Gesetze» und «Greueltaten» ersetzte. In Anbetracht der Tatsache, daß bei einigen wichtigen UN-Mitgliedstaaten diese Sicht herrscht, ist die Führung durch den Generalsekretär der Organisation von besonderer Bedeutung. Im ersten Jahr seiner Amtszeit betonte Kofi Annan bei verschiedenen Gelegenheiten, daß sich viele Übel dieser Welt – und insbesondere Sicherheitsprobleme – nicht lösen lassen, ohne sich um die Menschenrechte zu kümmern. Er betonte zudem, unter anderem bei einem Besuch in Shanghai, daß Friede und Sicherheit sich ihrem Wesen nach nicht als strikt militärisches Problem sehen lassen.

Der Hauptrechtsexperte der Vereinten Nationen, Untergeneralsekretär Hans Correll, unterstrich diese Sicht, als er seine Position klarmachte, aus welchen Gründen Mitgliedstaaten Sorgen über Menschenrechtsverletzungen in anderen Staaten äußern können. Auf einem Kongreß der *International Bar Association* in der UN-Hauptverwaltung erklärte er im Juni 1997: «Ein weiterer Grund, weshalb es den Mitgliedstaaten zustehen muß, Sorgen über die Menschenrechtsstandards in anderen Staaten zu äußern, ist, daß Verletzungen der Menschenrechte häufig zu Konflikten führen, die den Frieden und die Sicherheit bedrohen. Eine genauere Überprüfung der Ursachen, die jedem bewaffneten Konflikt in der Welt von heute zugrunde liegen, würde höchstwahrscheinlich zu der gleichen Schlußfolgerung kommen: Im Kern des Konflikts finden Sie Verletzungen der Menschenrechte.»

Darüber hinaus hat sich Kofi Annan energisch dafür eingesetzt, die Menschenrechte in alle UN-Aktivitäten einzubeziehen, auch in humanitäre Angelegenheiten, wirtschaftliche und soziale Angelegenheiten und Entwicklungsfragen. Diese Position spiegelt sich in seinem Reformplan für die Vereinten Nationen wider.

Nominell und in begrenztem Maße auch praktisch erfolgte die Einbeziehung der Menschenrechte in alle Tätigkeitsbereiche der Vereinten Nationen bereits vor der Wahl Kofi Annans zum Generalsekretär. Das Abschlußdokument der Wiener Konferenz von 1993 empfahl «verstärkte Zusammenarbeit in der Unterstützung der Menschenrechte und fundamentaler Freiheiten innerhalb des Systems der Vereinten Nationen». Zudem empfahl es, daß die Leiter der UN-Sonderorganisationen eine Einschätzung vornehmen sollten, inwieweit ihre Aktivitäten Einfluß auf die Erhaltung der Menschenrechte haben, und daß man den Regionalbüros der Vereinten Nationen, «wenn nötig», einen Menschenrechtsbeauftragten zuweisen solle.

Nachdem die Organisation der Vereinten Nationen über Jahre hinweg die Menschenrechte als von ihren Belangen völlig separaten Bereich gesehen haben, fangen sie allmählich an, den engen Zusammenhang ihrer Arbeit zu den Menschenrechten zu erkennen. UNICEF (der United Nations Children's Emergency Fund oder das Weltkinderhilfswerk) ist in seinem Programm zu einem auf Rechten basierenden Ansatz übergegangen, dessen Rahmen die Konvention über die Rechte des Kindes bildet. Das United Nations Development Programme (UNDP, UN-Entwicklungsprogramm) hat Untersuchungen über den Einfluß der Menschenrechte auf die Entwicklung durchgeführt und erkannte allmählich die Notwendigkeit an, Menschenrechtsbelange in seine Entwicklungsarbeit einzubeziehen. Nach Jahren bewußter Distanzierung von Menschenrechtsfragen räumte der United Nations High Commissioner for Refugees (UNHCR, Hoher Flüchtlingskommissar) in einem Dokument zur Politik dieses Organs ein, daß es tatsächlich eine praktische Menschenrechtsorganisation ist, auch wenn sich ihre Arbeit auf einen begrenzten Personenkreis bezieht. Zudem rückte es die Notwendigkeit in den Vordergrund, daß das Personal des UNHCR mit Menschenrechtsstandards vertraut sein und vor Ort ein Augenmerk auf Menschenrechtspraktiken richten müsse.

Vielleicht ist es noch zu früh für eine umfassende Einschätzung, welche Auswirkungen Kofi Annans Leitung hat. Eine erste große Prüfung – und eine Chance – ergab sich bereits kurz nach seinem Amtsantritt. Anfang 1997 trat der erste Hochkommissar für Menschenrechte, der Diplomat Jose Ayala Lasso, von seinem Amt zurück, um in seinem Heimatland Ecuador ein Regierungsamt zu übernehmen. Mit seiner Politik der leisen Töne und seinem Hang zu stiller Diplomatie vertat der das Hauptinstrument, das dem Hochkommissar zur Verfügung steht: die Möglichkeit, die moralische Autorität seines Amtes zu nutzen, um Regierungen zu beschämen und damit zur Beendigung ihrer Menschenrechtsverletzungen zu bewegen. Kofi Annan hielt dem starken Druck stand, den Favoriten eines bestimmten politischen Blocks zu ernennen statt eines Kandidaten, der die Empfehlung eines energischen Engagements für die Menschenrechte besaß. Schließlich entschied er sich für Mary Robinson, die damalige Präsidentin von Irland. Während ihrer Amtszeit als Staatsoberhaupt nutzte die Juristin und Professorin Mary Robinson ihr repräsentatives Amt geschickt, um hochprofilierte Erklärungen zu einer Vielfalt von Menschenrechtsfragen abzugeben und die Menschenrechte zu einem wichtigen Element der Außenpolitik ihres Landes zu machen.

Darüber hinaus nahm Kofi Annan positive Veränderungen in der Geschäftsführung vor. So lud er die Hochkommissarin für Menschenrechte ein, an allen thematischen Verwaltungsteams der UN sowie an einem kabinettähnlichen geschäftsführenden Gremium unter seiner Leitung teilzunehmen.

Fünfzig Jahre nach der Allgemeinen Erklärung der Menschenrechte besitzen die Menschenrechte vielleicht zum erstenmal die Unterstützung der Führungsspitze der Vereinten Nationen. Was ihnen allerdings nach wie vor fehlt, ist die starke politische Unterstützung der Mitgliedstaaten. Ironischerweise sind Regierungen, die historisch die Menschenrechte unterstützt haben, seit Beendigung des Kalten Krieges in dieser Hinsicht weniger engagiert. Regierungen, die vor allem in Lateinamerika die Nachfolge diktatorischer Regimes angetreten haben, setzen sich nicht für die Menschenrechtsmechanismen ein, obwohl gerade diese Mechanismen einen entscheidenden Beitrag geleistet haben, die mißbräuchlichen Praktiken ihrer Vorgänger aufzudecken. Ebenso verhalten sich die ehemaligen kommunistischen Staaten im allgemeinen zu Menschenrechtsfragen recht zurückhaltend und übernehmen in der Menschenrechtskommission oder der Generalversammlung durchaus nicht die positive Rolle, die man aufgrund ihrer Geschichte oder des Wesens ihrer derzeitigen Regierungen erwarten dürfte. Man kann nur hoffen, daß der 50. Jahrestag der Allgemeinen Erklärung der Menschenrechte jenen

Staaten, die sich traditionell für die Menschenrechte eingesetzt haben, und jenen, deren jüngste Geschichte sie die Bedeutung dieser Fragen gelehrt hat, als Handlungsimpuls dienen wird.

Während dieses Buch entsteht, scheinen die Menschenrechte innerhalb der Vereinten Nationen an einem Scheideweg zu stehen. Einerseits sehen sie sich Angriffen von Staaten ausgesetzt, die sie verletzen und sich durch die erheblichen Fortschritte im Bereich der Überwachung und des Schutzes der Menschenrechte bedroht fühlen. Andererseits werden sie zunehmend zum integralen Bestandteil sämtlicher Aktivitäten und politischen Entscheidungen der Vereinten Nationen. Noch ist es erheblich zu früh für eine Einschätzung, wie groß der Einfluß durch die Haltung des Generalsekretärs zu den Menschenrechten sein wird, und noch wesentlich schwieriger ist die Wirkung der neuen Hochkommissarin einzuschätzen. Bislang haben sich jedoch beide stark engagiert, Menschenrechtsbelange in den Mittelpunkt des Denkens und Handelns der Vereinten Nationen zu rücken. Das Versprechen ist da. Wir alle müssen dafür sorgen, daß es auch gehalten wird.

Übersetzung aus dem Englischen: Ulrike Bischoff

Hanne Sophie Greve

Der Internationale Strafgerichtshof – warum die Welt ihn braucht

Die Menschenrechte nehmen ihren Ausgangspunkt in Wert und Würde jedes einzelnen Menschen, die mit dem Menschsein untrennbar verknüpft sind. Die Menschenrechte sind ein ganzheitliches Regelsystem zum Schutz von Wert und Würde des einzelnen Menschen. Alle Menschen sind verpflichtet, die Rechte anderer Menschen nicht zu verletzen. Auf diese Weise werden Rechte und Pflichten zu zwei zusammengehörigen Aspekten dieses Systems. Die Menschenrechte basieren auf der Dualität im Menschenleben – jeder Mensch ist zugleich Mitmensch und Individuum. Die Menschenrechte sollen vor allen Dingen Wert und Würde des einzelnen Menschen schützen.

Selbst die grundlegendsten Menschenrechte werden zur Illusion, wenn eine Gesellschaft den einzelnen Menschen keine Rechtssicherheit gibt. Fehlende strafrechtliche Konsequenzen für grobe Gesetzesbrüche untergraben noch die fundamentalsten Menschenrechte und vernachlässigen das Bedürfnis des einzelnen nach Schutz. Wir können uns nur schwer eine große Gesellschaft vorstellen, in der grundlegende Menschenrechte geschützt sind, wenn die Gesellschaft als letzte Möglichkeit nicht auch strafrechtlich eingreifen kann.

Im Weltbild der Juristen gehört das Strafrecht ausschließlich in den Hoheitsbereich von Nationalstaaten, was unter anderem zur Folge hat, daß Gesetzesbrüche nur in dem Staat geahndet werden können, in dem sie begangen worden sind. Nur die allergröbsten Verbrechen – Völkermord, Verbrechen gegen die Menschlichkeit, Kriegsverbrechen und Folter – können international strafrechtlich verfolgt werden. Es besteht jedoch in der Regel für Staaten nur das Recht, eine strafrechtliche Verfolgung einzuleiten, nicht die Pflicht. Nur durch internationale Abkommen kann die strafrechtliche Verfolgung von Gesetzesbrüchen in anderen Ländern zur Pflicht werden, was in der Welt von heute jedoch kaum von praktischer Bedeutung ist.

Tatsache ist, daß die allermeisten Menschenrechtsverbrechen, die seit dem Zweiten Weltkrieg auf der ganzen Welt begangen wurden, ungeahndet geblieben sind. Die Vereinten Nationen gehen davon aus, daß allein in diesem Zeitraum etwa sechsundachtzig Millionen Menschen in über zweihundert internen Konflikten ums Leben gekommen sind – was für die Mehrheit der Verantwortlichen jedoch keine nennenswerten Konsequenzen hatte. In einzelnen Ländern – etwa in Südafrika – wurden nach Jahrzehnten schwerer Übergriffe sogenannte «Wahrheitskommissionen» eingerichtet. Strafrechtliche Verfolgung gehört indessen nicht zu den Aufgaben solcher Kommissionen. Sie sollen dafür Sorge tragen, daß die Wahrheit über Menschenrechtsverletzungen ans Licht kommt, doch oft dürfen sie die Übergreifer nicht einmal namentlich nennen. Zumeist werden gleichzeitig mit der Einrichtung von Wahrheitskommissionen Amnestiemaßnahmen eingeleitet. In El Salvador, wo die Wahrheitskommission ungewöhnlich gut ermittelt hat, geschehen heute mehr oder zumindest gleich viele Morde wie zu der Zeit, als die Todesschwadronen (mit denen sich die Wahrheitskommission unter anderem beschäftigte) aufs Schlimmste wüteten.

International besteht sehr große Einigkeit darüber, daß Wahrheitskommissionen keine Alternative zu einer strafrechtlichen Verfolgung der gröbsten Gesetzesbrüche darstellen können. Ob ein so vollständiger ideologischer Paradigmenwechsel, wie ihn die Abschaffung des Apartheidsystems in Südafrika bedeutet hat, strafrechtliche Maßnahmen überflüssig machen kann, muß sich erst noch erweisen.

Fehlende strafrechtliche Konsequenzen von Gesetzesbrüchen wie Mord oder Folter entwickeln sich zu einem Hauptproblem unserer Zeit. Das Bild wird noch düsterer durch die Tatsache, daß die Länder, in denen die schlimmsten Gesetzesbrüche ungestraft durchgehen, oft in bezug auf jede staatliche Ordnung überhaupt in Auflösung übergehen. Solche Länder erscheinen dann als mehr oder minder «rechtsfreier Raum», in dem sich auch gewöhnliche Kriminelle wohl fühlen. So ist Burma nicht nur ein Staat, der jede Opposition brutal unterdrückt. Dieses Land hat in den letzten Jahren auch mehreren international gesuchten Drogenbossen Unterschlupf gewährt. Den Vereinten Nationen zufolge stellen Terrorismus, internationale Kriminalität und nichtfunktionierende Staaten bzw. Staaten in Auflösung einige der allergrößten Herausforderungen dar, mit denen die internationale Gemeinschaft sich im Moment konfrontiert sieht.

Wo die nationale Justiz nicht ausreicht – egal, ob das am fehlenden Willen oder an den mangelnden Möglichkeiten liegt –, macht sich der Bedarf nach einem internationalen Strafgerichtshof besonders stark bemerkbar. Die Internationalisierung in allen Bereichen erfordert auch ein Minimum an internationaler Justiz. Dabei geht es nicht nur um die unmittelbaren Folgen, die eine strafbare Handlung für den Täter haben muß, sondern auch um eine Signalwirkung, die in die Zukunft reicht. Denn Opfer sind nicht nur die den Übergriffen unmittelbar ausgesetzten Menschen, sondern auch ihre Angehörigen und ihr gesellschaftliches Umfeld. Die Wiederherstellung von Friede und Gleichgewicht hat zwar keine rückwirkende Kraft, wird aber sofort und auch dauerhaft Wirkung zeigen.

Bei der UN-Konferenz in Rom im Sommer 1998 ist nach jahrzehntelangem Ringen endlich die Entscheidung zur Gründung eines internationalen Strafgerichtshofes (International Criminal Court, ICC) gefallen. Mit überwältigender Mehrheit nahmen die 160 Teilnehmerstaaten ein Statut an, welches dem ICC die Zuständigkeit für Völkermord, Kriegsverbrechen und Verbrechen gegen die Menschlichkeit überträgt. Auch der lange umstrittene «Angriffskrieg» wurde in die Jurisdiktion des Tribunals aufgenommen. Wann dieser Tatbestand erfüllt ist, soll zu einem späteren Zeitpunkt noch definiert werden. Nach der Ratifizierung des Status durch mindestens 60 Staaten – was noch einige Jahre dauern kann – und der Wahl der 18 Richterinnen und Richter aus verschiedenen Ländern sowie des Anklägers durch eine Konferenz der künftigen Vertragsstaaten kann der ICC an seinem künftigen Standort Den Haag die Arbeit aufnehmen.

Vorarbeiten zur Einführung eines Strafgerichtshofes

Nach dem Zweiten Weltkrieg richteten die Alliierten in Nürnberg ein Militärtribunal für das Dritte Reich und in Tokio eines für die japanischen Kriegsverbrechen ein. Die Tatsache, daß die Siegermächte diese Tribunale einrichteten und die Richter ernannten, bot für viele einen Anlaß, die Urteile von Nürnberg und Tokio als «Siegerjustiz» abzutun. Da die Urteile zumeist jedoch mit allgemein akzeptierten Regeln und Standards übereinstimmten, scheint dieser Vorwurf unberechtigt. Dennoch wäre es sehr viel besser gewesen, wenn damals bereits ein internationaler Strafgerichtshof existiert hätte, der sich mit dem Verhalten aller Kriegsbeteiligten auseinandergesetzt hätte.

Unmittelbar nach den auf den Zweiten Weltkrieg folgenden Prozessen wurden erste Versuche zur Einrichtung eines solchen Gerichtshofes unternommen. Der Wunsch nach einem internationalen Strafgerichtshof entsprang dem gleichen Bedürfnis wie die Proklamation der Menschenrechte: Die Welt mußte vor Verbrechen, wie sie die Menschheit im Zweiten Weltkrieg erlebt hatte, geschützt werden. Als 1948 die Völkermordkonvention verabschiedet wurde, ergriffen deshalb die Vereinten Nationen gleichzeitig die Initiative zur Einrichtung eines internationalen Strafgerichtshofes.

Daß es 50 Jahre dauerte, bis dieser Vorschlag in die Realität umgesetzt wird, lag vor allem an dem Unwillen der Großmächte, aber auch vieler kleiner Staaten, einen solchen Gerichtshof einzurichten. Während des Kalten Krieges galten Menschenrechte nicht als unteilbar.

Aber auch nach dem Ende des Kalten Krieges wurde die Sache nicht leichter, weil Juristen und humanitäre Organisationen fast schon darum wetteiferten, optimale Mandats- und Prozeßregeln für den künftigen Gerichtshof aufzustellen. Und das führte – zur großen Erleichterung der vielen Kräfte, denen an einem Gerichtshof nichts gelegen war – immer wieder dazu, daß die gesamte Vorbereitungsarbeit «auf Eis gelegt» wurde, während juristische Experten sich mit Detailfragen befaßten, die für die Rechtssicherheit nur von marginaler Bedeutung waren.

Normgebende Grundlage für die Arbeit des ICC sind die Allgemeine Erklärung der Menschenrechte und der Pakt über bürgerliche und politische Rechte. Da es also für die allergröbsten Übergriffe – Kriegsverbrechen, Völkermord, Verbrechen gegen die Menschlichkeit, Folter – bereits eine universelle Gesetzgebung gibt, war man sich schnell einig, daß diese Verbrechen von Anfang an unter das Mandat des neuen Gerichtshofes fallen sollten.

Ansonsten fiel es den Beteiligten bis zum Schluß schwer, sich über das Mandat des Gerichtshofes zu einigen, das heißt über die Frage, was etwa unter Kriegsverbrechen zu verstehen ist und welche anderen Verbrechen er behandeln soll. Daß beispielsweise nicht nur Vergewaltigung, sondern auch der Tatbestand der erzwungenen Schwangerschaft in die Liste Eingang fand, wurde von Vertretern des Vatikans und konservativer islamischer Länder bekämpft. Andere Länder stießen sich daran, daß auch die Zwangsrekrutierung Minderjähriger in die Liste der Kriegsverbrechen aufgenommen wurde. Einige Teilnehmer forderten vergeblich die Aufnahme von terroristischen Straftaten und schweren Drogendelikten. Die USA, die gemeinsam mit Staaten wie China, Libyen und Algerien gegen die Annahme des Status stimmten, wollten verhindern, daß US-Soldaten von einem Gericht beschuldigt werden könnten. Dies, so ihre Argumentation, würde internationale Friedenseinsätze gefährden. Außerdem störten sich die USA daran, daß der UN-Sicherheitsrat ohne Einfluß auf das Gericht und den Ankläger bleiben sollte.

Es ist zu begrüßen, daß das Mandat am Ende relativ eng gefaßt wurde. Es würde zu permanenten Auseinandersetzungen führen, wenn auch in der internationalen Gemeinschaft strittige Straftatbestände aufgenommen worden wären. Wenn es wünschenswert erscheint, kann das Mandat später immer noch erweitert werden.

Erfahrungen aus Konflikten im ehemaligen Jugoslawien, in Ruanda und Kambodscha

Nachdem zwischen 1991 und 1994 in diesen Ländern im großen Stil Übergriffe vorgekommen waren, richteten die Vereinten Nationen zwei Ad-hoc-Strafgerichtstribunale ein. Der Sicherheitsrat berief sich dabei auf Kapitel VII der Charta der Vereinten Nationen. Dort besagt Artikel 39, daß der Sicherheitsrat feststellt, ob der Friede bedroht ist, und ob die Gefahr von Friedensbruch oder Angriffshandlungen besteht. In diesem Fall kann der Sicherheitsrat im Rahmen von Artikel 41 und 42 geeignete Maßnahmen empfehlen oder anordnen, um Frieden und Sicherheit aufrechtzuerhalten oder wiederherzustellen. Abgesehen von militärischer Macht überläßt Artikel 41 dem Sicherheitsrat die Entscheidung, welche Maßnahmen als geeignet erscheinen. Bei Einrichtung der beiden Ad-hoc-Tribunale ging der Sicherheitsrat in bezug auf Artikel 39 und 41 neue Wege. Diese Tribunale sind die ersten ihrer Art in der Geschichte der Vereinten Nationen, was bei der Bewertung ihrer Arbeit nicht vergessen werden darf.

Aus beiden Tribunalen haben wir ziemliche Klarheit über die Fähigkeit der internationalen Gemeinschaft gewonnen, solche Tribunale einzurichten und funktionsfähig zu machen.

Die Tribunale scheinen ausgezeichnet zu funktionieren, wenn die Angeklagten ihnen vorgeführt werden. Viel schwieriger dagegen ist es, zumindest die Hauptverantwortlichen wie den bosnischen Serbenführer Karadzić überhaupt vor Gericht zu stellen. Wieder scheint es dabei der internationalen Gemeinschaft eher am Willen als an der Fähigkeit zu mangeln. Die beiden Tribunale haben keine Polizei, die die Hauptangeklagten festnehmen könnte, und die anderen Hauptakteure in den Konfliktgebieten haben diese Aufgabe nicht übernehmen wollen. Ein eindeutiges Festnahmemandat könnte hier für eine Änderung sorgen.

Bei beiden Ad-hoc-Tribunalen wurden zuerst die Angeklagten vorgeführt, die in der Verbrecherhierarchie eher die unteren Ebenen bevölkern. Da man an die «Großen» nicht heran kam und die Tribunale und die betreffenden Anklagebehörden weiterhin finanziert werden mußten, glaubten viele, zu dieser Strategie «gezwungen» zu sein. Ungerecht war diese Vorgehensweise dennoch nicht, denn die Angeklagten waren grober Vergehen beschuldigt. Problematisch wird die Sache, wenn die Hauptverantwortlichen ungeschoren davonkommen. Das würde unheilvolle Signale setzen. Es würde bedeuten, daß die internationale Gesellschaft weiterhin nicht bereit ist, Strafen zu verhängen, die die schlimmsten Verbrechen in aller Welt in Zukunft verhindern können, solange diese Verbrechen nicht die Interessen der Mächtigen bedrohen. Wenn es bei diesen Ad-hoc-Tribunalen bliebe, könnte dieses Vorgehen durchaus willkürlich wirken. Es ist nicht schwer, die Tribunale gegen den Einwand zu verteidigen, daß es weder nach dem Vietnam- noch nach dem Afghanistankrieg solche Tribunale gegeben hat, doch wie sollen wir sie international vertreten, wenn auf neue vergleichbare Übergriffe keine internationale strafrechtliche Verfolgung eintritt, wo immer auf Erden sie auch geschehen mögen?

Der Konflikt im ehemaligen Jugoslawien sollte der internationalen Gemeinschaft außerdem bewußt machen, daß die Grenze zwischen Kriegsverbrechen/herkömmlichem Krieg und internationaler Kriminalität/Verbrechen mit kriegerischen Mitteln immer mehr verwischt wird. Wieder beobachten wir in vielen Teilen der Welt paramilitärische Gruppen und kriminelle Banden, die sich nur zu dem Zweck an Kriegen beteiligen, um daran zu verdienen. Sie sind Sturmtruppen für Machthaber, die ihre eigenen politischen Ziele verfolgen, doch für die Sturmtruppen wäre ein Friedensschluß kein Gewinn. Sie leben vom Krieg, durch den Krieg und für den Krieg; ist der Krieg in einem Gebiet oder der Krieg gegen eine Gruppe beendet, halten sie Ausschau nach dem nächsten. Sie dienen, am liebsten in sehr fernen Ländern, zum eigenen und zum Profit von Mittelsmännern als Söldner und tragen unermeßliches Leid in das neue Kriegsgebiet. Sturmtruppen aus dem ehemaligen Jugoslawien, die dann im Kongo eingesetzt wurden, sind dafür ein Beispiel. Die Gesellschaften, aus denen diese Sturmtruppen stammen, ziehen es oft vor, daß diese im Ausland bleiben und dort eventuell den Tod finden, weil sie nicht länger in friedlichen Gemeinschaften leben könnten. Ein brutales Menschenbild, das zugleich der internationalen Kriminalität eine Heerschar von Handlangern und reiche ökonomische Ressourcen beschert. Großmacht oder nicht, die Länder, die diesen Zusammenhang noch immer nicht sehen, begreifen einfach die extrem destruktiven Kräfte nicht, mit denen die internationale Kriminalität unter solchen Verhältnissen arbeiten kann. Es liegt im Interesse aller Länder und Völker, daß kein grobes Verbrechen, egal, wo es ausgeübt worden ist, ungeahndet bleibt.

Doch das ist eher die Ausnahme. Diejenigen, die durch grobe Verbrechen an die Macht gelangt sind, oder die trotz grober Verbrechen die Machthaber weiterhin schützen, brauchen keine strafrechtlichen Sanktionen zu fürchten und können neue Übergriffe begehen, solange es keinen internationalen Strafgerichtshof gibt.

Kambodscha bietet dafür ein anschauliches Beispiel. Dort wurden Absplitterungen der Roten Khmer, die in Vietnam Zuflucht gesucht hatten (vor allem 1978), später von Vietnam mit Gewalt wieder an die Macht gebracht und behielten sie selbst nach den Wahlen, die die Vereinten Nationen 1993 durchführen ließen und trotz der militärischen Operation der Vereinten Nationen in den Jahren 1992–93, die den Übergang zu Friede und Demokratie sichern sollte. Die Machthaber zeichnen sich seit ihren frühen Tagen bei den Roten Khmer vor allem durch ihre Verachtung für die Grundrechte ihres eigenen Volkes und durch ihre brutale Verfolgung jeglicher Opposition aus. Weil ihre Verbrechen ungesühnt bleiben, können sie ihr Volk weiter unterdrücken, und auf diese Weise kann das Land von internationalen Verbrecherbanden ausgeplündert werden, die Kambodscha noch dazu als Freistätte für ihre sonstigen Verbrechen betrachten.

Mit der Einrichtung eines permanenten internationalen Gerichtshofes werden neue Ad-hoc-Institutionen, wie die Tribunale im ehemaligen Jugoslawien und in Ruanda, überflüssig werden. Danach wird die Einleitung von Verfahren gegen die Verursacher grober Übergriffe weniger zeitintensiv sein, und – was noch wichtiger ist – Menschenleben werden gerettet und menschliche Leiden werden gemildert werden können. Das wird vor allem in Konflikten der Fall sein, wo sich die internationale Gemeinschaft bislang nicht unmittelbar veranlaßt sah, durch den Sicherheitsrat ein Ad-hoc-Tribunal einzurichten (wie im Fall Kambodscha).

Die wichtigsten Voraussetzungen für die Handlungsfähigkeit des ICC

Ein internationaler Strafgerichtshof kann nur positive Folgen zeitigen, wenn er unabhängig ist, ein ausreichendes Mandat besetzt und die Mittel hat, dieses Mandat zu erfüllen, Angeklagte festzunehmen oder Übergriffe *in absentia* zu verurteilen und die Urteile in die Tat umzusetzen.

Was unter Kriegsverbrechen, Völkermord und Folter verstanden wird, ist sowohl in den diversen Konventionen als auch in Teil II des ICC-Statuts ausreichend definiert. Unter Kriegsverbrechen wurden auch die für interne Konflikte weit verbreiteten Übergriffe wie Vergewaltigungen, Zwangssterilisationen oder die Verwendung des «Hungers als Waffe» mit einbezogen. Verbrechen gegen die Menschlichkeit sind bisher vor allem durch die Rechtspraxis definiert worden, was bei der Einrichtung der beiden Ad-hoc-Tribunale für das ehemalige Jugoslawien und Ruanda jedoch keine wirklichen Probleme aufgeworfen hat.

Wichtig ist zunächst auch, daß der Gerichtshof über die finanziellen Mittel verfügt, die er für die Durchführung seiner Aufgaben benötigt. Nach dem Beschluß von Rom soll das Geld zum Teil von den Signatarstaaten, zum Teil von den Vereinten Nationen bereitgestellt werden. Über deren Verwendung entscheidet aber allein der Gerichtshof. Breite Finanzierung stärkt politische Unabhängigkeit und bestätigt den universellen Charakter des Gerichtshofes.

Zu viele Aufgaben können einen internationalen Gerichtshof handlungsunfähig machen, seine wichtigsten Aufgaben bleiben dann unter Umständen ungelöst. In einer solchen Situation könnten dann doch noch die Kräfte triumphieren, die keinen internationalen Gerichtshof wünschen, jedenfalls für einige Zeit. Der Gerichtshof soll nationale Gerichtshöfe ergänzen, er kann die nationale Justiz nicht ersetzen. Er sollte danach streben, nur die Hauptverantwortlichen international zu bestrafen.

Ein internationaler Gerichtshof muß auf objektive Weise nach Tatsachen suchen, muß seine Rechtsregeln objektiv anwenden und muß den Beteiligten unparteiisch gegenübertreten. Diese Herausforderungen müssen vom Personal des Gerichtshofes erfüllt werden, in erster Linie von der internationalen Richterschaft und dem Chefankläger. Es wurde sichergestellt, daß sich das Gericht streng rechtsstaatlichen Kriterien verpflichtet, wie sie der Charta der Vereinten Nationen und anderer internationaler Organisationen entsprechen. Es muß gelten: Kein Urteil ohne Gesetz, keine Strafe ohne Urteil. Der Angeklagte hat so lange als unschuldig zu gelten, bis das Gegenteil bewiesen ist. Die Todesstrafe wurde im Statut ausgeschlossen; Höchststrafe ist lebenslange Haft. Niemand kann verurteilt werden, der zur Zeit seiner Tat jünger als achtzehn Jahre alt war.

Das Gericht und der Chefankläger müssen Unabhängigkeit von den politischen Entscheidungsträgern genießen. Im Statut von Rom wurde dem Ankläger – gegen den entschiedenen Widerstand der USA und anderer Staaten – das Recht eingeräumt, «proprio motu» aktiv zu werden und Verfahren einzuleiten. Er darf dabei ausdrücklich nicht nur auf staatliche oder UN-Informationen zurückgreifen, sondern auch auf das Wissen von Nichtregierungsorganisationen. Allerdings darf der UN-Sicherheitsrat eine zwölfmonatige Aussetzung von Untersuchungen und Strafverfahren beantragen.

In bezug auf die Kompetenzen des ICC mischten sich in den

allgemeinen Jubel über das Erreichte auch Unzufriedenheiten. Der UNO-Generalsekretär wurde mit der Bemerkung zitiert, «viele hätten sich eine mit noch mehr Rechten ausgestattete Institution gewünscht». Tatsächlich finden sich in dem Statut einige Klauseln, welche die Jurisdiktion des ICC begrenzen. So kann die Anklage nur dann ein Verfahren einleiten, wenn entweder das Tatortland *oder* das Herkunftsland des Beschuldigten Vertragstaat des ICC ist. Ist dies nicht der Fall, muß einer dieser beiden Staaten vorab seine ausdrückliche Zustimmung zu der Verfahrenseröffnung erteilen. Eine zweite umstrittene Klausel erlaubt Regierungen für zunächst sieben Jahre nach Ratifizierung des Status ein Veto gegen eine Strafverfolgung von Bürgern ihres Landes wegen Kriegsverbrechen einzulegen. Als ein «Schlupfloch» wird auch die im Statut enthaltene Möglichkeit angesehen, daß sich wegen Kriegsverbrechen beschuldigte Soldaten in bestimmten Fällen auf «Befehlsnotstand» berufen können.

Dennoch dürfte die Gefahr geringer als befürchtet sein, daß der Gerichtshof zum Spielball internationaler politischer Auseinandersetzungen wird. Darum sollte jeder Staat, der das Statut zur Einrichtung des Gerichtshofes ratifiziert hat, aber auch der Sicherheitsrat der Vereinten Nationen den Gerichtshof anrufen dürfen.

Wie bei den beiden Ad-hoc-Tribunalen zum ehemaligen Jugoslawien und zu Ruanda deutlich geworden ist, so steht und fällt die positive Bedeutung eines internationalen Strafgerichtshofes mit den Möglichkeiten, Angeklagte festzunehmen und Übergreifer *in absentia* zu verurteilen. Im ersten Zusammenhang könnte in Zukunft eine eigene Polizeitruppe aufgebaut werden (bis dahin ist der Gerichtshof auf die Hilfe des Zufluchtstaates des Gesuchten angewiesen), während sich für die Verurteilung *in absentia* in Rom keine Mehrheit fand. Das Statut schreibt vor, daß der Beschuldigte vor Gericht anwesend sein muß. In der Frage, ob jemand verurteilt werden kann, obwohl der nicht bereit ist, sich dem Gericht zu stellen, sehe ich keinen wesentlichen Unterschied darin, ob jemand stumm im Gerichtssaal sitzt (in der angelsächsischen Tradition lassen die Verteidiger ihre Mandanten nur ungern in die Lage kommen, vor Gericht ins Kreuzverhör genommen zu werden), oder ob er von einem Ort außerhalb des Gerichts mit seinen Verteidigern kommuniziert. Wichtig für einen Angeklagten ist vor allem eine ausreichende Verteidigung. Nur wenn der Gerichtshof *in absentia* verurteilen kann, können die größten Verbrechen geahndet und international behandelt werden. Ansonsten werden die Hauptverantwortlichen weiter in «rechtsfreien Räumen» Zuflucht suchen können.

Schließlich muß der Gerichtshof die gefällten Urteile in die Tat umsetzen können. Das ist wichtig, aber nicht so bedeutend wie die Auseinandersetzung zwischen Täter und Opfer, die die Urteilsverkündung ausmacht, und die Tatsache, daß Rechtsnormen gebrochen worden sind.

Was kann der internationale Strafgerichtshof ausrichten? Um diese Frage zu beantworten, können wir zuerst die Frage stellen, welchen Preis die internationale Gesellschaft bezahlen müßte, wenn sie keinen oder nur einen handlungsunfähigen internationalen Gerichtshof einrichten würde. Wir würden dann beobachten müssen, daß große Menschenmassen weiterhin in Staaten ohne Rechtssicherheit schlimmen Übergriffen ausgesetzt sind. Fehlende Rechtssicherheit finden wir in Diktaturen und in Staaten ohne funktionsfähige Gesellschaftstruktur. Solche Gesellschaften unterscheiden sich von Diktaturen eigentlich nur dadurch, daß während einer Übergangsphase viele Starke die Schwachen mißbrauchen, bis einige wenige unter diesen Starken die Macht an sich gerissen haben. Massive Übergriffe haben außerdem ungeheure Folgewirkungen auf die Nachbarstaaten.

Es besteht ein Zusammenhang zwischen grundlegenden Menschenrechten und Rechtssicherheit. Die internationale Gemeinschaft muß deshalb die Menschenrechte ernst nehmen, muß zeigen, daß sie nicht nur über die Fähigkeit, sondern auch den Willen zur Durchsetzung internationaler Rechtssicherheit verfügt. Der internationale Gerichtshof darf kein Potemkinsches Dorf werden.

Bei der Einrichtung eines internationalen Strafgerichtshofes kommt es vor allem darauf an, daß die Entwicklung in die richtige Richtung geht, das Tempo kommt erst an zweiter Stelle. Ansonsten ist hier wie überall der Zeitpunkt von entscheidender Bedeutung für die künftige Arbeit des ICC. Wann wir in einen Handlungsverlauf eingreifen können, entscheidet, was wir ausrichten können. Alles hat seine Zeit, ob es nun um Vorbeugen, Abgrenzen, Beenden oder Wiederherstellen geht. Es liegt in unser aller Interesse, grobe Rechtsbrüche abzuwehren. Ein wirklich funktionsfähiger internationaler Gerichtshof ist ein ungeheuer wichtiger Schritt in die richtige Richtung.

Nicht weniger wichtig ist es, noch einmal daran zu erinnern, daß die Arbeit des internationalen Strafgerichtshofes in erster Linie der *Verhinderung* von Gesetzesbrüchen dienen sollte und nicht allein der Wiederherstellung von Recht. Nach Ausbruch der Krise im Kosovo beauftragte der UN-Sicherheitsrat in der Resolution 1160 (1998) den Ankläger beim Ad-hoc-Tribunal für das ehemalige Jugoslawien, Informationen über die Gewaltanwendungen in der Region zu sammeln, da diese unter das Mandat des Gerichtes fallen könnten. Ein richtiger Schritt, denn auf die Täter könnte dies eine abschreckende Wirkung haben – und wäre damit für potentielle Opfer lebensrettend. Doch soll davor gewarnt werden, auf extreme Gewalt und Menschenrechtsverletzungen künftig allein mit dem Satz zu reagieren: «Ja, wir sind informiert und bereiten gerade eine Anklage beim internationalen Strafgerichtshof vor.» Schwerste Gesetzesverstöße sollten – wo immer möglich – *vorher* gestoppt werden.

Übersetzt aus dem Norwegischen: Gabriele Haefs

Harald Gesterkamp

Urgent Action

Human Rights Watch & Co:
Die nichtstaatlichen Menschenrechtswächter

Der Anrufer ist aufgeregt, und das überrascht nicht. Denn soeben ist sein Bruder, ein nigerianischer Rechtsanwalt, in Lagos von Polizisten festgenommen worden. Es lag kein Haftbefehl gegen den 40jährigen vor, der schon mehrfach Oppositionelle vor Gericht vertreten hat. Sein Bruder sorgt sich um ihn, hat Angst, daß er gefoltert, zu einem Geständnis gezwungen und dann für Jahre ins Gefängnis gesperrt werden könnte, so, wie es so manchem anderen in Nigeria in den vergangenen Jahren ergangen ist. Die Zuhörerin auf der anderen Seite der Leitung – es handelt sich um die Nigeria-Expertin im Internationalen Sekretariat von *amnesty international* (ai) in London – hört aufmerksam zu, fragt nach, erforscht genaue Uhrzeiten und fragt nach Zeugen. Sie kennt nicht nur die Lage im Land genau, sondern hat den Festgenommenen sogar vor einigen Monaten selbst gesprochen, als sie im Land Menschenrechtsverletzungen recherchierte.

Nachdem das Gespräch beendet ist, greift die ai-Mitarbeiterin erneut zum Hörer. Sie ruft einen ihr bekannten Journalisten in Nigeria an, bei dem sie das soeben Erfahrene gegenrecherchieren möchte. Dieser kann die Festnahme bestätigen. Ein Kollege sitzt sogar gerade an einem Artikel über den Vorfall. Sobald der Text geschrieben ist, will der Journalist ihn nach London faxen. So lange wartet die ai-Mitarbeiterin nicht: Umgehend setzt sie sich mit der «Urgent Action»-Abteilung im Haus in Verbindung und kündigt an, daß zu dem gefährdeten Rechtsanwalt aus Lagos noch eine Urgent Action (Eilaktion) herausgegeben werden muß. Nur zwei Stunden später ist es soweit: «Fear for safety» – Sorge um Sicherheit – ist der zweiseitige Text betitelt, in dem seine Festnahme geschildert und zu Appellen an die nigerianischen Machthaber aufgefordert wird. Der Text ist von mehreren Experten und einem Juristen gegengelesen worden, und inzwischen ist auch das Fax aus der Redaktion in Lagos mit dem bereits gesetzten Artikel über die Festnahme für die morgendliche Ausgabe eingetroffen.

Sofort machen sich die Kollegen in der Urgent-Action-Abteilung nun daran, die neueste Eilaktion elektronisch zu verschikken. Nur wenige Augenblicke später melden die Computer in mehreren Dutzend ai-Sektionen die Ankunft einer E-mail-Nachricht aus der Urgent-Action-Abteilung des Internationalen ai-Sekretariats. Kurze Zeit später werden die Informationen bereits erneut weiterverbreitet. Andere ai-Sektionen erhalten den Text per Fax, per Telex oder, wo auch das nicht möglich ist, per Kurier oder mit der Post.

Nur zehn Stunden nach dem Anruf des Bruders aus Lagos werden aus den USA die ersten Protestschreiben an den nigerianischen Regierungschef gefaxt, in denen nach den Gründen für die Festnahme des 40jährigen Anwalts gefragt und seine sofortige und bedingungslose Freilassung gefordert wird, sollte er nicht umgehend einer erkennbaren strafbaren Handlung angeklagt werden.

Wenn die Kanadier und die US-Amerikaner schlafen gehen, sind die ersten Appellschreiber in Europa bereits aktiv. In vielen Sektionen, so auch in der deutschen Geschäftsstelle in Bonn, sind Übersetzer dabei, eine Fassung der Eilaktion in der jeweiligen Landessprache zu erstellen. In den vier offiziellen ai-Sprachen – neben Englisch sind das Französisch, Spanisch und Arabisch – werden die Texte zentral übersetzt; in viele andere Sprachen, zum Beispiel Japanisch, Deutsch oder Italienisch, wird es in den jeweiligen Sektionen übertragen. Eilaktionen werden etwa 18 Stunden, nachdem sie aus London eingetroffen sind, vom ai-Büro in Bonn weiterverteilt: an die ai-Sektionen in Wien und Bern, aber auch nach Prag und Warschau, wo auf Grundlage der deutschen Übersetzung weitere Appelle geschrieben und außerdem polnische und tschechische Fassungen entworfen werden. In zahlreichen deutschen Städten warten zudem ehrenamtliche

Verteiler darauf, Urgent Actions zu bekommen und diese weiterzuverbreiten. Manche von ihnen erhalten die Appellvorschläge per E-mail, andere per Fax, andere als Brief. An den Eilaktionen beteiligen sich allein in Deutschland etwa 5000 Menschen.

Weil *amnesty international* jährlich weit mehr als 500 verschiedene Eilaktionen herausgibt, wird bei der Verteilung natürlich ausgewählt. Jeder, der sich am Eilaktionsnetz beteiligt, kann angeben, wieviel Appelle er im Monat schreiben möchte. 24 Stunden nach der Festnahme stehen in Nigeria die Faxe nicht mehr still, und das nicht nur bei den Machthabern. Auch an die Vereinigung der Rechtsanwälte in Lagos, die zahlreiche Kopien von Appellen erhält, geht der Protest nicht vorbei. Wenn es in Europa dunkel wird, haben längst die ersten Appelle aus Asien eingesetzt. Neben Japanern setzen sich auch ai-Aktive aus Hongkong, Seoul oder Bangkok für den Nigerianer ein. Schon bald erreichen auch die ersten Protestschreiben aus Afrika den Präsidentenpalast: Aus Algier, Accra, Kapstadt und zahlreichen anderen Städten des Schwarzen Kontinents werden Forderungen nach der Freilassung laut. Schließlich mit Erfolg: Ohne Anklage und Verfahren wird der Jurist nach acht Tagen im Polizeigewahrsam wieder auf freien Fuß gesetzt. Bei den ersten Verhören hatte man ihm noch Folter und Mißhandlung angedroht; offenbar unter Einfluß des geballten Protestes wurde die Behandlung schnell besser.

Die Erfolgsgeschichte einer «Urgent Action», wie sie fast täglich bei *amnesty international* geschrieben wird. In 160 Ländern ist die größte Menschenrechtsorganisation mit etwa einer Million Mitgliedern und Förderern vertreten. In 55 Ländern sind die ai-Strukturen so stabil, daß sie als Sektion anerkannt wurden; das heißt, daß kontinuierliche Arbeit garantiert ist. In Deutschland verfügt ai über etwa 16 000 Mitglieder und 570 lokale Gruppen.

Begonnen hatte alles 1961: Peter Benenson, ein Rechtsanwalt aus London, las in der Zeitung, daß man in Portugal zwei Studenten festgenommen hatte, weil sie auf die Freiheit angestoßen hatten. Daraufhin startete er einen Aufruf unter dem Titel «The forgotten prisoners» – ein Motto, das die ursprünglichen Ansätze von *amnesty international* charakterisierte und bis heute wichtige Teile der ai-Arbeit skizziert. Mit den Jahren entwickelte sich ai von der Gefangenenhilfsorganisation, die sich für die Freilassung «vergessener» gewaltloser politischer Gefangener einsetzte, zu einer Menschenrechtsorganisation, die schrittweise auch das Engagement für faire politische Prozesse sowie den bedingungslosen Kampf gegen Folter und Todesstrafe ins Mandat aufnahm. Auf veränderte Repressionsformen wurde ebenfalls reagiert: Als Oppositionelle zunehmend nicht nur inhaftiert, sondern vermehrt auch getötet wurden, reagierte ai und widmet sich seither auch dem Kampf gegen staatliche Morde und gegen das «Verschwindenlassen» von Menschen. Als «verschwunden» gelten Männer und Frauen, die festgenommen werden, aber nie in einem Haftregister auftauchen und von denen die Behörden behaupten, daß sie nie in Gewahrsam genommen wurden. Viele von ihnen dürften unter der Folter gestorben oder ermordet worden sein, aber immer wieder gelingt es *amnesty international* und anderen Menschenrechtlern durch öffentlichen Druck, daß «Verschwundene» plötzlich in irgendeinem Gefängnis wieder auftauchen oder sogar freigelassen werden. Seit 1991 arbeitet *amnesty international* auch gegen Menschenrechtsverstöße bewaffneter Oppositionsgruppen – etwa der PKK in der Türkei oder des «Leuchtenden Pfades » in Peru.

Der Ausbau des Arbeitsfeldes von ai war nur möglich, weil die immer größer werdende Organisation ihre Ressourcen ständig erweitern konnte und sich zunehmend Anerkennung verschaffte. Längst hat ai Beraterstatus bei den Vereinten Nationen und anderen zwischenstaatlichen Organisationen, und 1977 erhielt die Menschenrechtsorganisation den Friedensnobelpreis. *amnesty international* achtet auf strenge Unabhängigkeit: Grundsätzlich werden keine Regierungsgelder angenommen oder beantragt, und ai-Mitglieder recherchieren aus Gründen der Unparteilichkeit prinzipiell keine Menschenrechtsverletzungen im eigenen Land. Mit den Jahren hat sich *amnesty* ein großes Renomee verschafft. Daß eine finanzieller Sicherheit nicht automatisch damit einhergehen muß, spürt aktuell gerade die deutsche ai-Sektion. Stagnierende Spendeneinnahmen machen ihr zu schaffen – eine Situation, die auch die Österreich, Italiener oder die US-Amerikaner in der Organisation kennen oder schon einmal kennengelernt haben.

Gerade die Internationalität der Organisation macht die Schlagkraft von *amnesty* aus: Inzwischen befindet sich mehr als die Hälfte der Sektionen in Staaten der «Dritten Welt». Doch zugleich ist die Schaffung weltweiter demokratischer Strukturen kostenintensiv und wirkt mitunter wenig effizient. Entscheidungen über die Grundzüge der ai-Politik trifft der alle zwei Jahre tagende Internationale Rat, eine Art «Weltparlament» der Menschenrechtsorganisation, zu dem alle Sektionen Delegierte stellen. Die letzte Sitzung fand im Dezember 1997 in Kapstadt statt. Über die Delegierten, die auf den jeweiligen Jahresversammlungen der Sektionen gewählt werden, hat jede Gruppe und jeder Aktive die Möglichkeit, im Rahmen seiner Möglichkeiten Einfluß auf die Politik der Organisation und den Einsatz der finanziellen Mittel zu nehmen. Daß das so bleibt, ist ein wichtiger Grundsatz von *amnesty international*.

Um Menschenrechtsverletzungen zu bekämpfen, arbeitet ai nicht nur mit Eilaktionen, sondern startet auch Kampagnen, bei denen weltweit über Monate zu bestimmten Themen oder Ländern gearbeitet wird. Getreu dem Grundsatz, daß Öffentlichkeit der größte Feind der Menschenrechtsverletzer ist, veröffentlicht *amnesty* jährlich etwa 140 Dokumentationen über Menschenrechtsverletzungen auf der Grundlage sorgfältiger Recherchen und Delegationsreisen in menschenrechtsverletzende Länder. Jährlich erscheint der etwa 600seitige ai-Jahresbericht mit Kapiteln über rund 150 Staaten. Fast alle Sektionen geben zudem Zeitschriften und Rundbriefe heraus – in Deutschland ist es das Menschenrechtsmagazin «ai JOURNAL» mit einer monatlichen Auflage von 40 000 Exemplaren. All diese Informationen sind die Grundlage für dezentrale ai-Aktivitäten.

Die Informationen von *amnesty international* gelten als sehr zuverlässig und sorgfältig recherchiert, auch wenn es nicht überall auf ungeteilte Zustimmung stößt, daß ai nur dann Länder besucht, wenn die jeweilige Regierung zustimmt. Nach China oder Birma kann *amnesty* somit nicht einreisen und ist auf Kontakte zu Dissidenten, Flüchtlingen, anderen Informanten sowie auf offiziell zugängliche Dokumente angewiesen. Auch die Öffentlichkeitsarbeit der Organisation ist nicht unumstritten. Von vielen wird sie als zu brav und bieder angesehen, weil spektakuläre und mediengerechte Aktionen die Ausnahme sind. Daß ein Menschenrechtler von ai sich wegen eines Massakers aus Protest an den Zaun einer Botschaft kettet, hat man jedenfalls noch nie in der Zeitung gelesen.

Um so öfter werden mit zahlreichen Parlamentariern, Ministern und auch Botschaftern Lobbygespräche geführt, um die ai-Anliegen auch den Politikern vorzutragen. Diese sollen dann in bilateralen Gesprächen oder bei UNO-Versammlungen Menschenrechtsverletzungen kritisieren und sich für Opfer einsetzen. So manche von ai erstellte Liste von politischen Gefangenen ist von so gebrieften Politikern bei diplomatischen Gesprächen an ausländische Staats- und Regierungschefs weitergeleitet worden. Schließlich fördert *amnesty international* auch Projekte zur Menschenrechtserziehung und unterstützt bei Bedarf ehemalige politische Gefangene oder ihre Familien finanziell.

amnesty international ist die bekannteste, mitgliederstärkste und vom Arbeitsgebiet her größte nichtstaatliche Menschenrechtsorganisation, doch bei weitem nicht die einzige. Überall auf der Welt gibt es Menschen, die sich für die Verwirklichung der «Allgemeinen Erklärung der Menschenrechte» der UNO von 1948 einsetzen. Den in Hunderten von Organisationen tätigen Menschenrechtlern ist gemein, daß sie bedingungslos auf der Seite der Opfer stehen. Ohne ihren Einsatz wäre die Menschenrechtserklärung wohl nur Papier. Ohne Druck der Nichtregierungsorganisationen wäre der UNO-Menschenrechtsschutz nicht so ausgebaut worden, wie er es im Jubiläumsjahr 1998 vor allem dank der beiden Internationalen Pakte über bürgerlichen und politischen sowie über die wirtschaftlichen, sozialen und kulturellen Rechte ist. Auch zum Entstehen von Anti-Folter- und Kinder-Konvention der UNO oder jüngst zum Verbot der Anti-Personen-Minen haben die Nichtregierungsorganisationen einen nicht unerheblichen Beitrag geleistet. Der Internationale Strafgerichtshof oder die UNO-Hochkommissarin der Menschenrechte sind ebenso jahrelang von den Menschenrechtsorganisationen gefordert worden – letztlich mit Erfolg. Mit diesem Instrumentarium kann man besser für das Ziel kämpfen, daß die Menschenrechte auch in der Praxis überall garantiert werden. Zwar haben die Machthaber in allen Kontinenten viele Pakte und Verträge unterschrieben und beschwören in Sonntagsreden die Menschenrechte, doch scheitern sie im Alltag oft – und gelegentlich auch ganz gern – an den «Sachzwängen» der Realpolitik. Damit sie ihre Politik ständig hinterfragen und sich in diplomatischen Gesprächen nachdrücklich für die Opfer von Menschenrechtsverletzungen einsetzen, müssen sie dem Druck der Menschenrechtsbewegung ausgesetzt bleiben. Ohne die Nichtregierungsorganisationen als «Wächter» über die Machthaber wäre die offizielle Menschenrechtspolitik wohl noch mehr lediglich Rhetorik, als sie es ohnehin schon ist.

Die neben *amnesty international* vermutlich einflußreichste Organisation, die sich für den weltweiten Schutz der Menschenrechte einsetzt, ist *Human Rights Watch* (HRW). Die in den USA ansässige Organisation ist ganz anders strukturiert als *amnesty*. Hier entscheiden nicht Delegierte aus aller Welt, sondern einige wenige – meist Amerikaner – über die Politik der Organisation. Das ist zwar weniger demokratisch, bringt aber den Vorteil mit sich, daß dringende Entscheidungen schnell gefällt werden können und nicht erst in unzähligen Diskussionszirkeln totgeredet werden, bevor man sie umsetzt. Die Organisation finanziert sich über Spenden und macht ihre Menschenrechtsarbeit fast ausschließlich durch die Veröffentlichung von Dokumentationen und öffentlichen Stellungnahmen sowie durch Lobbyarbeit.

Human Wrights Watch hat kein so eng festgelegtes Mandat wie ai, sondern äußert sich beispielsweise schon einmal zu Fremdenfeindlichkeit, wenn keine staatliche Beteiligung an den Übergriffen feststellbar ist. Als nachteilig für HRW wird oft die vergleichsweise schwache Position bei der Durchsetzung ihrer Forderungen betrachtet: Wirft man *amnesty* gern vor, daß der «langsame Tanker» mitunter nur schleppend in Fahrt kommt, so kann *Human Rights Watch* zwar oft schnell neue Arbeitsschwerpunkte festlegen und Berichte dazu veröffentlichen, verfügt aber nicht über Mitglieder in aller Welt, die einen kontinuierlichen Druck auf bestimmte Menschenrechtsverletzer aufrecht erhalten und durch hartnäckige Appelle manchmal die härtesten Betonköpfe zum Handeln bewegen können. Nur während einiger Kampagnen kann man bei *Human Rights Watch* Aktionsvorschläge bekommen, um mit Appellen Druck auf Verantwortliche zu machen. Ansonsten sehen die HRW-Macher ihre Stärke in den Berichten sowie in einer professionellen Lobbyarbeit, die der Organisation einen großen Einfluß auf die amerikanische Außenpolitik verschafft hat. In Europa ist demgegenüber der Wirkungsgrad noch vergleichsweise gering. Dabei geht die Entstehung der Organisation sogar auf Europa zurück. Als «Helsinki Watch» begannen die Gründer 1978 mit der Arbeit und wollten vor allem die Bürgerrechtsgruppen in der Sowjetunion, der Tschechoslowakei und in Polen unterstützen sowie die Einhaltung der KSZE-Schlußakte von Helsinki aus dem Jahre 1975 überwachen. Die Gründung von «Americas Watch» Anfang der achtziger Jahre war wiederum eine Reaktion auf die doppelzüngige Politik der Reagan-Administration, die offen Menschenrechtsverletzungen in ihr wohlgesinnten Staaten, darunter rechtsgerichteten Diktaturen in Lateinamerika, tolerierten, während sie bei linksgerichteten Regierungen strenge Maßstäbe ansetzte. Später kamen «Asia Watch» und «Africa Watch» hinzu, bis 1987 *Human Rights Watch* als Dachverband der Watch-Organisationen in seiner heutigen Form ins Leben gerufen wurde. Die früher eigenständigen Organisationen firmieren heute als Abteilungen wie «Human Rights Watch/Helsinki» oder «Human Rights Watch/Africa».

Um Recherche, Lobbymacht und Einfluß auch außerhalb der Vereinigten Staaten zu stärken, unterhält HRW zahlreiche Büros in der ganzen Welt. Darunter auch solche wie das in Rio de Janeiro, in denen Mitarbeiter Informationen über Menschenrechtsverletzungen sammeln und Anlaufstelle für diejenigen im Land sind, die Übergriffe melden wollen. Es gibt aber auch Büros wie das bei den Vereinten Nationen in New York oder das bei der EU in Brüssel, mit dem zusätzliche Lobbyarbeit für die Opfer der Menschenrechtsverletzungen außerhalb der USA aufgebaut werden soll. Ein Büro in Deutschland ist zur Zeit nicht geplant.

Die *Internationale Gesellschaft für Menschenrechte* (IGFM) hat ihren Sitz in Frankfurt. Während des Kalten Krieges war sie die Heimat der konservativen Menschenrechtler, was ihr von verschiedenen Stellen den Vorwurf der politischen Einseitigkeit einbrachte. Die IGFM legt bis heute einen Schwerpunkt auf die Menschenrechtsverletzungen in kommunistischen und sozialistischen Staaten. Die 1972 gegründete Organisation verfügt zwar über 24 Sektionen und Gruppen in fünf Kontinenten, ist aber vor allem in Mittel- und Osteuropa verwurzelt. Neben der Veröffentlichung von Berichten zur Menschenrechtslage in ausgewählten Ländern gehören auch das Versenden von Paketen und die Organisierung von Hilfstransporten zu den Aufgaben der «humanitären Bürgerinitiative».

Während der siebziger und achtziger Jahre arbeitete die IGFM fast ausschließlich zur Sowjetunion und ihren Satellitenstaaten, vor allem zur DDR. Viele Kritiker werfen der Organisation vor, daß der Einsatz für Tausende von politischen Gefangenen dort zwar berechtigt war, es aber wichtig für die Glaubwürdigkeit gewesen wäre, wenn die Organisation sich mehr als nur sporadisch zu den Militärdiktaturen in Lateinamerika oder zum Apartheidregime in Südafrika geäußert hätte.

Als neues Arbeitsfeld nach dem Zusammenbruch des Ostblocks und der Freilassung der politischen Gefangenen hat sich die IGFM vor allem den dortigen «Aufbau der bürgerlichen Gesellschaft» sowie die Verbreitung von Menschenrechtstexten in den jeweiligen Landessprachen gesucht. Gegen Menschenrechtsverletzungen arbeitet die IGFM heute außer in den osteuropäischen Ländern vor allem in den verbliebenen sozialistischen Staaten wie Nordkorea oder Kuba sowie seit einigen Jahren auch in islamischen Ländern.

Die *Internationale Gesellschaft für Menschenrechte* wird bei ihrer Arbeit von einem Kuratorium unterstützt. Mitglieder des Gremiums sind unter anderem der CSU-Europaparlamentarier Otto von Habsburg, der Ost CDUler Rainer Eppelmann oder der Würzburger Juraprofessor Dieter Blumenwitz, der 1980 in einem Prozeß gegen *amnesty international* als Gutachter für die «Colonia Dignidad», die *amnesty* als Folterstätte der chilenischen Militärdiktatur ausgemacht hatte, in Erscheinung getreten war. Ein Vorwort zum IGFM-Jahresbericht schrieb auch schon mal der umstrittene Fuldaer Erzbischof Johannes Dyba. Die Meinungsbildung der IGFM findet – ähnlich wie bei *amnesty international* – über Delegierte der Sektionen auf einer internationalen Ratstagung statt. Auch wenn viele Menschen die selektive Menschenrechtspolitik der IGFM ablehnen, ist unbestritten, daß die Organisation über Jahre hinweg Opfern von Menschenrechtsverletzungen vor allem in Osteuropa geholfen hat.

Die in Göttingen ansässige *Gesellschaft für bedrohte Völker* (GfbV) existiert in sechs europäischen Ländern: Deutschland, Österreich, Schweiz, Italien, Luxemburg und Bosnien-Herzegowina. Die GfbV kümmert sich um die Rechte bedrohter Minderheiten, Nationalitäten, Volksgruppen oder Religionsgemeinschaften. Die Themen der Organisation offenbart dabei gelegentlich eine recht überraschende Vielfalt: In der Mitgliederzeitung der Organisation («Pogrom») findet man nicht nur Beiträge über Muslime in Bosnien-Herzegowina, Indianer in Brasilien, Aborigines in Australien oder Tuareg in Mali, sondern auch Berichte über die albanische Minderheit in Süditalien oder (Sprach-)Probleme der Sorben und Friesen in Deutschland.

Die vor allem in Deutschland in etwa 20 Regionalgruppen aktive *Gesellschaft für bedrohte Völker* bevorzugt spektakuläre Öffentlichkeitsarbeit nach dem Vorbild von *Greenpeace*: Nach der Hinrichtung des nigerianischen Schriftstellers Ken Saro-Wiwa bauten GfbV-Mitglieder vor der Shell-Zentrale in Hamburg einen Galgen auf, um auf die Mitverantwortung des Konzerns aufmerksam zu machen. Wegen der «ethnischen Säuberungen» in Bosnien-Herzegowina verwandelte sich die Poppelsdorfer Allee in Bonn in einen Friedhof mit Hunderten von Holzkreuzen oder fragten auf Mahnwachen vor des Bundeskanzlers Wohnhaus in Oggersheim: Können Sie noch ruhig schlafen, Herr Kohl, wenn die KZ-Rampe in Bosnien wieder arbeitet?

Die 1970 aus der «Aktion Biafra Hilfe» entstandene *Gesellschaft für bedrohte Völker* versteht sich heute als europäisches Sprachrohr der indigenen Völker. In dieser Rolle wird sie gelegentlich heftig kritisiert: Zwar spricht der Organisation unter der Führung von Tilman Zülch kaum jemand das ehrliche Engagement für Verfolgte und Unterdrückte ab, doch gibt es gelegentlich kritische Nachfragen über die Seriosität der GfbV-Informationen. Da würden schon mal spektakuläre Schätzungen von Opferzahlen veröffentlicht, die sich später als drastisch übertrieben herausstellten. Der Begriff des Völkermordes werde von der GfbV derart überstrapaziert, daß die Opfer von echten Völkermorden sich fast schon verhöhnt vorkommen müßten.

Auf der anderen Seite haben es Tilman Zülch und die GfbV immer wieder geschafft, mit ihren Aktionen aufzurütteln und die Politik zum Handeln zu bewegen. Erfolgreich hat die Organisation Ende der siebziger Jahre dafür gekämpft, daß der Massenmord der Nazis an Sinti und Roma nicht länger tabuisiert wurde. Und ohne die GfbV hätten die Uiguren in China, die Oromo in Äthiopien oder die Yanomani in Brasilien eine lautstarke, solidarische Stimme weniger.

FIAN kürzt sich eine andere Organisation ab, die ebenfalls länderübergreifend tätig ist, aber ihren Stammsitz in Deutschland hat. Der internationale Zweig des *Food First International Network* hat seinen Sitz in Heidelberg, der deutsche Ableger sitzt in Herne. FIAN arbeitet zu den wirtschaftlichen, sozialen und kulturellen Rechten, vor allem zu dem Recht, sich zu ernähren – und macht immer wieder darauf aufmerksam, daß diese Rechte in vielen Diskussionen vernachlässigt werden, obwohl sie in der «Allgemeinen Erklärung der Menschenrechte» einen großen Platz einnehmen und sich fast jede Menschenrechtsdiskussion auf die UNO-Erklärung von 1948 beruft. Wichtigste Grundlage der Arbeit ist die Erkenntnis, daß zwar genügend Lebensmittel auf der Welt produziert werden, diese aber ungerecht verteilt sind. Deshalb setzt sich FIAN vehement gegen Landraub und Vertreibung sowie für Agrarreformen ein. Die Organisation arbeitet ähnlich wie *amnesty international* mit «Urgent Action» genannten Aufrufen zu Protestschreiben, mit deren Hilfe man zum Beispiel gegen Staudämme kämpft, die die Lebensgrundlage vieler Menschen zerstören, oder sich für eine Bodenreform stark macht. Veröffentlicht werden jährlich rund acht bis zehn Einzelaktionen im Mitgliederorgan «Food First».

Außerdem wird durch Öffentlichkeitsarbeit und in Form von jahrelangen Kampagnen – meist in Zusammenarbeit mit anderen Organisationen – für die sozialen und wirtschaftlichen Rechte gekämpft. Gegenwärtig finden eine Blumen-, eine Rindfleisch- und eine Weltbank-Kampagne statt. Darin werden die weltweite Blumenproduktion für den europäischen Markt und die Arbeitsbedingungen in den Anbauländern, die Auswirkungen der europäischen Rindfleischsubventionen auf die «Dritte Welt» sowie die Folgen bestimmter Weltbank-Projekte analysiert und Aktionen für die Opfer solcher Politik entwickelt. FIAN-Sektionen gibt es in zwölf Staaten Asiens, Europas und in Amerika. In 47 Ländern gibt es bereits Menschen, die die Arbeit der erst 1986 gegründeten Organisation unterstützen. In Deutschland sind etwa 1200 Menschen für FIAN aktiv, es gibt zwölf Regionalgruppen.

Eine ideale Ergänzung zu den «Urgent Actions» von *amnesty international* und auch von FIAN bietet die Organisation *Peace Brigades International* an. Ihre wichtigste und erfolgreiche Methode, um die Arbeit von Menschenrechtlern und anderen Verfolgten zu sichern, ist der durch Ehrenamtliche aus aller Welt organisierte Personenschutz. Ein Gewerkschafter in Kolumbien, eine aktive Indiandervertreterin in Guatemala oder ein Oppositioneller in Mexiko – sie alle können nahezu unbemerkt staatlichen Morden zum Opfer fallen. Wenn aber Europäer oder US-Amerikaner sie begleiten, sind sie um ein Vielfaches sicherer, weil sich keine Regierung einen erschossenen oder entführten Ausländer leisten kann, ohne in die Schlagzeilen zu kommen und von den Industrieländern – meist wichtigen Geldgebern – heftig kritisiert zu werden. Die sorgfältig auf ihre Aufgaben vorbereiteten Peace Brigades haben zuletzt zum Beispiel Exhumierungen von geheimen Gräbern in Guatemala begleitet oder schützen das Büro von Angehörigen der «Verschwundenen» im kolumbianischen Bogotá. Auch mit Delegationsreisen nach Chiapas oder in US-amerikanische Indianergebiete versuchte die Organisation, Menschenrechtler zu schützen und Übergriffe zu verhindern oder aufzuklären.

Zahlreiche andere Organisationen haben sich auf bestimmte Arbeitsfelder oder Zielgruppen konzentriert: Die *Reporters sans frontiéres* – Reporter ohne Grenzen – arbeiten zentral in Paris und seit 1994 auch von Berlin aus zugunsten verfolgter Journalisten. *Terre des Hommes* kämpft seit 1967 für die Menschenrechte der Kinder – Stichworte sind unter anderem: Straßenkinder, Kinderprostitution, Kinderarbeit, Flüchtlingskinder oder Kinder und Krieg. *Terre des Femmes* betont seit 1981, daß Frauenrechte gleichwertige Menschenrechte sein müssen, und kämpft vor allem gegen geschlechtsspezifische Übergriffe, etwa die Klitorisbeschneidung. Schwerpunkte der Arbeit sind ferner der Einsatz gegen Frauenhandel, Sextourismus, Kinderprostitution sowie die Anerkennung frauenspezifischer Fluchtgründe im deutschen Asylverfahren. Die Mitglieder der Organisation ACAT arbeiten aus christlicher Motivation heraus gegen die Folter, *Pro Asyl* kümmert sich um die Rechte der Flüchtlinge, und die *Deutsche Gesellschaft für die Vereinten Nationen* beobachtet die Menschenrechtspolitik der UNO. Die Liste ließe sich fortsetzen.

Die meisten Organisationen eint, daß sie oder ihre deutschen Zweige sich dem «Forum Menschenrechte» angeschlossen haben. Dieser in Bonn ansässige, lose Zusammenschluß von mittlerweile etwa 40 Nichtregierungsorganisationen hat sich zum Ziel gesetzt, die Menschenrechtspolitik der Bundesregierung kritisch zu begleiten. Neben den bereits genannten Organisationen und Verbänden sind hier auch die kirchlichen Hilfswerke, der Deutsche Frauenrat, der Deutsche Gewerkschaftsbund, die Deutsche Welthungerhilfe oder die Stiftungen der Parteien vertreten.

Die mutigsten Menschenrechtler sind aber nicht diejenigen, die in Bonn, Göttingen, Osnabrück oder Frankfurt Menschenrechtsarbeit machen. Viel mehr Respekt als den aktiven Menschenrechtlern in den Industrieländern gebührt denen in Istanbul oder Diyarbakir, in Guinea-Bissau oder Lagos, in Jakarta, Peking oder Karachi, in Buenos Aires, Rio de Janeiro oder Mexiko City, in Gaza, Algier oder Teheran. Die meisten von ihnen riskieren mit ihrem Einsatz ihre Freiheit oder ihr Leben. Nicht selten finden sich ihre Namen auf den Eilaktionen von *amnesty international*, in den Berichten von *Human Rights Watch* oder in den Dokumentationen und Jahresberichten anderer Organisationen. Es sind Rechtsanwälte im türkischen Menschenrechtsverein IHD, Menschenrechtserzieher in der Tunesischen Menschenrechtsliga, Journalisten in Pakistan und Algerien, unabhängige Gewerkschafter in China oder Marokko sowie Ärzte in Nepal oder Palästina, die Folteropfer behandeln.

13 Jahre lang verhandelten die Vereinten Nationen über eine Deklaration zum Schutz der Verteidiger der Menschenrechte – lange Jahre ohne Erfolg, weil Länder wie China, Kuba oder Syrien immer wieder erfolgreich bremsten.

Im April 1998 machte die UNO-Menschenrechtskommission endlich den Weg für die entsprechende Deklaration frei. Pünktlich zum 50. Jahrestag der Allgemeinen Erklärung der Menschenrechte dürfte die Generalversammlung der Vereinten Nationen im Dezember 1998 die Erklärung endgültig verabschieden – alles deutet darauf hin, daß es nur noch eine formale

Angelegenheit wird. Der vorliegende Entwurf garantiert den Menschenrechtlern nicht nur überlebenswichtige Grundrechte wie Versammlungs- und Meinungsfreiheit, sondern unter anderem auch das Recht, finanzielle Unterstützung aus dem Ausland anzunehmen. Damit soll verhindert werden, daß Menschenrechtsorganisationen aufgrund finanziellen Drucks ihre Arbeit einstellen müssen. Aufgabe der nichtstaatlichen Organisationen weltweit wird es bleiben, darauf zu achten, daß die Erklärung kein Papiertiger wird, sondern daß mit ihrer Hilfe die Menschenrechtlerinnen und Menschenrechtler tatsächlich sicherer ihrer Arbeit nachgehen können.

Constanze Stelzenmüller und Petra Pinzler

Große Worte, kleine Taten

Menschenrechtsdefizite deutscher Außen- und Entwicklungshilfepolitik

Im Engagement für die Menschenrechte «werde ich mich von niemandem übertreffen lassen», sagte der deutsche Außenminister Klaus Kinkel. Und niemand, der ihn unterwegs erlebt hat – etwa 1995 nach dem Besuch eines Gefängnisses in Kigali, wo 10000 Ruander in einem Gebäude vegetierten, das für 400 gebaut wurde –, wird bestreiten, daß der deutsche Außenminister angesichts schwerer Menschenrechtsverletzungen aufrichtig betroffen ist. Auch für Carl-Dieter Spranger, Chef des Bundesministeriums für wirtschaftliche Zusammenarbeit und Entwicklung, ist die Lage ganz eindeutig: «Entwicklung ist nichts anderes als die Verwirklichung der Rechte eines jeden Menschen auf Freiheit, Selbstbestimmung, Teilhabe an der Gesellschaft, Essen, Wohnung, Erziehung und Nahrung.» Und so folgert der dienstälteste Entwicklungsminister der Republik: «Entwicklungszusammenarbeit ist praktische Menschenrechtspolitik.» Ach, wenn es doch so einfach wäre.

Der Menschenrechtsbericht der Bundesregierung: Papier ist geduldig

Der «Bericht der Bundesregierung über die Menschenrechtspolitik in den Auswärtigen Beziehungen» formuliert die menschenrechtlichen Grundlinien der deutschen Außenpolitik – zumindest in der Theorie. An den seit 1978 erscheinenden «Human Rights Report» des amerikanischen State Department reicht es nur schwerlich heran: 1997 umfaßte der amerikanische Report 1500 Seiten und beschäftigte sich mit 194 Staaten. Der deutsche

Bericht wird seit 1991 und auch nur alle zwei Jahre vom Auswärtigen Amt veröffentlicht; der vierte und jüngste umfaßt gerade 49 Seiten. Immerhin: 1995 waren es nur 31.

Am Kapitel über «Grundsätze und Ziele der deutschen Menschenrechtspolitik und ihre politischen Rahmenbedingungen» könnten auch kritische Nichtregierungsorganisationen kaum etwas auszusetzen haben. Zumal vor dem Hintergrund anderer Äußerungen von Mitgliedern der Bundesregierung: Nicht lang ist es her, da erregte Bundespräsident Roman Herzog (DIE ZEIT vom 6. 9. 1996) Aufsehen mit der These, wahrhaft universal sei eigentlich nur ein kleiner «Kern» von Menschenrechten, ansonsten gelte: «Für hungrige Menschen hat ein Recht wie die Meinungsfreiheit zwangsläufig geringere Bedeutung als für satte.» Und Landwirtschaftsminister Jochen Borchert schwang sich jüngst gar zu der Behauptung auf, durch die Anerkennung von Wirtschafts- und Sozialrechten werde «der Menschenrechtsbegriff ... relativiert, nivelliert und schließlich ausgehöhlt».

Im Menschenrechtsbericht des Auswärtigen Amtes heißt es dagegen kategorisch, der Schutz der Menschenrechte sei eine «Querschnittaufgabe für alle Politikbereiche» und fange «im eigenen Land an». Die Bundesregierung «tritt für die universelle Geltung der Menschenrechte ein». Und sie bekräftigt deren Unteilbarkeit: «Ziel deutscher Menschenrechtspolitik ist die weltweite Durchsetzung und Sicherung der ganzen Bandbreite der bürgerlichen, politischen, wirtschaftlichen, sozialen und kulturellen Menschenrechte.» Menschenrechtspolitik ist «Interessenpolitik», denn sie «dient der Stabilität, dem Frieden und der Entwicklung», ja sie ist das «Herzstück präventiver Diplomatie und Konfliktvorbeugung». Überhaupt durchzieht der Begriff der Prävention wie ein Leitmotiv den gesamten Bericht.

Zu loben gibt es noch anderes: Ausführlich und konkret schildert der Bericht, was die Bundesregierung alles tut, um die Hausaufgabe, den sogenannten «follow-up», diverser Weltkonferenzen und UNO-Dekaden zu leisten. Ihre Beiträge zu besonderen Aktivitäten der UNO und deren Sonderorganisationen wie etwa den Feldmissionen der Menschenrechtshochkommissarin Mary Robinson lassen sich auch im internationalen Vergleich sehen. Wo das nicht so ist, wird sogar Selbstkritik geübt: Das weltweite Demokratisierungshilfsprogramm der Bundesregierung wird (zu Recht) mit einem Beitrag von 28 Millionen Mark für den Zeitraum von 1995 bis 1998 als «im Vergleich zu anderen Gebern eher bescheiden» bezeichnet. Zumal, wenn man bedenkt, daß von 1996 bis 1998 knapp 150 Millionen Mark als Finanzierungshilfe allein für türkische MEKO-Fregatten vorgesehen sind. Sogar Lernfähigkeit wird signalisiert: Die deutlich aussagekräftigeren Kommentare zur Menschenrechtslage in einzelnen Staaten gehen auf die Kritik der im «Forum Menschenrechte» zusammengeschlossenen deutschen Nichtregierungsorganisationen zurück.

Die außenpolitische Praxis: Große Worte, kleine Taten

Es bleibt in der deutschen Außenpolitik durchaus nicht nur beim schriftlichen Bekenntnis zu den Menschenrechten. Deutsche Regierungsvertreter setzen sich bei der UNO aktiv und manchmal sogar an vorderster Front für progressive Projekte wie das Amt des UN-Menschenrechtshochkommissars, die Stärkung des Genfer Menschenrechtszentrums, eine Resolution zum Schutz von Menschenrechtsaktivisten, das Recht auf Entwicklung, die Schaffung eines Freiwilligen Fonds für die sogenannten «Beratenden Dienste» und die Einrichtung eines Ständigen Internationalen Strafgerichtshofes ein.

Auch die NGOs loben die Zusammenarbeit mit dem Auswärtigen Amt; «gerade, wenn es darum geht, Einzelfälle mit Hilfe stiller Diplomatie zu lösen, finde ich immer Gehör», sagt ein langjähriger Aktivist. «Manchmal muß ich mich bei Gesprächen im AA direkt fragen: ‹Bin ich jetzt der NGO-Mann – oder der auf der anderen Seite des Schreibtischs?›» Und gelegentlich dürfen deutsche Diplomaten sogar wider alle Tradition laut auf den Tisch schlagen – wie 1995, als Bernd Mützelburg, der deutsche Botschafter in Nairobi, mutig das repressive Regime des kenianischen Altdiktators Daniel arap Moi anprangerte.

Schwierig aber wird es, wenn Überzeugungen in Investitionen personeller und finanzieller Natur umgesetzt werden müssen – und wenn außerdem andere Interessen existieren. Da fehlt es dann oft an Konsequenz, Energie und Durchsetzungsvermögen. 1995 hatte der erschütterte Kinkel beispielsweise in Kigali versprochen, schnellstmöglich Abhilfe für die gräßlichen Mißstände in ruandischen Gefängnissen zu schaffen. Aber es dauerte zwei Jahre, bis ein Rechtshilfeabkommen mit der Gesellschaft für Technische Zusammenarbeit zustande kam. Und während die Niederlande dem neugegründeten UNO-Tribunal für Ruanda ganze Polizistenteams nach Afrika schickten, rang sich die deutsche Verwaltung nach anderthalbjährigen Verhandlungen zwischen Bund und Ländern, bei denen vor allem die Frage von Versicherung und Pensionsansprüchen eine zentrale Rolle spielte, zur Entsendung eines einzigen Juristen durch. Womöglich gab es ja nicht mehr Kandidaten – aber ihnen werden, anders als in Österreich oder den skandinavischen Staaten, von der Bundesregierung auch keine Anreize geboten. Oder die Wiener Menschenrechtskonferenz von 1993, an deren Ende 171 Staaten, darunter China und Iran, ein Bekenntnis zur Universalität und Unteilbarkeit der Menschenrechte unterzeichneten: Eigentlich hätte sie in Berlin stattfinden sollen. Aber dann schrieb Bundeskanzler Kohl dem UNO-Generalsekretär, er müsse leider absagen: «Zu teuer», hieß es offiziell. Inoffiziell war zu hören, welches der wirkliche Grund gewesen war: Die Regierung wollte wichtige Handelspartner wie China nicht verprellen. Wenn sich das Auswärtige Amt doch einmal geschlossen für die Menschenrechte einsetzt, gerät es indes bisweilen mit anderen Bonner Ressorts in Konflikt. Bei der Kampagne zur Ächtung von Antipersonenminen kämpften die Deutschen beispielsweise in der ersten Reihe – und setzten gleichzeitig eine Ausnahme für Antipanzerminen durch, von denen viele genausogut gegen Menschen eingesetzt werden können. Der jährliche Minenräumungsetat des Auswärigen Amtes wurde im letzten Bundeshaushalt von 13 auf 16 Millionen heraufgesetzt – aber die Hardthöhe gibt im selben Zeitraum etwa das Doppelte für die Entwicklung und Beschaffung von Minen aus.

Nicht einmal in Fällen wie dem mörderischen Bürgerkrieg in Algerien, dem monatlich Hunderte Menschen zum Opfer fallen, gelingt es, Einigkeit am Kabinettstisch zu erzielen. Klaus Kinkel verlangt, die EU müsse eingreifen – Manfred Kanther betreibt derweil Rücknahmeabkommen für Asylbewerber.

Überhaupt: Wenn es wirklich darauf ankommt, gegen äußeren und inneren Widerstand Realpolitik und Prinzipienfestigkeit miteinander zu verbinden – da wird die «rote Linie» (Klaus Kinkel) zwischen Dialogbereitschaft und Duckmäuserei, zwischen Pragmatismus und Anbiederung immer wieder überschritten. Mag sein, daß Helmut Kohl mit seinen Besuchen in Tibet (1987) und Peking (1995, 1998) recht hatte, als er sagte: «Wir öffnen hier Märkte für Jahrzehnte.» Aber war es wirklich notwendig, eine Kaserne der Nationalen Volksbefreiungsarmee zu besuchen, derselben Armee, die 1989 auf dem Platz des Himmlischen Friedens Hunderte unbewaffneter Demonstranten erschossen hatte?

Klaus Kinkel immerhin hatte 1992 versucht, Li Peng eine Liste inhaftierter Dissidenten zu überreichen – und mußte sich dafür fragen lassen, ob er jetzt Chinas Justizminister werden wolle. Aber hätte nicht auch der strengste diplomatische Komment – ganz zu schweigen von der Selbstachtung des Außenministers eines demokratischen Rechtstaats – ihm den Abbruch der Visite gestattet, als der Premier hinzufügte: «Ich weiß ja, Herr Kinkel, daß Sie das aus innenpolitischen Gründen machen müssen. Ihrer Partei, der FDP, geht es ja auch nicht gut»?

Der deutsche Außenminister zog aus diesem blamablen Vorfall seine Lehren. Den Dalai Lama empfing er (ähnlich wie Salman Rushdie) erst, als es sich absolut nicht mehr vermeiden ließ – und strangulierte sich dann beinahe mit dem zeremoniellen Schal, den ihm das Oberhaupt der Tibeter zur Begrüßung hatte überreichen wollen. Als Peking 1996 gegen eine Tibet-Tagung der Friedrich-Naumann-Stiftung protestierte, strich Kinkel der Stiftung eilfertig die bereits bewilligten Mittel – und wurde dann, wegen einer scharfen Resolution des Bundestages zum selben Thema, trotzdem von einer China-Reise ausgeladen. Der Gipfel der Peinlichkeit wurde schließlich erreicht, als Deutschland 1997 auf der Jahrestagung der UNO-Menschenrechtskommission zusammen mit Frankreich – Airbus oblige – von einer EU-Resolution zur Menschenrechtslage in China Abstand nahm. Chinesische Menschenrechtler, die von weither nach Genf gereist waren, um die Regierungsvertreter zur Standhaftigkeit zu ermutigen, waren entsetzt. Dänemark aber, das pro Kopf mehr Exporte nach China schickt als Frankreich, blieb es vorbehalten, sich zum Sponsor des Entwurfs zu machen und den Deutschen eine Lektion in Prinzipienfestigkeit zu erteilen. In Bonn galt es als offenes Geheimnis, daß die Order zum Rückzug aus dem Bundeskanzleramt gekommen war – der Prügelknabe der Öffentlichkeit aber war der deutsche Außenminister. Bereits Anfang 1998 war klar, daß es bei der nächsten Sitzung der Menschenrechtskommission keine EU-Resolution mehr geben würde.

Beispielhafte Grundsätze: Wie die Entwicklungspolitik die Menschenrechte durchsetzen will

Theoretisch ist in der deutschen Entwicklungspolitik in Sachen Menschenrechte alles in bester Ordnung. Schon 1991 stellte das Bundesministerium für wirtschaftliche Zusammenarbeit und Entwicklung (BMZ) fünf Kriterien für die deutsche Entwicklungszusammenarbeit vor. Die Kommentare waren durchweg positiv. Alle Bundestagsparteien signalisierten Zustimmung, und auch die Presse lobte den Vorstoß. Denn das Ministerium hatte sich mit seinem Kriterienkatalog sogar zu einem Vorreiter gemacht. Erst die deutsche Initiative veranlaßte beispielsweise den Ministerrat der Europäischen Gemeinschaft, einen ähnlichen Katalog zu verabschieden. Die Grundidee des BMZ ist einfach: Künftig soll die Beachtung bestimmter Regeln, unter anderem auch der Menschenrechte, zur Grundlage der deutschen Entwicklungszusammenarbeit gemacht werden. Die Checkliste lautet wie folgt:

1. Achtung der Menschenrechte (Indikatoren: Freiheit von Folter, Rechte bei der Festnahme und im Justizverfahren, keine Strafe ohne Gesetz, Religionsfreiheit, Minderheitenschutz),
2. Beteiligung der Bevölkerung (Indikatoren: Vereinigungsfreiheit, demokratische Wahlpraxis, Meinungs- und Pressefreiheit),
3. Rechtsstaatlichkeit und Gewährleistung von Rechtssicherheit (Indikatoren: Unabhängigkeit der Justiz, gleiches Recht für alle, Transparenz und Berechenbarkeit staatlichen Handelns),
4. Schaffung einer marktfreundlichen und sozialorientierten Wirtschaftsordnung (Indikatoren: Schutz des Eigentums, Art des Bodenrechts, Preisfindung durch den Markt, Gewerbe- und Niederlassungsfreiheit, Wettbewerb, Einschulung an Grundschulen – allgemein und Anteil der Mädchen),
5. Entwicklungsorientierung des staatlichen Handelns (Indikatoren: Wahrnehmung der Eigenverantwortung für Armutsbekämpfung, Umweltschutz, Bevölkerungspolitik und Verzicht der Partnerregierungen auf überzogene Rüstungsausgaben und unwirtschaftliche Prestigeobjekte).

Solche theoretischen Grundlagen für die praktische Entwicklungspolitik sind ein Fortschritt. Jahrzehntelang spielten nämlich Menschenrechte in der Entwicklungspolitik kaum eine Rolle. Ihre Beachtung wurde mehr oder weniger als automatische Konsequenz der (meist auf ökonomische Variablen reduzierten) Entwicklung gesehen – als gebe es einen zwingenden Kausalzusammenhang zwischen ökonomischem Fortschritt und politischer Freiheit. Zynisch formuliert: Die Armen müßten nur wohlhabend werden, dann würden sie schon irgendwann ihre Rechte fordern.

Manche Wissenschaftler verleitet dieser vor allem in den

sechziger Jahren weit verbreitete Fortschrittsglaube gar zu einem fatalen Umkehrschluß. Noch 1986 schrieb Richard Löwenthal, daß in einer ersten Phase in manchen Gesellschaften Entwicklung nur durch die Einschränkung individueller Freiheit möglich sei. Als empirischer Beweis wurden von Anhängern dieser These immer wieder die asiatischen Staaten angeführt. Dort wurde tatsächlich unter manch einem autoritären Regime ein beachtliches Wirtschaftswachstum und zum Teil auch eine deutliche Reduzierung der Armut erreicht. Seit dem Zusammenbruch des asiatischen Modells Ende 1997 hat dieser Beweis allerdings an Überzeugungskraft verloren. Im Gegenteil: Mittlerweile zeigt sich, daß gerade mangelnde demokratische Kontrolle, Korruption und damit letztlich auch die Vernachlässigung der Menschenrechte nicht nur ethisch und moralisch verwerflich sind, sondern auch die ökonomische Entwicklung ebendieser asiatischen Länder behindern. Die wachsenden Arbeitslosenzahlen in Thailand, Südkorea oder Indonesien sind ein klares Zeichen. Auch Untersuchungen über andere Gesellschaften widerlegen, daß eine Einschränkung von Menschenrechten eher zu ökonomischer Entwicklung – und damit zur Verringerung von Armut führt. Die Geschichte Afrikas und Lateinamerikas ist voller Diktatoren, die nicht nur Menschenleben auf dem Gewissen, sondern ihre Länder auch wirtschaftlich zugrunde gerichtet haben.

Entwicklungspolitik konkret: Mit zweierlei Maß messen

Auch in der deutschen Entwicklungspolitik blieb die Forderung nach mehr Schutz für die Menschenrechte nicht nur Theorie: Ländern, die die Kriterien des BMZ überhaupt nicht erfüllten, wurde tatsächlich die Entwicklungshilfe gestrichen: Sierra Leone, Nigeria, Liberia, Burundi, Myanmar oder auch Togo fielen aus der Förderung des Ministeriums. In diesen Ländern, so lautete die Analyse, ist die Situation so bedrückend und das Interesse der Machthaber an einer Verbesserung so gering, daß ausländische Projekte kaum Sinn machen.

Das Streichen von Entwicklungshilfe ist allerdings nur das letzte Mittel des Ministeriums. Mit dem Ende der Hilfe – so wird argumentiert – würde ja auch darauf verzichtet, menschenrechtsverletzende Regime zu beeinflussen. «Entwicklungszusammenarbeit ist immer eine Frage der politischen Abwägung. Man kann die Kriterien nicht mathematisch oder mit Bonus- und Minuszahlen schematisch bewerten», begründet der BMZ-Menschenrechtsexperte Bernhard Schweiger. Entscheidend sei, inwieweit in dem betreffenden Partnerland die Erfüllung der Kriterien wenigstens angestrebt werde.

Solch eine Relativierung macht Sinn. Da Entwicklung ein dynamischer Prozeß ist, kommt es ja gerade darauf an, demokratischen Kräften zu helfen und Prozesse zu unterstützen, die die Menschenrechte stärken. So wird mit deutscher Entwicklungshilfe beispielsweise in Guatemala das Menschenrechtsbüro des Erzbischofs unterstützt, in Südafrika Selbsthilfegruppen der schwarzen Stadtviertel, in Gambia ein Projekt der Böll-Stiftung zur Verhinderung von Frauenbeschneidungen, in Indien ein katholisches Zentrum, das Minderheiten in Rechtsfragen berät. Die Beispiele zeigen, daß es Unsinn wäre, von Entwicklungsländern eine perfekte Erfüllung aller fünf Kriterien zu erwarten oder sie gar zur Voraussetzung von Entwicklungshilfe zu machen.

Als plastisches Beispiel, wie eine solche Politik der Abwägung positiv wirken kann, gilt Kenia: Als dort zu Beginn der neunziger Jahre die Menschenrechtsverletzungen massiv zunahmen, drohten die meisten westlichen Helfer damit, ihre Entwicklungsprojekte einzufrieren. Sie forderten Wahlen, ein Mehrparteiensystem und einen glaubwürdigen Kampf gegen die Korruption. Wenig später kündigte Präsident Moi Wahlen an – und führte sie auch durch. Gerade dieses Beispiel zeigt jedoch auch die Grenzen solcher Politik. Die Geberländer waren in Kenia eine kurze Zeit lang erfolgreich, weil sie ihre Aktionen ausnahmsweise koordinierten, weil andere gewichtige ökonomische Interessen kaum entgegenstanden und weil ihr Gegenüber auf der weltpolitischen Bühne eine eher schwache Figur abgibt.

In vielen Staaten ist die Situation ganz anders. Hier lautet das Prinzip: Bei großen, ökonomisch oder geostrategisch wichtigen Ländern interessiert die Bundesregierung die Beachtung der Menschenrechte weniger als bei kleinen. Und dieser Doppelstandard wirkt sich auch in der Entwicklungszusammenarbeit aus. Dann spielen plötzlich bei der Mittelvergabe neben den Kriterien des BMZ eine ganze Reihe anderer, häufig viel gewichtigerer Gesichtspunkte eine Rolle: allen voran die Ökonomie, die Ideologie, die Geostrategie und – last, but not least – Geldnöte.

Die Ökonomie: China ist ein wichtiger Handelspartner, das macht die Frage der Menschenrechte sekundär; die Volksrepublik profitiert folglich in großem Maße vom deutschen Entwicklungsetat. Zu Indonesien konstatiert der Menschenrechtsbericht der Bundesregierung immerhin: «In einem Klima anhaltender ethnischer und religiöser Spannungen ist nach wie vor eine hohe Gewaltbereitschaft des Militärs und der Sicherheitskräfte zu verzeichnen.» Dennoch ist das krisengeschüttelte Indonesien weiterhin ein Hauptempfänger deutscher Hilfsgelder.

Die Ideologie: Wenn die ökonomischen Interessen nicht schwerer wiegen als die ideologischen, dann wird traditionell unliebsamen Regierungen die bilaterale staatliche Hilfe verweigert – so im Falle des wirtschaftlich unwichtigen Kuba. Vietnam, das ebenfalls eine kommunistische Regierung hat, bekommt dagegen Hilfsgeld.

Die Geostrategie: Bei strategisch bedeutenden Ländern wie der Türkei werden die Verfolgung der Kurden und andere Menschenrechtsverletzungen regelmäßig von offizieller deutscher Seite mißbilligt. Trotzdem befindet sich das Land unter den zehn wichtigsten Empfängern von deutscher Hilfe.

Der Sparzwang: Verschiedene Länder, die in den vergangenen Jahren erfolgreiche Demokratisierungsprozesse hinter sich haben, bekommen heute trotzdem weniger deutsche Entwicklungshilfe. Ghana oder Uganda beispielsweise wurde die Hilfe 1997 im Vergleich zum Vorjahr gekürzt – trotz einer Verbesserung der politischen und sozialen Situation. Wo bleibt da die Unterstützung von Fortschritten? Die Ebbe im Haushalt des BMZ führt in letzter Konsequenz dazu, daß der Katalog der Menschenrechtskriterien zu einem bloßen Ausschlußmechanismus und damit zu einem Sanktionsinstrument wird – statt zu einem Anreiz.

Uschi Eid, die engagierte Bundestagsabgeordnete der Grünen, sagt dazu: «Der Bundesminister nimmt seine Kriterien selbst kein bißchen ernst.» Ganz richtig wird die Feststellung, wenn man sie ein wenig variiert: Der Bundesminister nimmt seine Kriterien eben nur manchmal ernst. Sein Handeln läßt sich auf den einfachen Nenner bringen: Entwicklungshilfe für kleine, wirtschaftlich unwichtige Staaten wird konditioniert, große hingegen kommen bei Menschenrechtsverletzungen relativ ungeschoren davon.

Die Aufgabe der Zukunft: Mehr Kohärenz

Scheinheiligkeit. Auf diesen Begriff läßt sich das Verhalten der deutschen Politik beim Thema Menschenrechte reduzieren. Kaum ein Politiker hat den Mut, offen zuzugeben, daß Menschenrechte eben nur *ein* Aspekt der Außen- und Entwicklungspolitik sind. Statt zu erklären, daß ein Streichen der deutschen Entwicklungshilfe im Falle Chinas wirtschaftliche Interessen der Bundesrepublik zuwider liefe, müssen Scheinargumente herhalten. China sei ja bei der Armutsbekämpfung erfolgreich, sagt beispielsweise Entwicklungsminister Spranger und fordert «ein größeres Verständnis für die Bedenken der chinesischen Regierung, ob durch eine sofortige Einführung westlich geprägter demokratischer Regeln die staatlichen Strukturen für das 1,2-Milliarden-Volk noch gewährleistet werden können». Diese Art von Nachsicht wird anderen undemokratischen Menschenrechtverletzern nicht entgegengebracht. Wenn schon Pragmatismus, dann bitte ehrlich. Langfristig jedoch ist eine viel grundsätzlichere Revision der deutschen Politik gefragt. «Kohärenz» lautete das Stichwort, unter dem kritische Entwicklungsexperten schon länger die Stimmigkeit der Politik einfordern. Im Kern geht es ihnen darum, daß eine Maßnahme oder ein wichtiges Ziel nicht durch andere konterkariert werden darf. Wenn also die Beachtung der Menschenrechte wirklich ein Kriterium für die Außen- und Entwicklungspolitik der Bundesregierung sein soll, dann sollte zumindest versucht werden, dieses Politikfeld nicht komplett der Wirtschaftspolitik zu opfern. Um beim Beispiel China zu bleiben: Wie man virtuos auf der Klaviatur der Realpolitik spielen und trotzdem für Prinzipien eintreten kann zeigen die Vereinigten Staaten. Die amerikanische Regierung steht anderen in der Konkurrenz um lukrative Aufträge in nichts nach. Aber Präsident Clinton hat es sich – trotz schärfsten Protests aus Peking – Ende Dezember 1997 nicht nehmen lassen, den freigekommenen Wei Jingsheng anderthalb Stunden lang zu empfangen. Auch Klaus Kinkel traf sich kurz mit dem Dissidenten – freilich nicht als deutscher Außenminister, sondern als FDP-Präsidiumsmitglied.

Heribert Prantl

Das Pech des Ertrinkenden

Wie das hohe Gut des Asylrechts in Europa verkommen ist

Im November 1995, bei der mündlichen Verhandlung vor dem Bundesverfassungsgericht, hat Bundesinnenminister Manfred Kanther, als er mit bitteren Flüchtlingsschicksalen konfrontiert wurde, Mängel des neuen deutschen Asylrechts eingeräumt. Er hat dabei so getan, als seien diese Mängel ein Opfer, das Deutschland für Europa bringen müsse. Kanther schwärmte damals von einem europäischen Konzept, von einem großen europäischen Verantwortungszusammenhang. Das neue deutsche Asylrecht sei ein Teil dieses Konzepts, dessen schützende Wirkung sich leider noch nicht entfaltet habe. Und Kanther bat die Richter, diesen Entfaltungsprozeß nicht zu stören. Der Bitte entsprachen die Karlsruher Richter bekanntlich dann auch. Sie erklärten das neue deutsche Asylrecht für verfassungsgemäß, dessen Sinn und Zweck darin besteht, möglichst kein Asylrecht zu gewähren.

Und wie sieht nun der Entfaltungsprozeß aus, von dem Kanther damals geredet hat? Es entfaltet sich immer deutlicher, daß das deutsche Flüchtlingsrecht nicht Teil eines europäischen Verantwortungszusammenhanges, sondern Teil eines europäischen Systems der Unverantwortlichkeit ist. Es geht nicht um Schutz «für» Flüchtlinge, sondern um Schutz «vor» Flüchtlingen. Mit einem typischen Beispiel begann das Jahr 1998: 2000 kurdische Flüchtlinge landeten mit verrosteten Schiffen in Italien und würden von der deutschen Innenpolitik sogleich zur beinah apokalyptischen Bedrohung erklärt. Und was geschah? Die deutschen und die EU-Vertreter setzten sich mit den Verfolgern zusammen und machten mit ihnen gemeinsame Sache: Die EU dachte sich gemeinsam mit den Türken Maßnahmen gegen die Verfolgten aus.

Es gibt einen Wettlauf der Schäbigkeit in Europa, und Deutschland hält in diesem Wettlauf einen Spitzenplatz. Der Bundesrat hat im Februar 1998 ein Gesetz beschlossen, das den geduldeten Flüchtlingen in Deutschland keinerlei Leistungen mehr gewährt, weder Geld- noch Sachmittel. Diese Menschen, denen in ihrer Heimat Gefahr für ihr Leben droht, bekommen zwar nach dem Gesetz in Deutschland eine sogenannte Duldung, also ein Stück Papier. Gleichzeitig will man ihnen jetzt aber deutlich zu verstehen geben, daß sie nicht geduldet werden. Der Anspruch auf menschenwürdige Versorgung wird gestrichen. Sollen Flüchtlinge betteln gehen, sollen sie auf der Straße leben? Sollen sie kriminell werden, damit man sie dann zwangsweise abschieben kann? Man will sie jedenfalls zur freiwilligen Ausreise zwingen. Man kann diese Methode Aushungern nennen. Beschwichtigend reden die Innenminister von «Illegalen», gegen die sich diese Maßnahme richte; doch das ist falsch. Es geht um Menschen, die zwar irgendwann ausreisen müssen, aber wegen des Kriegs in ihrer Heimat einen «Aufenthaltstitel» haben.

Schon bisher erhalten Flüchtlinge weniger Mittel, als es nach dem Sozialhilfegesetz dem Existenzminimum entspräche. Das Minimum für Flüchtlinge ist also jetzt minimaler als das für andere Menschen. Kinder sollen Flüchtlinge ohnehin nicht bekommen. Eine Baby-Ausstattung erhalten schon bisher nur deutsche Sozialhilfe-Empfängerinnen, nicht aber Flüchtlingsfrauen. Der Caritas-Verband hat dagegen heftig protestiert. Im Gegenteil: Künftig soll es noch viel schärfer zugehen.

Im September 1996 feierte die Flüchtlingshilfeorganisation Pro Asyl in der Evangelischen Akademie Tutzing ihr zehnjähriges Jubiläum. Nicht wenige Redner auf dem Forum und in den Arbeitskreisen hatten da Mühe, ihre Resignation zu verstecken. Der Generalsekretär des Europäischen Flüchtlingsrates fragte nachdenklich, ob denn wohl die Institution der Asylgewährung das Ende des Jahrtausends noch erleben werde. Und er warnte davor, die «Ethik der humanitären Solidarität» preiszugeben, weil, wie er richtig sagte, «wir alle von ihr abhängen und weil die Niederlage für die Flüchtlinge eine Niederlage für uns alle sein wird».

Die staatlich organisierte Entsolidarisierung: bei den Flüchtlingen fing sie an. In der deutschen Asyldebatte, die vor zwanzig Jahren begann, wurde das Wort Humanität zum Schimpfwort. «Humanitätsduselei» war noch das Mildeste. Wer für Schutz und Hilfe warb, wurde ausgelacht. Wer die Logik der Debatte umzudrehen versuchte, wer den «kritischen Dialog» des Menschenrechtsverwalters und Außenministers Klaus Kinkel (FDP) kritisierte, also nicht die kurdischen Flüchtlinge, sondern die deutschen Waffenlieferungen in die Türkei zum Thema machte, der wurde (und wird!) als politischer Romantiker und ewiger Moralist belächelt. Moral geriet zum Schimpfwort. Gleichwohl: Politik ohne Moral ist unmoralische Politik.

Wer das Grundrecht erhalten wollte, wurde beschimpft. Wer dagegen Flüchtlinge Schmarotzer nannte, konnte mit donnerndem Applaus rechnen. Man tat so, als sei der Artikel 16 Absatz 2 Grundgesetz, das Asylgrundrecht, ein Privileg für sogenannte «Asylschwindler» und ein gefundenes Fressen für alle Armen dieser Welt. Man machte diesen Artikel zum Sündenbock und bürdete ihm so lange Lasten auf, bis er zusammenbrach. Artikel 16 und die Flüchtlinge waren an allem schuld, sogar noch daran, daß die Asylbewerber-Heime brannten. So konnte das alte Asylrecht entsorgt werden. Kaum waren die alten Mauern zwischen Ost und West gefallen, hat der Westen neue Mauern errichtet: Die bestehen aus Paragraphen, aus Infrarot, aus Nachtsichtgeräten, Hubschraubern und über 15 000 Grenzschützern – an der deutschen Ostgrenze, der bestbewachten Grenze in Europa. Weil man den Reichtum nicht teilen wollte, hat man sich eingemauert – in der Hoffnung, so bleibe der Wohlstand drinnen und die Armut draußen. Das neue deutsche Asylrecht vom 1. Januar 1993 ist die Manifestation der Entsolidarisierung.

«Drittstaaten-Klausel» – dieses Wort, ein Hauptwort des neuen Asylrechts, klingt so harmlos unverständlich. In Wahrheit ist es die schärfste rechtspolitische Waffe seit Erfindung der Guillotine.

Drittstaaten-Klausel heißt nämlich: Ein Flüchtling, der auf seiner Flucht auch nur einen Fuß auf einen anderen als den deutschen, also auf einen «Drittstaat» gesetzt hat, der hat in Deutschland keine Chance mehr. Wer also über einen der vielen deutschen Nachbarstaaten, sei es Frankreich oder Polen, Österreich oder Tschechien, nach Deutschland geflohen ist, der gilt – *per definitionem* – in Deutschland nicht mehr als politisch verfolgt. Er mag hier noch so eindringlich und glaubhaft von politischer Verfolgung berichten; er mag sein Todesurteil vorlegen; er mag die Spuren der Folter auf seinem Körper vorzeigen – das alles zählt nicht. Es zählt nur der Weg, auf dem der Flüchtling gekommen ist. Auf diesem Weg wird er sofort und ohne weitere Prüfung zurückgeschickt.

Das wäre vielleicht dann tolerant, wenn es in Europa, wenn es wenigstens in der Europäischen Union einigermaßen einheitliche Kriterien für die Anerkennung von Flüchtlingen gäbe; es gibt sie nicht. Man hat sich nie darum bemüht. Es gibt nur das gemeinsame Bemühen, Flüchtlinge möglichst schnell wieder loszuwerden. Der Schutz von Flüchtlingen ist kein gemeinsames Thema, nicht einmal die Lastenverteilung. Gemeinsames Thema ist nur Ausweisung und Abschiebung. Die Drittstaaten-Regelung ist deshalb, so hat es Verfassungsrichter Bertold Sommer gesagt, «ein Dach, für das es noch kein Haus gibt». Was passiert mit einem solchen Dach? Es hat keinen Halt und erschlägt die, die darunter Schutz suchen.

Diese Drittstaaten-Klausel ist keine deutsche Spezialität – sie ist mittlerweile Gemeingut in den europäischen Staaten. Überall werden solche Klauseln praktiziert – sie gehören zu den Spielregeln eines Ping-Pong-Spiels, bei dem der Spielball Flüchtling heißt. Die zweite Regel dieses europäischen Spiels heißt «sichere Herkunftsländer»: Jedes Land stellt eine Liste auf mit Staaten, die echt oder angeblich sicher sind. Kommt er aus einem solchen als sicher definierten Land, dann hat er als Flüchtling keine Chance auf Schutz und Hilfe.

So ist es in Europa: Jeder wäscht seine Hände in Unschuld. Jeder schiebt den Flüchtling einfach weiter in den nächsten Staat, kümmert sich nicht darum, was dort mit ihm geschieht. Der Nachbarstaat sei doch auch, so rechtfertigt man sich, Mitglied der Genfer Flüchtlingskonvention; er werde die Flüchtlinge schon irgendwie ordentlich behandeln. Der Nachbarstaat aber denkt genauso, und er schickt die Flüchtlinge wiederum weiter – und so weiter und so weiter. Und dann landet der Flüchtling wieder dort, wo er hergekommen ist, im Land der Verfolgung. Schutz für Flüchtlinge wird so zur juristischen Fiktion: Jeder Staat definiert per Gesetz den anderen als «sicher». Ob er es tatsächlich ist, interessiert nicht. Die Praxis zeigt: Das Sichere ist nicht sicher. Jedem europäischen Staat geht es nur noch darum, sich möglichst schnell für unzuständig zu erklären. Überall in Europa heißt es jetzt: Asyl ja, aber nicht bei uns.

Die Politik der europäischen Regierungen praktiziert das Sankt-Florians-Prinzip. Alle einschlägigen Anstrengungen der Europäischen Union und ihrer Nachbarn beziehen sich allein auf die Mechanismen der Flüchtlingsabwehr. Die Welt wird mit einem Netz von Rückübernahmeabkommen überzogen, in dem sich der Flüchtling erst verfängt und mit dem er dann herausgefischt wird aus dem Milieu, in dem er sich Hilfe versprochen hatte.

Asyl- und Flüchtlingsfragen wurden bei den Verhandlungen der Staaten der sogenannten Schengen-Gruppe (benannt nach dem Ort, in dem Frankreich, Deutschland und die Benelux-Länder den Vertrag über Ausgleichsmaßnahmen nach dem Wegfall der europäischen Binnengrenzen geschlossen haben) stets in einem Atemzug mit Terrorismus und Drogenschmuggel verhandelt. Eurodac, das Fingerabdruck-System für Flüchtlinge, behandelt Flüchtlinge wie Straftäter. Und das elektronische Schengener Informationssystem SIS schert alle über einen Kamm – als verdächtige Personen. Schon in den frühen Plänen zur Überwachung der europäischen Außengrenzen nach Eröffnung des Binnenmarktes am 1. Januar 1993 war von «mobilen Einheiten» die Rede. Die Innengrenzen fallen, die Außengrenzen werden verstärkt. «Im Konzept der Abschottung» war ursprünglich, so urteilt die Arbeitsgemeinschaft für Flüchtlinge Pro Asyl, «der

Eiserne Vorhang integraler Bestandteil». Europa will den Eisernen Vorhang nun in anderer Form wieder errichten. Gebaut wird eine Mauer aus Computertechnik, Bürokratie und mobiler Grenzpolizei. Fremde dürfen nur noch mit Visum ins Land; die Möglichkeit, überhaupt einen Asylantrag zu stellen, wird ständig erschwert, und die Chance, mit einem Asylantrag Erfolg zu haben, sinkt rapide. Die Mutterländer zerschneiden das Band zu ihren ehemaligen Kolonien, werden von Europa gedrängt, die postkoloniale Migration zu stoppen. Deshalb hat, zum Beispiel, Spanien längst die Visumspflicht für Menschen aus Peru eingeführt, zuvor schon, unter europäischem Druck, für Bürger aus den nordafrikanischen Nachbarstaaten. Die Auswahl der Menschen, die in Europa noch aufgenommen werden, wird an die Außengrenzen oder gleich ins außereuropäische Ausland verlegt, etwa dadurch, daß Asylanträge in den jeweiligen Botschaften im Ausland gestellt werden müssen. Die Staaten Europas haben eine Art Pufferzone in den Nachbarländern errichtet – so wie es Deutschland im neuen Asylrecht vorexerziert.

Asyl in Europa: Da schwimmt einer im Fluß, in einem Grenzfluß; er versucht, ans rettende Ufer zu kommen. Im Wasser patroullieren Boote, und an beiden Ufern stehen Grenzbeamte. Sobald der Schwimmer zu nah ans Ufer kommt, drängen ihn die Boote wieder in die Mitte. Und wenn er trotzdem das eine Ufer erreicht, dann jagen ihn die Posten wieder ins Wasser zurück. Erreicht der Mann schließlich das andere Ufer, dann ruft man ihm zu, daß er doch vorhin schon auf dem gegenüberliegenden Ufer gestanden habe und er deshalb sein Heil dort suchen solle. Und man treibt ihn wieder zurück ins Wasser.

Der Schwimmer ist ein Flüchtling, der Asyl in Europa beantragen will. Und das Bild beschreibt die Tendenzen der europäischen Asylpolitik, wie sie sich aus den Verträgen ergeben, die von europäischen Regierungen geschlossen wurden. Die einschlägigen Verträge von Schengen und Dublin und die diversen Rückübernahmeabkommen lesen sich so ähnlich wie jene Vorschriften der deutschen Justizvollzugsanstalten, in denen geregelt wird, welche Gefangene wann und wie in welches andere

Gefängnis «verschubt» wird. Entsprechend heißt der Mensch, der abgeschoben werden soll, im Beamtendeutsch «Schubling». Die Verträge beschreiben, wie ein Staat Flüchtlinge, deren Asylanträge er als offensichtlich unbegründet bewertet, möglichst schnell wieder los wird. Über die Behandlung von offensichtlich begründeten Asylanträgen findet man kaum einen Satz. Es geht bei der europäischen Asylpolitik nicht um die Aufnahme von Flüchtlingen, sondern ausschließlich um ihre Abwehr. Die politischen Erklärungen über eine «Harmonisierung des europäischen Asylrechts auf der Basis der Genfer Flüchlingskonvention» sind ebenso wohlfeil wie unglaubwürdig. Noch nie wurde darüber verhandelt, wie eine einheitliche Anwendung dieser Konvention innerhalb der Europäischen Union gewährleistet werden kann.

Im August 1991 hatte sich erstmals gezeigt, was es mit der Genfer Flüchlingskonvention im Ernstfall auf sich hat – als in Süditalien Flüchtlinge aus Albanien per Schiff gelandet waren. In den Straßen von Bari wurden sie von Soldaten gejagt, im Sportstadion eingesperrt. Es gab kein Entkommen, es gab keine Zuflucht, es gab kaum Wasser und Brot, auch nicht für Frauen und Kinder. Selbst Kriegsgefangene wären nach der Genfer Konvention besser zu behandeln gewesen. Ein Staat war in Panik. Italien reagierte, als wären die Flüchtlinge aus dem Nachbarland Verbrecher, und exerzierte ein Exempel der Abschreckung. Italien forderte die Mobilmachung der EG. Militärische Einheiten sollten in der Adria patroullieren, um Flüchtlinge schon im Wasser abzufangen. Die Bilder von Bari zeigten freilich, wo eine solche Politik enden wird: im Krieg gegen Flüchtlinge. In Bari ereignete sich ein Vorgefecht. Zwar sind die Technik und das Personal zur rigorosen Flüchtlingsabwehr an den Außengrenzen Europas noch nicht komplett aufgebaut, aber die Mentalität dafür ist sehr wohl vorhanden – und sie zeigt sich jedesmal, kaum daß ein paar hundert Flüchtlinge in Italien anlanden, ob 1991 Albaner oder 1998 Kurden. Es herrscht Aufregung, als wäre eine gefährliche albanische Kriegstruppe im Anmarsch. Man tat und tut so, als bedeute eine Aufnahme der Flüchtlinge den Zusammenbruch Italiens. Und wenn die zerlumpten Gestalten sich wieder auf den Rückweg machen, beziehungsweise abgeschoben werden, dann herrscht Erleichterung, als sei die Schlacht auf dem Lechfeld gewonnen worden.

Asylpolitik wird europaweit als eine Art Strafpolitik verstanden und betrieben: Der Flüchtling soll abgeschreckt werden. Zweck des Asylrechts ist demzufolge die Generalprävention: die Abschreckung von Flüchtlingen. Bestimmte Formen der Abschreckung sind schon seit etwa 1973, also seit dem Beginn der Anti-Asylkampagne, Hauptinhalte deutscher Asylpolitik: Abschrecken sollte die Unterbringung in Gemeinschaftsunterkünften; abschrecken sollte eine Gemeinschaftsverpflegung, also das Verbot, das Essen selber zu kochen; abschrecken sollten gekürzte Sozialleistungen und ein Arbeitsverbot. Wirkung zeigte dieses auf andere Weise: Es stempelt Asylbewerber zu arbeitsscheuen Nichtstuern, goß so Wasser auf die Mühlen gängiger Ressentiments. Wirksamer als abschreckende Maßnahmen auf hiesigem Boden waren stets die Beförderungsverbote, die den Fluggesellschaften auferlegt wurden: Kaum stiegen die Flüchtlingszahlen und die Anerkennungsquoten für Asylbewerber aus einem bestimmten Land, verhängten die Bundesregierung und die anderen EU-Staaten genauso eine Visumssperre. Auf eine manifeste Verfolgungssituation reagierten sie – mit Aussperrung. Menschen aus potentiellen Fluchtländern dürften also nur noch mit Visum ins Flugzeug. Die Botschaften freilich waren und sind gehalten, kein Visum auszustellen, die Fluggesellschaften oft bei Schadensersatz und Strafe verpflichtet, das Visum zu kontrollieren und niemanden ohne Visum nach Europa zu fliegen. Weil Asyl aber nicht schon in Äthiopien, sondern erst auf deutschem Boden beantragt werden kann, wurde und wird auf diese Weise vielen Flüchtlingen der Zugang zum Asylrecht verbaut, die Flucht bereits im Herkunftsland verhindert.

Also: Abschreckung und Grenzsicherung, Grenzsicherung und Abschreckung. Das System des Flüchtlingsschutzes, aufgebaut in den Jahrzehnten nach dem Zweiten Weltkrieg auf der Basis der Genfer Flüchlingskonvention, bricht zusammen. Das deutsche Vorbild zeichnet das künftige Bild des Asyls in Europa. Was wird vom Asylrecht und seiner Europäisierung bleiben? Was wird von der Genfer Flüchlingskonvention bleiben, wenn sie einheitlich europäisch ausgelegt wird?

Nicht viel. Heute ist in der EU normiert, wie eine Tomate oder ein Apfel für Europa auszusehen hat. Tomaten und Äpfel freilich kann man marktgerecht züchten, Flüchtlinge nicht. Flüchtlinge, die einer künftigen europäischen Idealnorm entsprechen, wird es kaum geben. Deutschland hat es mit seinem neuen Asylrecht vorgemacht: Man definiert den geschützten Flüchtling so, daß kaum mehr einer bleibt, der geschützt werden muß. So also soll «Freiheit, Gleichheit und Brüderlichkeit» im vereinten Europa aussehen.

Die Zukunft der Menschenrechte

Volkmar Deile

Die Menschenrechte – eine unvollendete Revolution

Geschichte verläuft selten geradlinig und vorhersehbar. Das hat das Jahr 1989 gezeigt. Niemand hatte das Ende der Sowjetunion und der von ihr abhängigen Diktaturen in Mittel- und Osteuropa sowie den Zusammenbruch der bipolaren Weltstruktur so und zu diesem Zeitpunkt erwartet. Die Konsequenzen für die Menschenrechte waren weitreichend.

Genauso hat niemand 1948 geahnt, was mit der Verabschiedung der Allgemeinen Erklärung der Menschenrechte (AEMR) angestoßen wurde. Die *Westdeutsche Allgemeine Zeitung* meldete am Tag danach: «Die Vollversammlung nahm eine Erklärung der Menschenrechte an, eine Charta der Rechte des Einzelmenschen, wie sie bisher noch nicht bestanden hat.» Ein Satz in einem zweispaltigen Artikel. Und die *Basler Nachrichten* sprachen davon, daß «eine Maus geboren» worden sei. Menschenrechte, das war damals fast noch ein Fremdwort.

Das zumindest ist es heute nicht mehr. Ja, es scheint, als hätten die Menschenrechte die historische Zäsur 1989/1990 nicht nur unbeschadet überstanden, sondern seien in ihrer Bedeutung sogar gestärkt worden. Das mit 1989 verbundene – von interessierter Seite oft vorgebrachte – Diktum vom Ende der Geschichte und der Utopien trifft auf sie jedenfalls nicht zu. Die Menschenrechte sind nicht nur, aber sie sind auch Utopie. Jeder Satz der AEMR greift wie ein uneingelöstes Versprechen weit in die Zukunft: «Alle Menschen sind frei und gleich an Würde und Rechten geboren.» Allein dieser Satz ist die Essenz einer «unvollendeten Revolution». Jeden Tag wird diese simple Selbstverständlichkeit tausendfach mißachtet. Dennoch ist ihr Hoffnungsgehalt nicht totzukriegen. Wie immer umgebogen, verfälscht, instrumentalisiert, verletzt und mißachtet die Menschenrechte auch wurden und werden, die Substanz der Botschaft ist lebendig. Warum?

Der Kampf um die Achtung der Menschenwürde ist so alt wie das Menschengeschlecht selbst. Jede gesellschaftliche Formation, jedes Zusammenleben von Menschen kennt Unrechtserfahrungen als Teil der Organisation von Macht und Herrschaft. Damit verbunden sind mit allen Kulturen Menschenrechtsverletzungen, gegen die Menschen sich gewehrt haben. Es ist eine Art «anthropologischer Grundkonstante» menschlicher Existenz, sich nicht quälen lassen zu wollen – in allen Zeiten und Kulturen. Das gleiche gilt für den Hunger. Die Herstellung von Lebensverhältnissen, in denen Menschen «frei von Furcht und Not» (Präambel der AEMR) leben können, hat die Menschheit seit langem bewegt. Die AEMR sieht die Menschen «mit Vernunft und Gewissen begabt», als Subjekte der Gestaltung ihrer eigenen Lebensverhältnisse, als Inhaber von Rechten, die durch nichts als die Rechte anderer begrenzt sein sollen, und dies unter der Voraussetzung grundsätzlicher Gleichheit. Schon hier wird deutlich, wie zukunftsträchtig die AEMR von 1948 ist. Die in ihr festgeschriebenen individuellen Freiheits-, sozialen und wirtschaftlichen sowie Partizipationsrechte markieren bis heute die zukünftigen Ziele der Menschenrechtsarbeit und -bewegung – sie brauchen nicht neu erfunden zu werden. Sie war 1948 noch «das von allen Völkern und Nationen zu erreichende gemeinsame Ideal» (Präambel). Sie versteht die Achtung der Menschenwürde und ihrer Rechte als Grundlagen «der Freiheit, der Gerechtigkeit und des Friedens». Sie propagiert die Herrschaft des Rechts, «damit der Mensch nicht zum Aufstand gegen Tyrannei und Unterdrückung als letztem Mittel gezwungen wird». Und als wäre dies noch nicht genug, ist sie Vision im besten Sinne des Wortes, wenn sie verspricht: «Jedermann hat Anspruch auf eine soziale und internationale Ordnung, in der die in dieser Erklärung aufgeführten Rechte und Freiheiten voll verwirklicht werden können» (Art. 28 AEMR). Bemerkenswert ist die Verknüpfung von Freiheits-,

Partizipations- und sozialen Rechten zu einem weitreichenden politischen Konzept.

Proklamiert, aber nicht realisiert

Papier ist geduldig, sagen die Realisten und haben recht. Was proklamiert ist, ist noch lange nicht realisiert – da muß man nur die Berichte der Menschenrechtsorganisationen über Menschenrechtsverletzungen lesen. Dennoch stehen wir längst nicht mehr am Nullpunkt der menschenrechtlichen Entwicklung. Daß das zu erreichende «gemeinsame Ideal» keinen illusionären Idealismus begründet hat, hat vor allem folgende Gründe:

› Die AEMR ist eine Konsequenz historischer Erfahrung. Adorno hat die Geschichte des 20. Jahrhunderts als Versuch, «das Individuum zu einem Nichtigen herabzusetzen», interpretiert und damit besonders die Vernichtungslager der Nazis gemeint. In der Präambel heißt es, daß «Verkennung und Mißachtung der Menschenrechte zu Akten der Barbarei führten, die das Gewissen der Menschheit tief verletzt haben». Die sich nach 1945 neu konstituierende Staatengemeinschaft wollte verhindern, daß sich Verbrechen wie die des nationalsozialistischen deutschen Staates und im Zweiten Weltkrieg wiederholen.

› Die AEMR hat sich als fruchtbarer Nährboden für die Entwicklung von Verträgen und Abkommen zum Schutz der Menschenrechte erwiesen. Einige Dutzend Verträge mit hohen Zeichnungs- und Ratifikationsständen sind aus ihr entstanden. 1966 waren die beiden Internationalen Pakte über die wirtschaftlichen, sozialen und kulturellen Rechte einerseits und über die bürgerlichen und politischen Rechte andererseits fertiggestellt. Es dauerte wegen der Hochzeit des Kalten Krieges zehn Jahre, bis sie in Kraft treten konnten. Manche behaupteten damals, sie seien ein gesinnungsethischer Luxus, Ausdruck einer irregeleiteten Fortschrittsgläubigkeit. Weit gefehlt. Über 140

Staaten haben mittlerweile ihre verbindliche Gültigkeit für sich anerkannt. Es gibt Konventionen wie die zum Schutz der Kinder, der heute alle Staaten außer den USA und Somalia beigetreten sind. Damit versprechen die Staaten – völkerrechtlich verbindlich –, daß sie den Inhalt in ihren Verfassungen und Gesetzen umsetzen sowie in ihrem politischen Handeln ernst nehmen. Täten sie dies wirklich, dann könnte es zum Beispiel keine 250 000 Kindersoldaten geben. Jeder weiß, daß die Verträge zum Teil nicht oder nur teilweise eingehalten werden, daß heißt, der völkerrechtlichen Erfolgsstory der Kodifizierung der Menschenrechte als Recht stehen fehlender politischer Wille der Staaten und eine weitgehende Durchsetzungsschwäche gegenüber. In Abwandlung einer Aussage des früheren Bundespräsidenten Gustav Heinemann über das Grundgesetz kann man sagen: Die AEMR ist ein großes Angebot zur immer besseren Realisierung der Menschenrechte. Die Bedeutung der aus ihr hervorgegangenen Menschenrechtsverträge steigt mit der Anzahl der Menschen, die ihre Verwirklichung fordern.

› Die AEMR und die aus ihr hervorgegangenen völkerrechtlich bindenden Verträge und Abkommen sind eine unverzichtbare Berufungsgrundlage für alle geworden, die sich für die Realisierung der Menschenrechte einsetzen. Aus dem moralisch-ethischen Anliegen, den unendlichen Wert jedes einzelnen menschlichen Lebens zu schützen, ist Recht geworden, auf das Opfer von Menschenrechtsverletzungen sich ebenso wie Menschenrechtsorganisationen berufen. Dazu muß man den Inhalt allerdings kennen. Die Aufgabe, das «bestgehütete Geheimnis» (so hat jemand den Inhalt der Menschenrechtserklärung bezeichnet) zu lüften, liegt gerade auch bei denen, die Multiplikatoren der öffentlichen Meinungs- und Bewußtseinsbildung sind.

› Die AEMR ist zur Hoffnung all derer geworden, die sich aus Angst, Not, Unfreiheit und Gewalt befreien wollen. Sie ist von großer Bedeutung für alle, die ein Leben «frei von Furcht und Not» (Präambel) führen wollen. Und sie ist ein andauernder Stimulus für die weltweit wachsende Menschenrechtsbewegung, die der eigentliche Antrieb für ein besseres Zusammenleben der Menschen ist. Das macht Hoffnung.

Halten wir fest: Die Menschenrechte sind «keine Vision einer nur im Traum erreichbaren Insel Utopia» (H. Gollwitzer). Sie sind keine Wunschsätze, sondern nach Verwirklichung verlangende bindende Forderungen. Sie vereinen die Vision eines gerechten Zusammenlebens mit nüchternem Realismus, Utopie mit Recht. Die Menschenrechte sind heute einerseits positives staatliches Recht, andererseits aber Utopie ganz im Sinne Karl Mannheims, der Utopia als die «Faktoren» beschreibt, «die dieses Sein als verwirklicht nicht enthält». Der Menschenrechtsbewegung ist zu raten, daß sie den Zweiklang von utopischer Vision und nüchternem pragmatischem Realismus durchhält. Sie darf weder die Vision dem Realismus opfern, noch den Realismus der Vision. Mit diesem Konzept hat sie eine Reihe von Erfolgen durchsetzen können. So sehr es die Aufgabe der Einzelstaaten ist, national (Verfassung und Gesetze), regional (z.B. Europarat, Europäische Menschenrechtskommission, Europäischer Menschenrechtsgerichtshof) und international (Menschenrechtsschutzsysteme der Vereinten Nationen) die Menschenrechte zu schützen, so sehr liegt es nicht mehr in ihrer alleinigen Kompetenz, wie sie mit den Bürgerinnen und Bürgern in ihrem Machtbereich umgehen. Friedliche Einmischung sollte im Fall umfassender Menschenrechtsverletzungen heute ein legitimes Anliegen der sogenannten internationalen Staatengemeinschaft, ja der Normalfall zwischenstaatlicher Beziehungen sein. Die Organe zur Durchsetzung sind bisher schwach und kaum über Berichte und Rechenschaftspflicht verlangende Instrumente hinausgekommen. Der politische Wille fehlt weitgehend. Der völkerrechtliche Erfolg der Kodifizierung der Menschenrechte wird von anhaltenden schweren Menschenrechtsverletzungen konterkariert. Aber dennoch: Ein Anfang ist gemacht. Der Phase der juristischen Fassung der Menschenrechte muß im 21. Jahrhundert die ihrer Durchsetzung und Implementierung folgen. Nur so werden sie erfahrbare Wirklichkeit werden können.

Dabei darf nicht vergessen werden: Bisher ist fast jede Fortentwicklung des internationalen Menschenrechtsschutzsystems, jeder qualitative «Fortschritt» mit unendlichem menschlichem Leid erkauft worden. Die AEMR selbst ist als Antwort auf die nationalsozialistischen Verbrechen formuliert worden. Erst nach dem Ende von Gulag, Stalinismus und poststalinistischen Diktaturen sind die Weltmenschenrechtskonferenz der Vereinten Nationen 1993 in Wien und die Einrichtung des Amtes einer Hochkommissarin der Vereinten Nationen für die Menschenrechte möglich geworden. Erst nach den Verbrechen im zerfallenden früheren Jugoslawien und dem Völkermord in Ruanda 1994 sind die Einrichtung der Kriegsverbrechertribunale und die Einrichtung eines Internationalen Strafgerichtshofes vorangekommen. Erst nach dem Ende der Apartheid hat man anders als durch Amnestiegesetze wie nach dem Ende der westlich unterstützten Militärdiktaturen in Mittel- und Lateinamerika die Aufarbeitung der Vergangenheit ernstgenommen. Erst nach dem Desaster in Somalia und an anderen Orten haben die Vereinten Nationen begriffen, daß friedenserhaltende Maßnahmen nur dann Erfolg versprechen, wenn der Schutz der Menschenrechte von Beginn an integraler Bestandteil ihrer Anstrengungen ist. Dieses Lernen aus Katastrophen ist für «mit Vernunft und Gewissen begabte» Wesen der falsche Weg und muß durch eine Politik der voraussehenden Verhinderung drohender Menschenrechtsverletzungen ersetzt werden.

Menschenrechtsverletzungen sind nach wie vor Resultat politischer Verfolgung und Unterdrückung. Sie geschehen aber auch im Kontext von Kriegen und Bürgerkriegen, insbesondere, wenn ethnischer, nationalistischer und religiöser Haß als Propagandainstrument eingesetzt werden. Sie nehmen zu, wo sich die Gegensätze von Arm und Reich verschärfen, beim Streit um die knapper werdenden Ressourcen und als Folge ökologischer Katastrophen. Aber auch dort, wo staatliche Strukturen zerfallen und bewaffnete politische Gruppen rücksichtslos um die Vorherrschaft kämpfen. Alle diese Entwicklungen rufen große Fluchtbewegungen hervor, die wie im Gebiet der Großen Seen in Afrika von anhaltenden Menschenrechtsverletzungen begleitet sind. Kofi Annan, Generalsekretär der Vereinten Nationen, hat bei der Eröffnung der 54. Sitzung der Menschenrechtskommission im Jubiläumsjahr der AEMR 1998 deshalb festgestellt: «Die Menschenrechtsverletzungen von heute sind die Gründe der Konflikte von morgen ... Das nächste Jahrhundert muß das Zeitalter der Prävention [von Menschenrechtsverletzungen] werden.» Damit ist die Richtung vorgegeben. Damit die Regierungen und ihre Helfershelfer diese notwendige Zielvorgabe nicht unter Sonntagsreden abbuchen und sie zur gesinnungsethischen und realitätsuntüchtigen Moral von «Gutmenschen» degradieren, müssen die Bedingungen eines verbesserten Menschenrechtsschutzes genauer belichtet werden. Die Durchsetzung der Menschenrechte hat eine Chance – aber wie?

Die Zukunft der Menschenrechte hängt davon ab,

... daß das weltweite Netzwerk der Solidarität mit bedrohten Menschen nicht reißt, sondern gestärkt wird

Wenn heute ein Mitglied einer unabhängigen und deshalb verbotenen Gewerkschaft in Indonesien zum Streik aufruft, ein Landarbeiter in Brasilien zusammen mit anderen ungenutztes Land besetzt oder ein Menschenrechtsanwalt in Kenia für die Rechte anderer eintritt und deshalb Todesdrohungen erhält, dann gehen innerhalb weniger Tage Hunderte oder Tausende Proteste aus aller Welt bei den verantwortlichen Behörden ein. Daraus entsteht ein gewisser Schutz für diese bedrohten Menschen. Die Arbeitstechnik der *Urgent Action*, der Eilaktion, ist in über einem Drittel aller Fälle tatsächlich hilfreich. Voraussetzung dieser Wirksamkeit sind sorgfältige Informationen, schnelle Kommunikation und die Bereitschaft von Menschen, Zeit und Geld für diese Form praktischer Solidarität aufzubringen. Es geht darum, unabhängig von anderen politischen Erwägungen den unschätzbaren Wert jedes einzelnen Menschen gegen Angriffe auf seine Würde zu verteidigen. Es geht um Mitgefühl, Mitmenschlichkeit und praktische Solidarität mit denen, die in ihrer eigenen Gesellschaft für Verbesserungen eintreten. Es geht um den eigentlichen Antrieb jeden menschenrechtlichen Engagements, das humane Anliegen, Mitmenschen vor Unmenschlichkeit zu schützen. Diese Bereitschaft könnte in Zukunft auf eine schwere Probe gestellt werden.

Zwar gibt es immer noch viele Diktaturen und autoritäre Gesellschaften, die freiheits- und gerechtigkeitsliebende Oppositionelle verfolgen, mit denen die Identifikation leichtfällt. Was aber ist mit den anderen Opfern, die der Solidarität bedürfen? Was ist mit Asylbewerbern und Flüchtlingen, die inhaftiert und später abgeschoben werden und die eine zunehmend aggressive Menschenverachtung trifft? Was ist mit diffamierten und ausgegrenzten Minderheiten? Was ist mit drogenabhängigen Straßenkindern und Kleinkriminellen? Was ist mit Terroristen, die durch Folter zum Reden gebracht werden sollen? Was ist mit denen, deren Ansichten wir nicht teilen, die ihre in unseren Augen falschen Überzeugungen aber weder mit Gewaltandrohung noch -ausübung vertreten haben? Für sie gilt das Recht auf Leben, das Verbot ungerechter Inhaftierung, das Recht auf ein faires Gerichtsverfahren ohne Todesstrafe genauso wie für jeden anderen Menschen.

Die Zukunft der Menschenrechte wird sich daran erweisen, ob auch in diesen Fällen die Rechte der Menschen beachtet werden. Die Zukunft der Menschenrechtsbewegung hängt davon ab, daß es Menschen gibt, die für diese Aufgabe Energie, Zeit und Geld zur Verfügung stellen. Bisher hat die Kraft mitmenschlicher Solidarität nicht nachgelassen. Aber die zunehmend an der Ökonomie ausgerichtete Zweckrationalität der Politik kann leicht zur Schwächung solcher Solidarität führen. Das Gegenteil ist nötig.

... daß die universelle Geltung der Menschenrechte nicht relativiert wird

Menschenrechte gelten überall. Sie gehören allen Menschen. Dies festzustellen, hat nichts mit dem Ziel einer irgendwie gearteten Uniformierung bisher bestehender kultureller Vielfalt zu tun, weil Menschenrechte gerade dem Schutz verschiedener Menschen in unterschiedlichen Kulturen dienen. Dennoch führen autoritäre Staatenlenker besonders im asiatischen Raum gerne «asiatische Werte» ins Feld, wenn sie Kritik an Menschenrechtsverletzungen, für die sie die Verantwortung tragen, abwehren wollen, und finden Zustimmung bei westlichen Regierungsvertretern, die von einen «überindividualisierten Menschenrechtsbegriff» sprechen (so Bundesminister Spranger im Frühjahr 1998). Ihnen widersprechen die asiatischen Frauen- und Menschenrechtsorganisationen ihrer Länder vehement, wenn sie daran nicht mit Gewalt gehindert werden. So sehr Respekt für andere Kulturen notwendig und interkultureller Dialog erstrebenswert ist – keinem Volk muß man beibringen, was Menschenwürde ist. In jedem Kulturkreis haben Menschen Unrechtserfahrungen machen müssen, sich dagegen gewehrt und in diesen Auseinandersetzungen ein Verständnis von Menschenwürde entwickelt. Für die Beheimatung der universell geltenden Menschenrechte gibt es deshalb in allen überlebensfähigen Kulturen und Religionen Anknüpfungspunkte. Jede Kultur und Religion hat menschenrechtsfreundliche und -feindliche Traditionen und zahlreiche Grautöne dazwischen. Diese Tatsache zu bestreiten ist, wenn daraus eine unterschiedliche Wertung des Menschseins abgeleitet wird, nichts anderes als Rassismus und sollte auch so genannt werden.

Das gilt auch für Europa und den Westen. Deshalb sind die Menschenrechte auch keine «westlichen Werte». Schon aus historischen Gründen ist die Feststellung einer grundsätzlichen Affinität des Westens mit den Menschenrechten falsch, in Deutschland ganz unmöglich. Das heißt nicht, daß in irgendeiner Weltregion die Durchsetzung der Menschenrechte abgeschlossen wäre. Alle Staaten sind an der kritischen Elle der Menschenrechte zu messen. Jeder sollte deshalb vor seiner eigenen Haustür kehren *und* sich für die Menschenrechte anderswo einsetzen. Dabei ist allerdings große Sensibilität nötig, wenn der Prozeß der Beheimatung der Menschenrechte in anderen Kulturkreisen von außen gefördert werden soll. Das Gegenteil davon bewies Außenminister Klaus Kinkel, als er am 17. März 1998 vor der Menschenrechtskommission der Vereinten Nationen von einem «Kreuzzug für die Freiheit und Würde des Menschen» (so das Redemanuskript) sprach. Daß ein «Kreuzzug» im interkulturellen Dialog eine hilfreiche Maßnahme sein kann, ist kaum vorstellbar. Die Identifizierung der Menschenrechte mit einer Kultur oder Religion ist nicht nur falsch, sie sollte auch deshalb unterbleiben, damit andere Kulturen und Religionen nicht leichtfertig der Zugang zur universellen Geltung der Menschenrechte verstellt wird. Ein *Djihad* ist dafür kein hilfreiches Mittel.

... daß Universalität und Unteilbarkeit der Menschenrechte zwei Seiten einer Medaille sind

Wer von der universellen Geltung der Menschenrechte spricht, darf von deren Unteilbarkeit nicht schweigen. Sie gehören zusammen. Sie sind zwei Seiten einer Medaille. Einer kulturspezifischen Adaption von Teilen der Menschenrechte muß aus grundsätzlichen Erwägungen widersprochen werden. Das Gegeneinander von bürgerlichen und politischen Rechten einerseits und wirtschaftlichen und sozialen Rechten andererseits hat während des Kalten Krieges und des Ost-West-Konfliktes den Fortschritt in der Sache viel zu lange blockiert. Die Menschenrechte sind unteilbar und stehen in gegenseitiger Abhängigkeit. Die beiden Internationalen Pakte über die bürgerlichen und politischen wie über die wirtschaftlichen, sozialen und kulturellen Rechte ergänzen sich komplementär und erfreuen sich heute mit ca. 140 Zustimmungen eines fast gleichen Ratifizierungsstandes. Dennoch werden sie völlig unterschiedlich gewichtet. Jedesmal, wenn das Europaparlament über seinen Menschenrechtsbericht debattiert, bricht ein Streit über die Bedeutung der wirtschaftlichen und sozialen Rechte aus. Die Überprüfung der Staatenberichte zum Sozialpakt durch einen Ausschuß muß im Menschenrechtszentrum in Genf mit einer Person (!) als zuarbeitendem Mitarbeiter auskommen. Trotz der Tatsache, daß Deutschland den Sozialpakt ratifiziert und auf europäischer Ebene die Sozialcharta anerkannt hat, gelang es in der Verfassungsdiskussion nach der deutschen Einigung nicht, die wirtschaftlichen und sozialen Rechte als Staatszielbestimmungen in das Grundgesetz aufzunehmen. Auch in den Maastrichtkriterien für die europäische Währungsunion sucht man sie vergebens.

All dies zeigt: Es besteht dringender Klärungsbedarf darüber, wie die wirtschaftlichen und sozialen Rechte als Teil der Gesamtheit der Menschenrechte ernstgenommen und gestärkt werden können. So unverzichtbar die Einklagbarkeit der Menschenrechte ist und so sehr dies sie von anderen wichtigen politischen Zielen unterscheidet, so wichtig ist es auch, daß sie zusammengehören wie das Rechtsstaats- und Sozialstaatsgebot des Grundgesetzes. Gegen den Zusammenhang der Rechte und das Prinzip ihrer komplementären Ergänzung verstößt auch, wer den Unsinn von den hungrigen Menschen nachbetet, die angeblich mit den individuellen Freiheitsrechten wenig anfangen können. Wer sich aus Hunger und Not befreien möchte, braucht die Meinungs-, Vereinigungs- und Versammlungsfreiheit wie die Luft zum Atmen. Gegen die Meinung, daß «für hungrige Menschen ein Recht wie die Meinungsfreiheit zwangsläufig geringere Bedeutung hat als für satte» (Bundespräsident Roman Herzog, Die Rechte des Menschen, DIE ZEIT vom 6. September 1996), ist Widerspruch nötig. Diese Einschätzung nimmt den hungrigen Menschen nur als Objekt der Caritas, staatlicher Fürsorge oder der Katastrophenhilfe in den Blick, nicht aber als Subjekt der Gestaltung besserer Lebensverhältnisse. Menschenrechtsverteidiger, die in Staaten mit ausgeprägtem sozialem Elend gerechtere Verhältnisse herbeiführen wollen, betonen gerade letzteres immer wieder als Voraussetzung ihrer Arbeit. Das ist beileibe nicht als Ablehnung der Hilfe für hungernde Menschen gemeint. Im Gegenteil! Solidarische Hilfe muß bekommen, wer sie braucht. Aber bitte nicht zuungunsten der bürgerlichen und politischen Rechte! Auch dies wäre nichts anderes als eine Relativierung unveräußerlicher Menschenrechte.

... daß die tieferen Ursachen umfassender Menschenrechtsverletzungen wirksam bekämpft werden

Die Menschenrechtsbewegung definiert vier Ziele ihrer Aktivitäten:

- den Opfern von Menschenrechtsverletzungen zu helfen (Solidarität);
- drohende Menschenrechtsverletzungen vorausschauend zu verhindern (Prävention);
- die Schaffung von Strukturen, die eine Wiederholung von Menschenrechtsverletzungen verhindern und denen gegenüber die Verantwortlichen für Menschenrechtsverletzungen rechenschaftspflichtig sind;
- die Entwicklung einer «Kultur der Menschenrechte» (Menschenrechtserziehung).

Menschenrechtsorganisationen wie *amnesty international* sind in der Vergangenheit immer wieder mit dem Argument kritisiert worden, mit ihrer Hilfe in Einzelfällen kurierten sie nur an «Symptomen». Dazu ist zu betonen: Menschen sind keine «Symptome» – dies ist nur eine Variante der gängigen Instrumentalisierung von Menschen für andere Zwecke. Das heißt nicht, daß die Überwindung tieferer politischer und wirtschaftlicher Ursachen von Menschenrechtsverletzungen unwichtig ist. Im Gegenteil! Die Menschenrechtsbewegung kann vielmehr einiges dazu beisteuern, indem sie dazu hilft, daß die Voraussetzung für ihre Beachtung in allen Staaten wächst. Unter der Bedingung der Wahrung der jeweiligen Integrität der Bewegungen und Organisationen ist die Zusammenarbeit bei Versuchen der Ursachenbekämpfung sogar geboten. Denn die meisten Menschenrechtsverletzungen sind festzustellen

- in Kriegen und Bürgerkriegen, besonders wenn ethnische, nationalistische und religiöse Zugehörigkeiten und Einstellungen instrumentalisiert und propagandistisch eingesetzt werden;
- in Ländern mit schwachen oder zerfallenden Strukturen, wenn sich bewaffnete politische Gruppen bekämpfen, die das humanitäre Völkerrecht immer weniger beachten;
- in Staaten, in denen Machtausübung und Herrschaftsordnung der Verteidigung von Interessen herrschender Eliten dienen;
- in Staaten, in denen der Gegensatz von Arm und Reich wächst und «soziale Säuberungen» an den Verlierern und ausgegrenzten Opfern der Verteilungskämpfe stattfinden wie
- in Regionen, in denen ökologische Katastrophen stattfinden und Ressourcenknappheit droht oder herrscht.

Diese politischen Ursachen rufen häufig Fluchtbewegungen großer Zahlen von Menschen hervor, die nirgendwo Schutz finden und Angriffen von vielen Seiten ausgesetzt sind.

Organisationen und soziale Bewegungen, die sich um die Überwindung von Krieg, Ungerechtigkeit und Naturzerstörung bemühen, die für eine Partizipation am politischen Prozeß und für den Schutz von Flüchtlingen eintreten, sind deshalb entweder natürliche Partner oder Teil der Menschenrechtsbewegung. Die internationale Kampagne gegen die Landminen hat gezeigt, wie erfolgreich eine solche Kooperation nichtstaatlicher Organisationen sein kann. Die Internationale Frauenbewegung hat im Zusammenhang der Weltfrauenkonferenz der Vereinten Nationen 1995 ebenfalls sehr erfolgreich gearbeitet. Freilich ist keinem Partner einer solchen Zusammenarbeit geholfen, wenn sie zur Nivellierung der jeweils spezifischen Anliegen und Profile der mitwirkenden Organisationen führt. Die komplementäre Ergänzung und zeitweise Konzentration auf gemeinsam für richtig gehaltene Ziele sind aber wichtig und richtig.

Dabei ist die Nähe der Menschenrechtsbewegung zu den Anliegen Frieden, Gerechtigkeit und Partizipation sicherlich unmittelbarer als zur Ökologie. Aber der «Anthropozentrismus» der Menschenrechtsbewegung darf kein Widerspruch sein gegen den notwendigen Versuch, die natürlichen Lebensgrundlagen der Menschen zu erhalten, ökologisch zu denken und zu handeln. Vielmehr gilt auch hier, daß die Aktionen, die den Schutz der natürlichen Mitwelt zum Ziel haben, die Menschenrechte brauchen. Aktivisten der Ökologiebewegung sind in einigen Staaten handfester politischer Verfolgung ausgesetzt. Eine besondere Nähe hat die Menschenrechtsbewegung zur Friedensbewegung. Schließlich ist sie selbst eine Friedensbewegung eigener Art, weil sie eine der Grundlagen des friedlichen Zusammenlebens der verschiedenen Menschen anstrebt. Deshalb sollten die Menschenrechte nicht zur Legitimierung militärischer Interventionen dienen. Die Menschenrechtsbewegung muß die Ziel-Mittel-Relation ihrer Arbeit unbedingt durchhalten. Die Verteidigung des Rechts auf Leben erlaubt es nicht, Forderungen zu vertreten, die das Gegenteil bewirken können. Das ist eine feste Regel, von der es nur sehr wenige Ausnahmen geben kann. Umgekehrt wird ein Schuh daraus: Menschenrechtsverletzungen gehören zur Vorgeschichte jedes Krieges. Wer rechtzeitig Menschenrechtsverletzungen bekämpft, trägt damit auch zur Verhinderung von Kriegen bei. Menschenrechtsarbeit kann kriegsverhindernd und friedensfördernd wirken. Kriege sind oft das Ergebnis zu später und zu schwacher Präventionsbemühungen der sogenannten internationalen Staatengemeinschaft. Deshalb ist die Menschenrechtsbewegung gut beraten, wenn sie befolgt, was Heinrich Heine so formuliert hat: «Humanität ist streitbar von Beruf, was nicht hindert, daß Friedlichkeit ihr Wesen ist.»

... daß Frauenrechte als Menschenrechte anerkannt und integraler Bestandteil aller Bestrebungen zum Schutz der Menschenrechte werden

Dies muß ein Anliegen der Menschenrechtsbewegung sein – als Thema, als Aktionsfeld und in der Kooperation mit einer außerordentlich erfolgreichen sozialen Bewegung. Innerhalb relativ kurzer Zeit hat die internationale Frauenbewegung große Erfolge erzielt. Sie brauchte nur einige Jahre, um die Einstellung, Menschenrechtsverletzungen an Frauen seien ein Unterfall des allgemeinen (männlichen) Menschenrechtsschutzes, grundlegend zu ändern. Frauenspezifische Diskriminierung und geschlechtsspezifische Verfolgung machten ein Umdenken notwendig. Es gilt nicht nur: Die Menschenrechte gelten wie für alle Menschen so auch für Frauen. Sondern auch: Frauenrechte sind Menschenrechte. Obwohl den Frauenorganisationen der internationale Durchbruch bei der Pekinger Weltfrauenkonferenz der Vereinten Nationen 1995 auf der ganzen Linie gelang, steht die Durchsetzung der dort erreichten Ergebnisse noch am Anfang. Das zeigen nicht nur die zahlreichen, in staatlicher Verantwortung begangenen Menschenrechtsverletzungen an Frauen. Das wird auch in bewaffneten Konflikten aller Art (Vergewaltigung als Kriegswaffe) und auf der Flucht deutlich. Das zeigt sich bei Praktiken wie der Geschlechtsverstümmelung und bei anderen Übergriffen nichtstaatlicher Täter, zu denen unter anderem Witwenverbrennungen, Frauenhandel und Zwangsprostitution gehören. Sie geschehen oftmals nicht in staatlicher Verantwortung und sind deshalb lange Zeit außerhalb des Blickfeldes der Menschenrechtsorganisationen gewesen, die sich primär als Vertreter von Schutzrechten gegenüber staatlichem Machtmißbrauch verstehen. Natürlich läßt sich eine staatliche Verantwortung über die Hilfskonstruktion staatlicher Untätigkeit gegenüber religiös oder kulturell verankerten diskriminierenden Praktiken ableiten. Dies ist und bleibt aber unbefriedigend – gerade bei kulturellen Praktiken, gegen die Regierungen manchmal sogar Gesetze erlassen haben, ohne sie durchsetzen zu können oder zu wollen. Wichtig ist deshalb, daß die «privaten» Täter öffentlicher Rechenschaftspflicht unterworfen werden und daß die internationale Menschenrechtsbewegung solche Initiativen vor Ort unterstützt, die diese menschenrechtswidrigen Praktiken durch Erziehung, Bewußtseinsbildung und Aktionen beenden wollen.

... daß nationale und transnationale Unternehmen ihre Pflicht zur Einhaltung und Förderung der Menschenrechte ernst nehmen und sich nicht an Menschenrechtsverletzungen beteiligen

Das Problem ist bekannt: Shell in Nigeria, Ölgesellschaften im Tschad, BP in Kolumbien, das Verhalten von Wirtschaftsunternehmen unter den Bedingungen der Apartheid. Immer wieder kommt es zur Zusammenarbeit von Unternehmen mit «Sicherheitskräften» menschenrechtsverletzender Regierungen. Unter den Bedingungen der Globalisierung der Ökonomie – so wird behauptet – verliere und gebe der Staat Macht und Einfluß ab. Deshalb nehme der Nationalstaat an Bedeutung ab und die Verantwortung internationaler Wirtschaftsunternehmen zu. Diese These ist hier nicht zu diskutieren. Wenn sie stimmt, ist es um so dringender, wirtschaftliches Handeln menschenrechtsverträglich zu bzw. -förderlich zu gestalten. Das fängt damit an, daß Unternehmen die Förderung der Menschenrechte offiziell in ihre Unternehmenspolitik aufnehmen müssen. Die Prüfung und die öffentliche Rechenschaft über die Menschenrechtsverträglichkeit ihrer Vorhaben sind wichtig. Es muß sichergestellt sein, daß ihre Mitarbeiter keine Komplizen bei Verstößen gegen die Menschenrechte werden. Vielmehr gehört in die Schulung aller Mitarbeiter von multinationalen Konzernen Menschenrechtstraining, das die Information über die Menschenrechtslage im Staat der Investition einschließt. In Menschenrechtsstandards, ILO-Konventionen und Erklärungen sowie in schon verabschiedeten Verhaltenscodices sind Kriterien für die Förderung und Beachtung der Menschenrechte festgelegt. Einige davon sind:

- Bei der Sicherung der Produktionsanlagen sollte kein Personal beschäftigt werden, das als Mitglied einheimischer Sicherheitskräfte für Menschenrechtsverletzungen Verantwortung trägt.
- Die Produkte selbst sollten nicht für Menschenrechtsverletzungen verwendbar sein.
- Kommunale Gemeinschaften sollten an der Realisierung von Investitionsvorhaben so beteiligt werden, daß sie wirklichen Einfluß auf deren menschenrechtsverträgliche Gestaltung nehmen können.
- Einstellung, Förderung, Entlohnung, Arbeitsbedingungen von Mitarbeitern und Beziehungen zu Kunden und Zulieferern müssen gerecht und frei von Diskriminierung wegen ethnischer Herkunft, sozialer Situation, Religionszugehörigkeit, anderer politischer Gewissensüberzeugung, Geburt oder eines anderen Status sein.
- Freiheit von Sklaverei und sklaven- oder knechtschaftsähnlichen Zwangsarbeitsverhältnissen, auch bei der Gefängniszwangsarbeit, ist zu gewährleisten.
- Folter und Mißhandlungen, Körperstrafen und anderer geistiger oder körperlicher Zwang müssen unterbleiben.
- Vereinigungsfreiheit und das Recht auf gemeinsame Interessenvertretung, Meinungsfreiheit, das Recht auf friedliche Versammlung und Streik sind auch unabhängig von anderslautenden nationalen Gesetzen und Verordnungen zu garantieren.
- Die Menschenrechtsverträglichkeit unternehmerischen Handelns muß regelmäßig und unabhängig überprüft werden. Transparenz für alle Beteiligten ist dabei ein wichtiges Kriterium der Glaubwürdigkeit.

Dieser gewiß nicht vollständige Katalog von Menschenrechtsprinzipien für Firmen und deren Mitarbeiter folgt dem Auftrag der AEMR, daß «jeder einzelne und alle Organe der Gesellschaft ... sich bemühen, durch Unterrichtung und Erziehung die Achtung dieser Rechte und Freiheiten zu fördern». Dieser Aufforderung sind Wirtschaftsunternehmen bisher kaum nachgekommen. Ihre Rolle als Bremser staatlicher Menschenrechtspolitik im Verhältnis zu repressiven, aber ökonomisch lukrativen Staaten läßt sich mit zahllosen Zitaten belegen.

... daß drohende Menschenrechtsverletzungen rechtzeitig erkannt und präventiv verhindert werden

Der ethische Imperativ für Menschenrechtsarbeit und -politik im kommenden 50-Jahre-Zyklus der AEMR lautet Prävention. Einige Voraussetzungen einer wirksameren Verhinderung von Menschenrechtsverletzungen sind heute gegeben. Dennoch werden sie nicht genutzt. Die Politik kennt Katastrophenfonds (die braucht man auch weiterhin), aber keine Präventionstöpfe. Allen Sonntagsreden zum Trotz werden die internationalen Strukturen zum Schutz der Menschenrechte bewußt schwach gehalten. Gerade von den Regierungen, die die Menschenrechte laufend beschwören, würde man sich weniger Pathos und mehr politische Gestaltung im Sinne klarer Prioritäten wünschen. Doch meistens haben andere politische, wirtschaftliche, sicherheitspolitische und geopolitische Interessen den Vorrang. Das Budget der Vereinten Nationen weist nicht einmal zwei Prozent der Ausgaben für Menschenrechte aus. Wie damit die gewachsenen Aufgaben des Menschenrechtsschutzes innerhalb der wichtigsten UN-Programme bezahlt werden sollen, ist ein nicht gelöstes Problem. Die Menschenrechtsberichte der Bundesregierung verweisen immer wieder vollmundig auf Ausgaben von etwa einer Million Mark für Folterrehabilitationszentren oder anderes. Im Vergleich zu den Ausgaben für Rüstungsprojekte indessen sind das auf Neudeutsch «Peanuts». Dabei wäre gerade im Bereich Prävention klares Handeln dringend geboten. So hat der Sonderberichterstatter der Vereinten Nationen über extralegale Hinrichtungen bereits im August 1993 und noch einmal Anfang 1994 auf die Gefahr eines Völkermordes in Ruanda, der im April 1994 begann und bis zu einer Million Menschen das Leben kostete, hingewiesen. Reaktion? Null! Als die Listen mit den Namen der zu Ermordenden bereits in die Tat umgesetzt wurden, beschlossen die Mitglieder des Sicherheitsrates der Vereinten Nationen den Abzug dort stationierter UN-Blauhelme – wohl wissend, was das bedeutet.

Voraussetzungen einer verbesserten Prävention sind:

› die Ernstnahme jeder bewußt herbeigeführten oder staatlich geduldeten Menschenrechtsverletzung als Anzeichen potentiell krisenhafter Entwicklung,

› die Ernstnahme der Berichte von nichtstaatlichen Menschenrechts- oder Hilfsorganisationen und der Berichte der thematischen und Ländersonderberichterstatter der Menschenrechtskommission der Vereinten Nationen,

› der Ausbau der Präventionsstrukturen. So hat das Menschenrechtszentrum der Vereinten Nationen in Genf nicht mehr als 70 hauptamtliche Mitarbeiter, die für den ganzen Globus zuständig sind. Die OSZE ist – gemessen an ihren großen Aufgaben – ähnlich unzulänglich ausgestattet,

› die Schulung der Diplomaten in bezug auf Erkennen und Darstellen von Menschenrechtsverletzungen im Land ihrer Mission.

Diese Maßnahmen sind aber nur der Beginn einer wirklichen Problemösung. Das *early warning* gibt es im Grunde genommen in der Form von Berichten der Menschenrechtsorganisationen bzw. aus dem UN-System. *Early action* ist das Problem, wie die Entwicklung im Kosovo Anfang des Jahres 1998 erneut gezeigt hat. Über die gespannten Situation dort liegen Berichte sein Jahren vor. Doch erst nach der Zuspitzung änderte sich die Haltung der EU. Dies wird sich nur ändern, wenn Informationen von Menschenrechtsorganisationen nicht mehr als «Alarmismus» wahrgenommen werden und zivilgesellschaftliche Kräfte erfolgreich damit sind, den Menschenrechten einen größeren Stellenwert in der Politik zu geben.

Eine präventionsfreundliche Menschenrechtspolitik erfordert auch, daß der Transfer von Rüstungsexporten, Dual-use-Gütern, Ausbildungs- und Ausstattungshilfen für ausländische Sicherheitskräfte dann unterbleibt, wenn die Gefahr besteht, daß diese für Menschenrechtsverletzungen ge- und mißbraucht werden können. Dies gilt besonders für Kleinwaffen.

Eine solche Politik würde weiter voraussetzen, daß der Schutz politischer Flüchtlinge und das Asylrecht als Formen präventiver Menschenrechtsarbeit ernster genommen werden. Das Abschiebungsverbot der Genfer Flüchtlingskonvention, dem zufolge Flüchtlinge nicht in eine Gefahr für Leib, Leben oder Freiheit abgeschoben werden dürfen, ist eine wichtige Grundlage präventiver Menschenrechtspolitik. Asylstatus oder Bleiberecht sollen verhindern, daß Flüchtlinge Opfer von Menschenrechtsverletzungen werden, vor denen sie fliehen konnten. Die Politik europäischer Staaten ist gerade in dieser Frage zunehmend menschenrechtsunverträglich. Als kurdische Flüchtlinge in Italien stranden, fordert der deutsche Innenminister die italienische Regierung auf, die Grenzen dicht zu machen und die Menschen zurückzuschicken. Er legt ihr also die Nichtbeachtung der Pflicht zur Prüfung des Einzelfalles nahe und damit den Bruch geltender internationaler Standards zum Schutz von Flüchtlingen. Die Verlogenheit der Menschenrechtspolitik wird gerade am Beispiel der Türkei besonders deutlich: Flüchtlinge werden abgewiesen und gleichzeitig die Aufnahme der Türkei in die Verhandlungen über eine Erweiterung der EU abgelehnt, weil die Lage der Menschenrechte schlecht sei.

Hat es irgendeine Konsequenz, daß der Außenminister im März 1998 von einem «Pulverfaß» Kosovo spricht? Nein, es wird abgeschoben, auch wenn Festnahme und Folter drohen. Hat die Feststellung, «der Terror in Algerien ist unfaßbar», irgendeine Konsequenz? Nein, es darf abgeschoben werden. Die wahre Absicht der Flüchtlingsabweisungspolitik hat laut *Frankfurter Rundschau* vom 20. März 1998 der Staatssekretär im Bundesinnenministerium Kurt Schelter so formuliert: «Wir arbeiten an einer Absenkung des Leistungsniveaus. ... Je mehr es uns gelingt, **die komfortable Attraktivität** (Hervorhebung vom Verf.) abzubauen, desto mehr Asylbewerber werden sich in andere Länder begeben.» Diese Politik hat mit Menschenrechten nur noch insoweit zu tun, als sie gegen diese verstößt: Keine Bekämpfung der Fluchtursache Menschenrechtsverletzung, keine Sicherstellung eines fairen Verfahrens zur Feststellung politischer Verfolgung.

Die Argumentation, Menschenrechtsverletzungen als Fluchtursache seien nur noch eine Randerscheinung, darf nicht länger gelten. Die Hauptherkunftsländer der nach Deutschland kommenden Flüchtlinge sind Staaten mit umfassenden und schweren Menschenrechtsverletzungen. Die Lageberichte des Auswärtigen Amtes dürfen nicht länger «Verschlußsache – nur für den Dienstgebrauch» sein, damit endlich Transparenz in Menschenrechtsfragen hergestellt wird. Auch die Außenpolitik ist kein von der Öffentlichkeit abzuschirmendes überparteiliches Staatsinteresse. Menschenrechtspolitik muß ressortübergreifend geplant und transparent umgesetzt werden. Sie sollte bestrebt sein, Selektivität und Doppelstandards zu überwinden. *Alle* Menschenrechte müssen ernstgenommen werden. Die Instrumente zum Schutz der Menschenrechte müssen gestärkt und dürfen nicht geschwächt werden wie im Fall der Unterlassung des Versuches der EU, die VR China in der Menschenrechtskommission 1998 mit einer Resolution zu kritisieren. Bei dieser Entscheidung hat die Bundesregierung eine mitentscheidende und aktive Rolle gespielt. Sie hat damit die ohnehin geringe Autorität der für den Menschenrechtsschutz außerordentlich wichtigen Menschenrechtskommission weiter geschwächt. Eine bessere Zukunft der Menschenrechte setzt eine Stärkung der Instrumente und Institutionen zu ihrer Einhaltung voraus.

... daß Straflosigkeit für Menschenrechtsverletzer überwunden wird und den Opfern und ihren Angehörigen soweit möglich Recht geschieht

In vielen Staaten, die Tranformationsprozesse von (Militär-)Diktaturen zu Demokratien durchlaufen haben, ist die Frage der juristischen und politischen Aufarbeitung der Verbrechen eine offene Frage. Manche Staaten haben Amnestien verfügt, die Polizei, Militärs, Paramilitärs, Politiker und Staatsbeamte, die verantwortlich waren für die Menschenrechtsverletzungen der Vergangenheit, juristisch nicht anklagbar machen. Gegen diese Form des Vergessens und Verdrängens wehren sich Organisationen von Opfern, deren Angehörige und Freunde. Sie versuchen, die politische Aufarbeitung der Vergangenheit aus eigener Kraft voranzubringen, und streiten wie in Argentinien und Chile für die Aufhebung der Amnestiegesetze. Nach 1989 sind Versuche gemacht worden, Wahrheits- und Gerechtigkeitssuche einerseits mit innergesellschaftlicher Versöhnung andererseits zu vereinen. Hervorragendes Beispiel dafür ist die Arbeit der Wahrheits- und Versöhnungskommission in Südafrika, die im Vergleich zu Amnestien einen großen Fortschritt darstellt, deren Ergebnisse aber erst in einigen Jahren endgültig bewertet werden können.

Schon die Konvention gegen den Völkermord von 1948 sieht die Schaffung eines Weltstrafgerichtshofes vor. Der Kalte Krieg verhinderte dessen Einrichtung. Eine Konferenz der Regierungen hat im Sommer 1998 das Statut und die Einrichtung eines Internationalen Strafgerichtshofes beschlossen, der die Aufgabe übernehmen soll, Fälle von Kriegsverbrechen, Verbrechen gegen die Menschlichkeit, Völkermord und das Verbrechen des Angriffskriegs juristisch an sich zu ziehen, wenn ein Nationalstaat dies entweder nicht kann oder nicht will. Diese Schließung einer Lücke im Völkerrecht ist ein wichtiger Schritt gegen die Straflosigkeit umfassender schwerer Menschenrechtsverletzungen. Voraussetzung der Funktionsfähigkeit eines Internationalen Strafgerichtshofes ist, daß er nach den Prinzipien unabhängiger Justiz arbeitet und bei der Ermittlung, Verhandlung und Verurteilung der Verbrechen nicht der Einflußnahme einzelner starker Staaten, Staatengruppen oder auch der vetoberechtigten Ständigen Mitglieder des Sicherheitsrates der Vereinten Nationen unterliegt. Die in der Menschenrechtspolitik der Staaten übliche Selektivität bei der Auswahl zu verfolgender Täter und Schreibtischtäter wäre das Ende jeder Glaubwürdigkeit einer solchen Institution. Der Internationale Strafgerichtshof darf auch nicht zum Instrument einflußreicher Staaten gegen weniger einflußreiche Staaten werden. Im verabschiedeten Statut sind zwar einige Schlupflöcher für die Pol Pots der Zunkunft enthalten, im ganzen aber ist ein wichtiger Anfang gemacht worden. Das Statut ist einerseits besser als befürchtet werden mußte, andererseits schlechter als notwendig. Es ist aber möglich, daß sich aus diesem Statut ein gerechter, unabhängiger und effektiver Strafgerichtshof entwickelt. Dieser ist zweifelsohne ein wichtiger Widerspruch gegen die «Impunidad». Über 800 nichtstaatliche Organisationen haben in Rom versucht, eine akzeptable Grundlage für die juristische Verfolgung zentraler Verbrechen durch den Internationalen Strafgerichtshof zu erreichen. Dabei war ihnen wichtig, die Notwendigkeit des Internationalen Strafgerichtshofes von den Opfern und deren Angehörigen her zu begründen. Es geht – soweit dies möglich ist – um die Wiederherstellung des gebrochenen Rechts und die Genugtuung, Rehabilitierung und Entschädigung für die Opfer. Dies ist eine Voraussetzung dafür, daß Schuld nicht verdrängt und vergessen wird. Unaufgearbeitete Schuld prägt die Nachfolgegesellschaft vielfältig in negativer Weise. Jede nicht geahndete, nicht untersuchte und nicht vor Gericht gebrachte Menschenrechtsverletzung ist eine Aufforderung zur Wiederholung. Das läßt sich in vielen Staaten belegen, in denen der Gewaltkreislauf deshalb nicht unterbrochen wird, weil Straflosigkeit für Sicherheitskräfte Alltagspraxis von Sonder- und Militärgerichtsbarkeiten ist. Allerdings darf eines nicht vergessen werden: Der Kampf gegen die Straflosigkeit von Völkermord und Kriegsverbrechen darf nicht die Notwendigkeit verdrängen, solche schweren Verbrechen, deretwegen es einen internationalen Strafgerichtshof geben wird, präventiv zu verhindern.

... daß die Medien Menschenrechtsverletzungen dokumentieren, über Erfolge in der Menschenrechtsarbeit berichten, keine Gewaltverherrlichung betreiben und keine Feindbilder vermitteln

Die Medien sind wichtige Verbündete für die tatsächlichen und potentiellen Opfer von Menschenrechtsverletzungen, aber auch für Menschenrechtsorganisationen, die versuchen, diesen Menschen zu helfen. Journalisten spielen eine unverzichtbare Rolle bei der Aufklärung von Menschenrechtsverletzungen. Viele von ihnen helfen auch dabei, von Regierungen geheimgehaltene Vorhaben öffentlich zu machen. Denn Politik findet nicht nur auf der sichtbaren Bühne statt. Gerade wenn Leute wie Fallahian (der frühere iranische Geheimdienstminister, der an den Mykonosmorden mitschuldig sein soll) in Bonn empfangen werden, ist Transparenz nötig. Öffentlichkeit ist eine wirksame «Waffe» im Kampf gegen Folter und politischen Mord. Aus diesem Grund sind Journalisten in einer Reihe von Staaten eine gefährdete Berufsgruppe. Die gewachsene internationale Interdependenz der Staaten gibt der Veröffentlichung von sorgfältig recherchierten Informationen über Menschenrechtsverletzungen zusätzliches Gewicht. Kein Staat kann es heute auf Dauer egal sein, daß Meldungen über Menschenrechtsverletzungen in seiner Verantwortung bekannt werden. Darauf stellen sich Regierungen und andere Gruppen zunehmend ein. Sie beauftragen Public-Relations-Agenturen mit viel Geld, dafür zu sorgen, daß ihr «Image» gerade in den Staaten, von denen sie Entwicklungshilfe oder Wirtschaftsverträge erhoffen, aufpoliert wird. Weil Staaten oder bewaffnete politische Gruppen die Bedeutung von Menschenrechtsverletzungen in den Propagandakriegen entdeckt haben und zum Teil nur scheinbar nichtstaatliche Organisationen für die Verbreitung von Falschmeldungen sorgen, ist es wichtig, darauf zu achten, daß die Quellen von Informationen über Menschenrechtsverletzungen zuverlässig sind bzw. selbst nachrecherchiert werden. Ein wichtiger Indikator für den Wahrheitsgehalt offizieller Meldungen ist dabei, ob die als verantwortlich kritisierten Regierungen unabhängige Recherchen in ihrem Staatsgebiet überhaupt zulassen, ob es *amnesty international* oder anderen Menschenrechtsorganisationen erlaubt wird, zu ermitteln, und ob die Regierungen mit den entsprechenden Sonderberichterstattern und Arbeitsgruppen der Menschenrechtskommission der Vereinten Nationen zusammenarbeiten.

Aus der Sicht der Menschenrechtsorganisationen ist die Verbreitung von Meldungen über Menschenrechtsverletzungen nicht immer leicht. Differenziert argumentierende lange Berichte werden selten gelesen, zusammenfassende Pressemeldungen noch einmal verkürzt und heraus kommt: «ai prangert Folter in der Türkei an.» Das freilich konnte jeder schon vorher wissen. Das Interesse der Menschenrechtsorganisationen kann es nicht sein, bestehende Vorurteile zu bestätigen oder neue zu schaffen. Feindbilder sind selbst ein Feind der Menschenrechte.

Es gelingt den Menschenrechtsorganisationen selten, vergessenen Staaten, Konflikten und verfolgten Menschen die notwendige Aufmerksamkeit in der Öffentlichkeit zu verschaffen. Viele Medien folgen hier einfach der Selektivität der Regierungen oder dem CNN-Effekt. Wo die ihre Kameras aufbauen, muß es ganz besonders schlimm sein. Dabei folgt auch CNN nur den Marktgesetzen, die Informationen werden unabhängig von ihrer Bedeutung für die Menschenrechte gewichtet. Und es ist ein ernstes Problem, daß manche Medien die Gewaltdarstellung aus dem Zusammenhang von Täter und Opfer, Verantwortung und Mitwirkung anderer Staaten herauslösen und eine die Ohnmacht verstärkende Bedienung von «Angstlust» bei den Medienkomsumenten zum Ziel haben.

Leider sind Erfolge in der Menschenrechtsarbeit kaum ein Thema der Medien. «Die schlechten Meldungen haben Flügel.» Erfolge werden fast nur dann gemeldet, wenn freigekommene politische Gefangene sehr prominent sind.

Um die Aufmerksamkeit der Medien zu erringen, sind deshalb eine Reihe nichtstaatlicher Organisationen – weniger der Menschenrechtsorganisationen, weil sie das entsprechende Bildmaterial kaum zur Verfügung stellen können – dazu übergegangen, Medieninszenierungen zum Leitbild ihrer öffentlichen Darstellung zu machen. Aktionen, die früher vor allem den Lernprozessen der daran beteiligten Menschen dienten, werden heute oftmals allein für die Medien durchgeführt, um kurzfristige Aufmerksamkeit zu gewinnen. Damit verändert sich unterderhand die politische Bedeutung des öffentlichen Diskurses als Grundelement der Demokratie – nicht zum Besseren.

... daß die nichtstaatlichen Menschenrechtsorganisationen solidarisch zusammenarbeiten, daß sie demokratisch organisiert sind, genügend Unterstützung in der Bevölkerung finden, politisch und finanziell unabhängig sind und helfen, die Ohnmachtsgefühle gegenüber der Politik zu überwinden

Nichtstaatliche Menschenrechtsorganisationen recherchieren Informationen über Menschenrechtsverletzungen. Sie stellen Öffentlichkeit her, organisieren praktische Solidarität für die Opfer und üben Druck auf Regierungen aus, damit diese ihr Verhalten ändern. Mit diesem Rezept ist es den NROs in der Vergangenheit gelungen, die Menschenrechte zum Thema der Politik zu machen und vielen Tausenden von Menschen zu helfen. Die Menschenrechtsdefizite in der offiziellen Politik haben ihnen dabei zusätzliche Beachtung verschafft. Menschenrechtsorganisationen gibt es heute überall, wo sie zugelassen werden. Das bisherige Wachstum der internationalen Menschenrechtsbewegung hat alle Hoffnungen übertroffen. Und die Menschenrechte selbst sind seit 1989 von einem Randthema der Politik zu deren ethisch-moralischer Scheinlegitimation geworden. In einer Reihe von demokratischen Staaten gibt es heute eine Menschenrechtsdimension in der Politik, eine konsistente Menschenrechtspolitik aber fehlt, weil ihr andere Interessen im Weg stehen. Dennoch kann sich kaum ein Politiker an der Frage der Menschenrechte vorbeidrücken. Gleichzeitig haben die NROs helfen können, daß Fortschritte beim nationalen, regionalen und internationalen Menschenrechtsschutz gemacht wurden.

Sie haben Argumente und Informationen zur Verfügung gestellt und öffentlichen Druck ausgeübt. Aktionen und Lobbyarbeit haben Erfolge gezeitigt. Es ist gelungen, in den Vereinten Nationen Instrumente zu schaffen, die menschenrechtsverletzende Staaten stärker zur Rechenschaft ziehen.

Alle diese Fortschritte dürfen aber nicht darüber hinwegtäuschen, daß die Folter als Mittel zur Durchsetzung von Herrschaftsinteressen immer noch weit verbreitet ist. Es gibt heute zwar weniger gewaltlose politische Gefangene, die Praxis des «Verschwindenlassens» und der politischen Morde hat aber zugenommen. Deswegen ist es wichtig, daß nach einer Phase, die sich vorrangig auf die Kodifizierung der Menschenrechte konzentrierte, jetzt eine Phase beginnt, die den Schwerpunkt auf die Verwirklichung der Menschenrechte legt.

In diesem Beitrag sind einige Bedingungen genannt worden, von denen die Zukunft der Menschenrechte abhängen. Deren Durchsetzung übersteigt die Kräfte der Menschenrechtsbewegung, auch wenn internationale Menschenrechtsorganisationen wie *amnesty international* oder *Human Rights Watch* von einigen bereits heute zu den «global players» gerechnet werden. Andere sprechen von den Nichtregierungsorganisationen als einer dritten Kraft neben Staat und Markt. Hier ist Vorsicht geboten. Zwar können die Menschenrechtsorganisationen selbstbewußt auf Fortschritte verweisen, die es ohne sie nicht gäbe. Die NROs leisten auch gewiß einen Beitrag zur Demokratisierung internationaler Politik. Aber sie können und wollen weder mit dem Staat noch mit der Wirtschaft in Konkurrenz eintreten. Sie wollen vielmehr beide überzeugen und veranlassen, die Menschenrechte ernst zu nehmen. Dazu brauchen sie Professionalität, Artikulationsfähigkeit, Organisationstalent, Konfliktfähigkeit und Kampagnenstärke. Auf diese Weise sollten sie den Staat weiter drängen, die Freiheits-, Partizipations- und die sozialen Rechte der Bürgerinnen und Bürger wirksam zu schützen.

Die Fähigkeit der nichtstaatlichen Organisationen, für eine bessere Verwirklichung aller Menschenrechte Einfluß auf die Politik nehmen zu können, hängt von einer Reihe weiterer wichtiger Faktoren ab: Die Zusammenarbeit der Organisationen mit unterschiedlichem Profil muß so gestaltet werden, daß eine komplementäre Ergänzung ihrer Stärken erreicht wird, sie müssen demokratisch sein und ihre Kampagnenfähigkeit weiterentwickeln. Sie sollen zwar schnelle und wirksame Aktionen durchführen, aber keine bloßen Kommandounternehmen für Medieninszenierungen werden. Schließlich ist ihre finanzielle und politische Unabhängigkeit ein hohes Gut, das nicht leichtfertig aufgegeben werden darf. Distanz zur etablierten Politik, zu den politischen Parteien und großen Interessengruppen ist wichtig. Wer dabei helfen will, daß die Menschenrechte für mehr Menschen Wirklichkeit werden, darf sich nicht mit einer Beraterrolle im Vorfeld der etablierten Politik zufrieden geben. Er oder sie muß fordern und Forderungen durchsetzen können.

Dabei ist es die vornehmste Rolle der nichtstaatlichen Menschenrechtsorganisationen, dem humanen Anliegen eine glaubwürdige Stimme verleihen zu können. Sie sind Instrumente für den Wunsch vieler Menschen, Mitmenschlichkeit und Solidarität in der Politik Gewicht zu geben. Sie organisieren die Kraft des Mitgefühls, die notwendig ist, um die Menschenrechte nicht an der Kosten-Nutzen-Rechnung und der Interessenbestimmtheit der Politik scheitern zu lassen. Es gibt den Bürgermut und die Zivilcourage, die zur Durchsetzung der Menschenrechte so dringend gebraucht werden. Solange dies so ist, haben Menschenrechte Zukunft.

Anhang

Allgemeine Erklärung der Menschenrechte vom 10. Dezember 1948

PRÄAMBEL

Da die Anerkennung der allen Mitgliedern der menschlichen Gesellschaft innewohnenden Würde und ihrer gleichen und unveräußerlichen Rechte die Grundlage von Freiheit, Gerechtigkeit und Frieden in der Welt bildet,
da Verkennung und Mißachtung der Menschenrechte zu Akten der Barbarei geführt haben, die das Gewissen der Menschheit tief verletzt haben, und da die Schaffung einer Welt, in der die Menschen Rede- und Glaubensfreiheit genießen und frei von Furcht und Not leben, als das höchste Bestreben der Menschheit verkündet worden ist,
da es wesentlich ist, die Menschenrechte durch die Herrschaft des Rechtes zu schützen, damit der Mensch nicht zum Aufstand gegen Tyrannei und Unterdrückung als letztem Mittel gezwungen wird,
da es wesentlich ist, die Entwicklung freundschaftlicher Beziehungen zwischen den Nationen zu fördern,
da die Völker der Vereinten Nationen in der Charta ihren Glauben an die Grundrechte des Menschen, an Würde und Wert der menschlichenPersönlichkeit und an die Gleichberechtigung von Mann und Frau erneut bekräftigt und beschlossen haben, den sozialen Fortschritt und einen besseren Lebensstandard in größerer Freiheit zu fördern,
da die Mitgliedstaaten sich verpflichtet haben, in Zusammenarbeit mit den Vereinten Nationen die allgemeine Achtung und Verwirklichung der Menschenrechte und Grundfreiheiten durchzusetzen,
da eine gemeinsame Auffassung über diese Rechte und Freiheiten von größter Wichtigkeit für die volle Erfüllung dieser Verpflichtung ist,
verkündet die Generalversammlung
diese Allgemeine Erklärung der Menschenrechte als das von allen Völkern und Nationen zu erreichende gemeinsame Ideal, damit jeder einzelne und alle Organe der Gesellschaft sich diese Erklärung stets gegenwärtig halten und sich bemühen, durch Unterricht und Erziehung die Achtung dieser Rechte und Freiheiten zu fördern und durch fortschreitende Maßnahmen im nationalen und internationalen Bereich ihre allgemeine und tatsächliche

Anerkennung und Verwirklichung bei der Bevölkerung sowohl der Mitgliedstaaten selbst als auch der ihrer Hoheitsgewalt unterstehenden Gebiete zu gewährleisten.

Artikel 1

Alle Menschen sind frei und an Würde und Rechten gleich geboren. Sie sind mit Vernunft und Gewissen begabt und sollen einander im Geist der Brüderlichkeit begegnen.

Artikel 2

Jedermann hat Anspruch auf die in dieser Erklärung verkündeten Rechte und Freiheiten ohne irgendeine Unterscheidung, wie etwa nach Rasse, Farbe, Geschlecht, Sprache, Religion, politischer oder sonstiger Überzeugung, nationaler oder sozialer Herkunft, Vermögen, Geburt oder sonstigem Status.

Weiter darf keine Unterscheidung gemacht werden aufgrund der politischen, rechtlichen oder internationalen Stellung des Landes oder Gebiets, dem eine Person angehört, ohne Rücksicht darauf, ob es unabhängig ist, unter Treuhandschaft steht, keine Selbstregierung besitzt oder irgendeiner anderen Beschränkung seiner Souveränität unterworfen ist.

Artikel 3

Jedermann hat das Recht auf Leben, Freiheit und persönliche Sicherheit.

Artikel 4

Niemand darf in Sklaverei oder Leibeigenschaft gehalten werden; Sklaverei und Sklavenhandel sind in allen Formen verboten.

Artikel 5

Niemand darf der Folter oder grausamer, unmenschlicher oder erniedrigender Behandlung oder Strafe unterworfen werden.

Artikel 6

Jedermann hat das Recht, überall als rechtsfähig anerkannt zu werden.

Artikel 7

Alle Menschen sind vor dem Gesetz gleich und haben ohne Diskriminierung Anspruch auf gleichen Schutz durch das Gesetz. Alle haben Anspruch auf gleichen Schutz gegen jede Diskriminierung, welche die vorliegende Erklärung verletzen würde, und gegen jede Aufreizung zu einer derartigen Diskriminierung.

Artikel 8

Jedermann hat Anspruch auf einen wirksamen Rechtsbehelf bei den zuständigen innerstaatlichen Gerichten gegen Handlungen, die seine ihm nach der Verfassung oder nach dem Gesetz zustehenden Grundrechte verletzen.

Artikel 9

Niemand darf willkürlich festgenommen, in Haft gehalten oder des Landes verwiesen werden.

Artikel 10

Jedermann hat in voller Gleichberechtigung Anspruch darauf, daß über seine Ansprüche und Verpflichtungen und über jede gegen ihn erhobene strafrechtliche Anklage durch ein unabhängiges und unparteiisches Gericht in billiger Weise und öffentlich verhandelt wird.

Artikel 11

(1) Jeder wegen einer strafbaren Handlung Angeklagte hat Anspruch darauf, als unschuldig zu gelten, bis seine Schuld in einem öffentlichen Verfahren, in dem er alle für seine Verteidigung notwendigen Garantien gehabt hat, gemäß dem Gesetz nachgewiesen ist.

(2) Niemand darf wegen einer Handlung oder Unterlassung verurteilt werden, die zur Zeit ihrer Begehung nach inländischem oder nach internationalem Recht nicht strafbar war. Ebenso darf keine schwerere Strafe als die im Zeitpunkt der Begehung der strafbaren Handlung angedrohte Strafe verhängt werden.

Artikel 12

Niemand darf willkürlichen Eingriffen in sein Privatleben, seine Familie, seine Wohnung und seinen Schriftverkehr oder Beeinträchtigungen seiner Ehre und seines Rufes ausgesetzt werden. Jedermann hat Anspruch auf rechtlichen Schutz gegen solche Eingriffe oder Beeinträchtigungen.

Artikel 13

(1) Jedermann hat das Recht, sich innerhalb eines Staates frei zu bewegen und seinen Wohnsitz frei zu wählen.

(2) Jedermann hat das Recht, jedes Land einschließlich seines eigenen zu verlassen und in sein Land zurückzukehren.

Artikel 14

(1) Jedermann hat das Recht, in anderen Ländern vor Verfolgung Asyl zu suchen und zu genießen.

(2) Dieses Recht kann im Fall einer Verfolgung, die sich tatsächlich auf nichtpolitische Straftaten oder auf Handlungen gründet, die gegen die Ziele und Grundsätze der Vereinten Nationen verstoßen, nicht in Anspruch genommen werden.

Artikel 15

(1) Jedermann hat Anspruch auf eine Staatsangehörigkeit.

(2) Niemandem darf seine Staatsangehörigkeit willkürlich entzogen oder das Recht versagt werden, seine Staatsangehörigkeit zu wechseln.

Artikel 16

(1) Männer und Frauen im heiratsfähigen Alter haben ohne Beschränkung aufgrund der Rasse, der Staatsangehörigkeit oder der Religion das Recht, eine Ehe einzugehen und eine Familie zu gründen. Sie haben gleiche Rechte bei der Eheschließung, während der Ehe und bei Auflösung der Ehe.

(2) Eine Ehe darf nur im freien und vollen Einverständnis der künftigen Ehegatten geschlossen werden.

(3) Die Familie ist die natürliche Kernzelle der Gesellschaft und hat Anspruch auf Schutz durch Gesellschaft und Staat.

Artikel 17

(1) Jedermann hat das Recht, allein oder in Gemeinschaft mit anderen Eigentum zu haben.

(2) Niemand darf willkürlich seines Eigentums beraubt werden.

Artikel 18

Jedermann hat das Recht auf Gedanken-, Gewissens- und Religionsfreiheit; dieses Recht umfaßt die Freiheit, seine Religion oder Weltanschauung zu wechseln, sowie die Freiheit, seine Religion oder Weltanschauung allein oder in Gemeinschaft mit anderen, öffentlich oder privat durch Unterricht, Ausübung, Gottesdienst und Beachtung religiöser Bräuche zu bekunden.

Artikel 19

Jedermann hat das Recht auf freie Meinung und freie Meinungsäußerung; dieses Recht umfaßt die unbehinderte Meinungsfreiheit und die Freiheit, ohne Rücksicht auf Staatsgrenzen Informationen und Gedankengut durch Mittel jeder Art sich zu beschaffen, zu empfangen und weiterzugeben.

Artikel 20

(1) Jedermann hat das Recht auf Versammlungs- und Vereinigungsfreiheit zu friedlichen Zwecken.

(2) Niemand darf gezwungen werden, einer Vereinigung anzugehören.

Artikel 21

(1) Jedermann hat das Recht, an der Gestaltung der öffentlichen Angelegenheiten seines Landes unmittelbar oder durch frei gewählte Vertreter teilzunehmen.

(2) Jedermann hat unter gleichen Bedingungen das Recht auf Zugang zu öffentlichen Ämtern in seinem Lande.

(3) Der Wille des Volkes bildet die Grundlage für die Autorität der öffentlichen Gewalt; dieser Wille muß durch periodische unverfälschte Wahlen mit allgemeinem und gleichem Wahlrecht bei geheimer Stimmabgabe oder in einem gleichwertigen freien Wahlverfahren zum Ausdruck kommen.

Artikel 22

Jedermann hat als Mitglied der Gesellschaft das Recht auf soziale Sicherheit; er hat Anspruch darauf, durch innerstaatliche Maßnahmen und internationale Zusammenarbeit unter Berücksichtigung der Organisation und der Hilfsmittel jedes Staates in den Genuß der für seine Würde und die freie Entfaltung seiner Persönlichkeit unentbehrlichen wirtschaftlichen, sozialen und kulturellen Rechte zu gelangen.

Artikel 23

(1) Jedermann hat das Recht auf Arbeit, auf freie Berufswahl, auf angemessene und befriedigende Arbeitsbedingungen sowie auf Schutz gegen Arbeitslosigkeit.

(2) Alle Menschen haben ohne jede Diskriminierung das Recht auf gleichen Lohn für gleiche Arbeit.

(3) Jeder, der arbeitet, hat das Recht auf angemessene und befriedigende Entlohnung, die ihm und seiner Familie eine der menschlichen Würde entsprechende Existenz sichert und die, wenn nötig, durch andere soziale Schutzmaßnahmen zu ergänzen ist.

(4) Jedermann hat das Recht, zum Schutz seiner Interessen Gewerkschaften zu bilden und ihnen beizutreten.

Artikel 24
Jedermann hat das Recht auf Arbeitspausen und Freizeit einschließlich einer angemessenen Begrenzung der Arbeitszeit sowie auf regelmäßigen bezahlten Urlaub.

Artikel 25
(1) Jedermann hat das Recht auf einen Lebensstandard, der seine und seiner Familie Gesundheit und Wohlbefinden einschließlich Ernährung, Bekleidung, Unterbringung, ärztlicher Versorgung und notwendiger sozialer Leistungen gewährleistet; er hat das Recht auf Sicherheit im Fall von Arbeitslosigkeit, Krankheit, Invalidität, Verwitwung, Alter oder von anderweitigem Verlust seiner Unterhaltsmittel durch unverschuldete Umstände.
(2) Mütter und Kinder haben Anspruch auf besondere Hilfe und Unterstützung. Alle Kinder, eheliche und nichteheliche, genießen den gleichen sozialen Schutz.

Artikel 26
(1) Jedermann hat das Recht auf Bildung. Der Unterricht muß zum mindesten in der Elementar- und Grundstufe unentgeltlich sein. Der Elementarunterricht ist obligatorisch. Fach- und Berufsschulunterricht müssen allgemein verfügbar sein; die Hochschulen müssen allen nach Maßgabe ihrer Fähigkeiten und Leistungen in gleicher Weise offenstehen.
(2) Die Bildung muß auf die volle Entfaltung der menschlichen Persönlichkeit und auf die Stärkung der Achtung der Menschenrechte und Grundfreiheiten gerichtet sein. Sie muß Verständnis, Toleranz und Freundschaft zwischen allen Völkern und allen rassischen oder religiösen Gruppen fördern und die Tätigkeit der Vereinten Nationen zur Aufrechterhaltung des Friedens unterstützen.
(3) Die Eltern haben ein vorrangiges Recht, die Art der Bildung zu wählen, die ihren Kindern zuteil werden soll.

Artikel 27
Jedermann hat das Recht, am kulturellen Leben der Gemeinschaft frei teilzunehmen, sich an den Künsten zu erfreuen und am wissenschaftlichen Fortschritt und dessen Wohltaten teilzuhaben.
(2) Jedermann hat das Recht auf Schutz der geistigen und materiellen Interessen, die sich für ihn als Urheber von Werken der Wissenschaft, Literatur oder Kunst ergeben.

Artikel 28
Jedermann hat Anspruch auf eine soziale und internationale Ordnung, in der die in dieser Erklärung aufgeführten Rechte und Freiheiten voll verwirklicht werden können.

Artikel 29
(1) Jedermann hat Pflichten gegenüber der Gemeinschaft, in der allein die freie und volle Entfaltung seiner Persönlichkeit möglich ist.
(2) Jedermann ist bei der Ausübung seiner Rechte und Freiheiten nur den Beschränkungen unterworfen, die das Gesetz ausschließlich zu dem Zweck vorsieht, die Anerkennung und Achtung der Rechte und Freiheiten anderer zu sichern und den gerechten An-

forderungen der Moral, der öffentlichen Ordnung und des allgemeinen Wohles in einer demokratischen Gesellschaft zu genügen.

(3) Diese Rechte auf Freiheiten dürfen in keinem Fall im Widerspruch zu den Zielen und Grundsätzen der Vereinten Nationen ausgeübt werden.

Artikel 30

Keine Bestimmung dieser Erklärung darf dahin ausgelegt werden, daß sie für einen Staat, eine Gruppe oder eine Person das Recht begründet, eine Tätigkeit auszuüben oder eine Handlung zu begehen, die auf die Abschaffung der in dieser Erklärung aufgeführten Rechte und Freiheiten hinzielt.

Europäische Menschenrechtskonvention vom 4. November 1950 (Auszug)

In Erwägung der Universellen Erklärung der Menschenrechte, die von der Allgemeinen Versammlung der Vereinten Nationen am 10. Dezember 1948 verkündet wurde:
in der Erwägung, daß diese Erklärung bezweckt, die universelle und wirksame Anerkennung und Einhaltung der darin erklärten Rechte zu gewährleisten;
in der Erwägung, daß das Ziel des Europarats die Herbeiführung einer größeren Einigkeit unter seinen Mitgliedern ist und daß eines der Mittel zur Erreichung dieses Zieles in der Wahrung und in der Entwicklung der Menschenrechte und Grundfreiheiten besteht;
unter erneuter Bekräftigung ihres tiefen Glaubens an diese Grundfreiheiten, welche die Grundlage der Gerechtigkeit und des Friedens in der Welt bilden und deren Aufrechterhaltung wesentlich auf einem wahrhaft demokratischen politischen Regime einerseits und auf einer gemeinsamen Auffassung und Achtung der Menschenrechte andererseits beruht, von denen sie sich herleiten;
entschlossen, als Regierungen europäischer Staaten, die vom gleichen Geiste beseelt sind und ein gemeinsames Erbe an geistigen Gütern, politischen Überlieferungen, Achtung der Freiheit und Vorherrschaft des Gesetzes besitzen, die ersten Schritte auf dem Wege zu einer kollektiven Garantie gewisser in der Universellen Erklärung verkündeter Rechte zu unternehmen;
vereinbaren die unterzeichneten Regierungen und Mitglieder des Europarats folgendes:

Art. 1. [Schutzgarantie der Vertragsstaaten] Die Hohen Vertragschließenden Teile sichern allen ihrer Herrschaftsgewalt unterstehenden Personen die in Abschnitt I dieser Konvention niedergelegten Rechte und Freiheiten zu.

Art. 2. [Das Recht aller auf Leben]
(1) Das Recht jedes Menschen auf das Leben wird gesetzlich geschützt. Abgesehen von der Vollstreckung eines Todesurteils, das von einem Gericht im Falle eines mit der Todesstrafe bedrohten Verbrechens ausgesprochen worden ist, darf eine absichtliche Tötung nicht vorgenommen werden.
(2) Die Tötung wird nicht als Verletzung dieses Artikels betrachtet, wenn sie sich aus einer unbedingt erforderlichen Gewaltanwendung ergibt:
a) um die Verteidigung eines Menschen gegenüber rechtswidriger Gewaltanwendung sicherzustellen;
b) um eine ordnungsgemäße Festnahme durchzuführen oder das Entkommen einer ordnungsgemäß festgehaltenen Person zu verhindern;
c) um im Rahmen der Gesetze einen Aufruhr oder einen Aufstand zu unterdrücken.

Art. 3. [Verbot der Folter] Niemand darf der Folter oder unmenschlicher oder erniedrigender Strafe oder Behandlung unterworfen werden.

Art. 4. [Verbot der Sklaverei und Zwangsarbeit] (1) Niemand darf in Sklaverei oder Leibeigenschaft gehalten werden.
(2) Niemand darf gezwungen werden, Zwangs- oder Pflichtarbeit zu verrichten.
(3) Als «Zwangs- oder Pflichtarbeit» im Sinne dieses Artikels gilt nicht:
a) jede Arbeit, die normalerweise von einer Person verlangt wird, die unter den von Artikel 5 der vorliegenden Konvention vorgesehenen Bedingungen in Haft gehalten oder bedingt freigelassen worden ist;
b) jede Dienstleistung militärischen Charakters oder im Falle der Verweigerung aus Gewissensgründen in Ländern, wo diese als berechtigt anerkannt ist, eine sonstige anstelle der militärischen Dienstpflicht tretende Dienstleistung;
c) jede Dienstleistung im Falle von Notständen und Katastrophen, die das Leben oder das Wohl der Gemeinschaft bedrohen;
d) jede Arbeit oder Dienstleistung, die zu den normalen Bürgerpflichten gehört.

Art. 5. [Recht auf Freiheit und Sicherheit] (1) Jeder Mensch hat ein Recht auf Freiheit und Sicherheit. Die Freiheit darf einem Menschen nur in den folgenden Fällen und nur auf dem gesetzlich vorgeschriebenen Wege entzogen werden:
a) wenn er rechtmäßig nach Verurteilung durch ein zuständiges Gericht in Haft gehalten wird;
b) wenn er rechtmäßig festgenommen worden ist oder in Haft gehalten wird wegen Nichtbefolgung eines rechtmäßigen Gerichtsbeschlusses oder zur Erzwingung der Erfüllung einer durch das Gesetz vorgeschriebenen Verpflichtung;
c) wenn er rechtmäßig festgenommen worden ist oder in Haft gehalten wird zum Zwecke seiner Vorführung vor die zuständige Gerichtsbehörde, sofern hinreichender Verdacht dafür besteht, daß der Betreffende eine strafbare Handlung begangen hat, oder begründeter Anlaß zu der Annahme besteht, daß es notwendig ist, den Betreffenden an der Begehung einer strafbaren Handlung oder an der Flucht nach Begehung einer solchen zu verhindern;
d) wenn es sich um die rechtmäßige Haft eines Minderjährigen handelt, die zum Zweck überwachter Erziehung angeordnet ist, oder um die rechtmäßige Haft eines solchen, die zwecks Vorführung vor die zuständige Behörde verhängt ist;
e) wenn er sich in rechtmäßiger Haft befindet, weil er eine Gefahrenquelle für die Ausbreitung ansteckender Krankheiten bildet oder weil er geisteskrank, Alkoholiker, rauschgiftsüchtig oder Landstreicher ist;
f) wenn er rechtmäßig festgenommen worden ist oder in Haft gehalten wird, weil er daran gehindert werden soll, unberechtigt in das Staatsgebiet einzudringen, oder weil er von einem gegen ihn schwebenden Ausweisungs- oder Auslieferungsverfahren betroffen ist.

(2) Jeder Festgenommene muß unverzüglich und in einer ihm verständlichen Sprache über die Gründe seiner Festnahme und über die gegen ihn erhobenen Beschuldigungen unterrichtet werden.

(3) Jede nach der Vorschrift des Absatzes 1 (c) dieses Artikels festgenommene oder in Haft gehaltene Person muß unverzüglich einem Richter oder einem anderen, gesetzlich zur Ausübung richterlicher Funktionen ermächtigten Beamten vorgeführt werden. Er hat Anspruch auf Aburteilung innerhalb einer angemessenen Frist oder auf Haftentlassung während des Verfahrens. Die Freilassung kann von der Leistung einer Sicherheit für das Erscheinen vor Gericht abhängig gemacht werden.

(4) Jeder, der seiner Freiheit durch Festnahme oder Haft beraubt ist, hat das Recht, ein Verfahren zu beantragen, in dem von einem Gericht unverzüglich über die Rechtmäßigkeit der Haft entschieden wird und im Falle der Widerrechtlichkeit seine Entlassung angeordnet wird.

(5) Jeder, der entgegen den Bestimmungen dieses Artikels von Festnahme oder Haft betroffen worden ist, hat Anspruch auf Schadensersatz.

Art. 6. [Recht auf gerichtliches Gehör – Rechte des Angeklagten] (1) Jedermann hat Anspruch darauf, daß seine Sache in billiger Weise öffentlich und innerhalb einer angemessenen Frist gehört wird, und zwar von einem unabhängigen und unparteiischen, auf Gesetz beruhenden Gericht, das über zivilrechtliche Ansprüche und Verpflichtungen oder über die Stichhaltigkeit der gegen ihn erhobenen strafrechtlichen Anklage zu entscheiden hat. Das Urteil muß öffentlich verkündet werden, jedoch kann die Presse und die Öffentlichkeit während der gesamten Verhandlung oder eines Teiles derselben im Interesse der Sittlichkeit, der öffentlichen Ordnung oder der nationalen Sicherheit in einem demokratischen Staat ausgeschlosssen werden oder wenn die Interessen von Jugendlichen oder der Schutz des Privatlebens der Prozeßparteien es verlangen oder, und zwar unter besonderen Umständen, wenn die öffentliche Verhandlung die Interessen der Gerechtigkeit beeinträchtigen würde, in diesem Falle jedoch nur in dem nach Auffassung des Gerichts erforderlichen Umfang.

(2) Bis zum gesetzlichen Nachweis seiner Schuld wird vermutet, daß der wegen einer strafbaren Handlung Angeklagte unschuldig ist.

(3) Jeder Angeklagte hat insbesondere die folgenden Rechte:

a) unverzüglich in einer für ihn verständlichen Sprache in allen Einzelheiten über die Art und den Grund der gegen ihn erhobenen Beschuldigungen in Kenntnis gesetzt zu werden;

b) über ausreichende Zeit und Gelegenheit zur Vorbereitung seiner Verteidigung zu verfügen;

c) sich selbst zu verteidigen oder den Beistand eines Verteidigers seiner Wahl zu erhalten und, falls er nicht über die Mittel zur Bezahlung eines Verteidigers verfügt, unentgeltlich den Beistand eines Pflichtverteidigers zu erhalten, wenn dies im Interesse der Rechtspflege erforderlich ist;

d) Fragen an die Belastungszeugen zu stellen oder stellen zu lassen und die Ladung und Vernehmung der Entlastungszeugen unter denselben Bedingungen wie die der Belastungszeugen zu erwirken;
e) die unentgeltliche Beiziehung eines Dolmetschers zu verlangen, wenn er (der Angeklagte) die Verhandlungssprache des Gerichts nicht versteht oder sich nicht darin ausdrücken kann.

Art. 7. [Nulla poena sine lege] (1) Niemand kann wegen einer Handlung oder Unterlassung verurteilt werden, die zur Zeit ihrer Begehung nach inländischem oder internationalem Recht nicht strafbar war. Ebenso darf keine höhere Strafe als die im Zeitpunkt der Begehung der strafbaren Handlung angedrohte Strafe verhängt werden.
(2) Durch diesen Artikel darf die Verurteilung oder Bestrafung einer Person nicht ausgeschlossen werden, die sich einer Handlung oder Unterlassung schuldig gemacht hat, welche im Zeitpunkt ihrer Begehung nach den allgemeinen, von den zivilisierten Völkern anerkannten Rechtsgrundsätzen strafbar war.

Art. 8. [Gebot der Achtung der privaten Sphäre] (1) Jedermann hat Anspruch auf Achtung seines Privat- und Familienlebens, seiner Wohnung und seines Briefverkehrs.
(2) Der Eingriff einer öffentlichen Behörde in die Ausübung dieses Rechts ist nur statthaft, insoweit dieser Eingriff gesetzlich vorgesehen ist und eine Maßnahme darstellt, die in einer demokratischen Gesellschaft für die nationale Sicherheit, die öffentliche Ruhe und Ordnung, das wirtschaftliche Wohl des Landes, die Verteidigung der Ordnung und zur Verhinderung von strafbaren Handlungen, zum Schutz der Gesundheit und der Moral oder zum Schutz der Rechte und Freiheiten anderer notwendig ist.

Art. 9. [Gedanken-, Gewissens- und Religionsfreiheit] (1) Jedermann hat Anspruch auf Gedanken-, Gewissens- und Religionsfreiheit; dieses Recht umfaßt die Freiheit des einzelnen zum Wechsel der Religion oder der Weltanschauung sowie die Freiheit, seine Religion oder Weltanschauung einzeln oder in Gemeinschaft mit anderen öffentlich oder privat, durch Gottesdienst, Unterricht, durch die Ausübung und Beachtung religiöser Gebräuche auszuüben.
(2) Die Religions- und Bekenntnisfreiheit darf nicht Gegenstand anderer als vom Gesetz vorgesehener Beschränkungen sein, die in einer demokratischen Gesellschaft notwendige Maßnahmen im Interesse der öffentlichen Sicherheit, der öffentlichen Ordnung, Gesundheit und Moral oder für den Schutz der Rechte und Freiheiten anderer sind.

Art. 10. [Recht der freien Meinungsäußerung] (1) Jeder hat Anspruch auf freie Meinungsäußerung. Dieses Recht schließt die Freiheit der Meinung und die Freiheit zum Empfang und zur Mitteilung von Nachrichten oder Ideen ohne Eingriffe öffentlicher

Behörden und ohne Rücksicht auf Landesgrenzen ein. Dieser Artikel schließt nicht aus, daß die Staaten Rundfunk-, Lichtspiel- oder Fernsehunternehmen einem Genehmigungsverfahren unterwerfen.
(2) Da die Ausübung dieser Freiheiten Pflichten und Verantwortung mit sich bringt, kann sie bestimmten, vom Gesetz vorgesehenen Formvorschriften, Bedingungen, Einschränkungen oder Strafdrohungen unterworfen werden, wie sie vom Gesetz vorgeschrieben und in einer demokratischen Gesellschaft im Interesse der nationalen Sicherheit, der territorialen Unversehrtheit oder der öffentlichen Sicherheit, der Aufrechterhaltung der Ordnung und der Verbrechensverhütung, des Schutzes der Gesundheit und der Moral, des Schutzes des guten Rufes oder der Rechte anderer, um die Verbreitung von vertraulichen Nachrichten zu verhindern oder das Ansehen und die Unparteilichkeit der Rechtsprechung zu gewährleisten, unentbehrlich sind.

Art. 11. [Versammlungs- und Vereinsfreiheit] (1) Alle Menschen haben das Recht, sich friedlich zu versammeln und sich frei mit anderen zusammenzuschließen, einschließlich des Rechts, zum Schutze ihrer Interessen Gewerkschaften zu bilden und diesen beizutreten.
(2) Die Ausübung dieser Rechte darf keinen anderen Einschränkungen unterworfen werden als den vom Gesetz vorgesehenen, die in einer demokratischen Gesellschaft im Interesse der äußeren und inneren Sicherheit, zur Aufrechterhaltung der Ordnung und zur Verbrechensverhütung, zum Schutze der Gesundheit und der Moral oder zum Schutze der Rechte und Freiheiten anderer notwendig sind. Dieser Artikel verbietet nicht, daß die Ausübung dieser Rechte für Mitglieder der Streitkräfte, der Polizei oder der Staatsverwaltung gesetzlichen Einschränkungen unterworfen wird.

Art. 12. [Recht der freien Wahl des Ehegatten] Mit Erreichung des Heiratsalters haben Männer und Frauen das Recht, eine Ehe einzugehen und eine Familie nach den nationalen Gesetzen, die die Ausübung dieses Rechts regeln, zu gründen.

Art. 13. [Beschwerdemöglichkeit bei Verletzung der Rechte oder Freiheiten der Konvention] Sind die in der vorliegenden Konvention festgelegten Rechte und Freiheiten verletzt worden, so hat der Verletzte das Recht, eine wirksame Beschwerde bei einer nationalen Instanz einzulegen, selbst wenn die Verletzung von Personen begangen worden ist, die in amtlicher Eigenschaft gehandelt haben.

Art. 14. [Verbot der Diskriminierung] Der Genuß der in der vorliegenden Konvention festgelegten Rechte und Freiheiten muß ohne Unterschied des Geschlechts, der Rasse, Hautfarbe, Sprache, Religion, politischen oder sonstigen Anschauungen, nationaler oder sozialer Herkunft, Zugehörigkeit zu einer nationalen Minderheit, des Vermögens, der Geburt oder des sonstigen Status gewährleistet werden.

Art. 15. [Einschränkung der Rechte und Freiheiten in Kriegs- und anderen Notstandsfällen] (1) Im Falle eines Krieges oder eines anderen öffentlichen Notstandes, der das Leben der Nation bedroht, kann jeder der Hohen Vertragschließenden Teile Maßnahmen ergreifen, welche die in dieser Konvention vorgesehenen Verpflichtungen in dem Umfang, den die Lage unbedingt erfordert, und unter der Bedingung außer Kraft setzen, daß diese Maßnahmen nicht im Widerspruch zu den sonstigen völkerrechtlichen Verpflichtungen stehen.

(2) Die vorstehende Bestimmung gestattet kein Außerkraftsetzen des Artikels 2 außer bei Todesfällen, die auf rechtmäßige Kriegshandlungen zurückzuführen sind, oder der Artikel 3, 4 (Absatz 1) und 7.

(3) Jeder Hohe Vertragschließende Teil, der dieses Recht der Außerkraftsetzung ausübt, hat den Generalsekretär des Europarats eingehend über die getroffenen Maßnahmen und deren Gründe zu unterrichten. Er muß den Generalsekretär des Europarats auch über den Zeitpunkt in Kenntnis setzen, in dem diese Maßnahmen außer Kraft getreten sind und die Vorschriften der Konvention wieder volle Anwendung finden.

Art. 16. [Beschränkung der politischen Tätigkeit von Ausländern] Keine der Bestimmungen der Artikel 10, 11 und 14 darf so ausgelegt werden, daß sie den Hohen Vertragschließenden Parteien verbietet, die politische Tätigkeit von Ausländern Beschränkungen zu unterwerfen.

Art. 17. [Regel für die Auslegung der Konvention] Keine Bestimmung dieser Konvention darf dahin ausgelegt werden, daß sie für einen Staat, eine Gruppe oder eine Person das Recht begründet, eine Tätigkeit auszuüben oder eine Handlung zu begehen, die auf die Abschaffung der in der vorliegenden Konvention festgelegten Rechte und Freiheiten oder auf weitergehende Beschränkungen dieser Rechte auf Freiheiten, als in der Konvention vorgesehen, hinzielt.

Art. 18. [Mißbrauchsverbot] Die nach der vorliegenden Konvention gestatteten Einschränkungen dieser Rechte und Freiheiten dürfen nicht für andere Zwecke als die vorgesehenenen angewandt werden.

Adressen

Nichtregierungsorganisationen

amnesty international
Deutsche Sektion e. V.
Postfach
53108 Bonn
Tel.: 0228/98373-0
Fax: 0228/630036
e-mail: amnesty@amnesty.de
Internet: http://www.amnesty.de

Österreichische Sektion
Moeringgasse 10/1
A-1050 Wien
Tel.: 01/78008
Fax: 01/78008-44
e-mail: ggotle@amnesty.org
Internet: http://www.amnesty.de/oe

Schweizer Sektion
Erlachstr. 16 b
Postfach
CH-3001 Bern
Tel.: 031/3072222
Fax: 031/3072233
e-mail: info@amnesty.ch
Internet: http://www.amnesty.de/ai_ch.htm

Human Rights Watch
350 Fifth Avenue
New York, NY 10118-3299
Tel.: 001-212-290-4700
Fax: 001-212-736-1300
e-mail: hrwny@hrw.org
Internet: http://www.hrw.org

Gesellschaft für bedrohte Völker e. V.
Postfach
37010 Göttingen
Tel.: 0551/49906-0
Fax: 0551/58028
e-mail: @gfbv.de
Internet: http://www.gfbv.de

Komitee für Grundrechte und Demokratie e. V.
Bismarckstr. 40
50672 Köln
Tel.: 0221/523056
Fax: 0221/520559

Pro Asyl
Postfach 101843
60018 Frankfurt/M.
Tel.: 069/230688
Fax: 069/230650
e-mail: proasyl@proasyl.de
Internet: http://www.proasyl.de

Reporter ohne Grenzen
Deutsche Sektion
Oranienstraße 24
10999 Berlin
Tel.: 030/6158585
Fax: 030/6143463
e-mail: rog@berlin.snafu.de
Internet: http://www.rog.at

Terre des femmes
Menschenrechte für die Frau e. V.
Postfach 25 65
72015 Tübingen
Tel.: 0 70 71 / 7 97 30
Fax: 0 70 71 / 79 73 22

terre des hommes
Bundesrepublik Deutschland e. V.
Postfach 41 26
49031 Osnabrück
Tel.: 05 41 / 71 01-0
Fax: 05 41 / 70 72 33
e-mail: terre@t-online.de
Internet: http://www.tdh.de

Food First – Informations- & Aktions-Netzwerk (FIAN)
Overwegstr. 31
44625 Herne
Tel.: 0 23 23 / 49 00 99
Fax: 0 23 23 / 49 00 18
e-mail: fian@herne.netsurf.de

Death Penalty Information Center
1320 18th St. NW, 5th Fl., Washington, DC 20036
Tel.: 2 02-2 93-69 70
Fax: 2 02-8 22-47 87
e-mail: dpic@essential.org
Internet:
http://www.essential.org/dpic

Parlamente / Zwischenstaatliche Organisationen

Unterausschuß Menschenrechte und Humanitäre Hilfe des Auswärtigen Ausschusses des Deutschen Bundestages
Bundeshaus
53113 Bonn
Tel.: 02 28 / 16-2 24 16
Fax: 02 28 / 16-2 60 27

Europäisches Parlament
Unterausschuß Menschenrechte
97-113 rue Belliard
B-1047 Brüssel
Tel.: 00 32-2-2 84 21 11
Fax: 00 32-2-2 84 92 20

Europarat:
European Commission of Human Rights
Council of Europe
F-67975 Straßburg Cedex
Tel.: 00 33-3-88 41 20 18
Fax: 00 33-3-88 41 27 92

European Court of Human Rights
Council of Europe
F-67975 Straßburg Cedex
Tel.: 00 33-3-88 41 23 90
Fax: 00 33-3-88 41 27 91

Menschenrechtszentrum der Vereinten Nationen:
Centre for Human Rights
Palais de Nations
CH-1211 Genf 10
Tel.: 00 41-22-9 17 12 34
Fax: 00 41-22-9 17 01 23

Weitere Internet-Angebote

Eine gute Übersicht über die Internet-Angeboter deutscher Menschenrechtsorganisationen bietet www.web.de/Organisationen/Menschenrechte. Über Human Rights Internet (http://www.hri-ca) erreicht man internationale Nichtregierungsorganisationen (NGOs) und erhält Einsicht in zahllose Dokumente und Veröffentlichungen über Menschenrechte. Ähnliches bietet das Human Rights Web (http://www.hrweb.org).
Die Vereinten Nationen und ihre Unterorganisationen erreicht man über http://gopher.un.org.

Zu den Autoren

Christine Chinkin ist Professorin für internationales Recht an der London School of Economics.

Volkmar Deile, geb. 1943; 1975 bis 1984 Pfarrer und Geschäftsführer der Aktion Sühnezeichen/Friedensdienste in Berlin (West); 1985 Studienauftrag der Forschungsstätte der Evangelischen Studiengemeinschaft; danach tätig für den Deutschen Evangelischen Kirchentag, Fulda, die Konferenz Europäischer Kirchen und Ökumenischer Rat in Genf; seit August 1990 Generalsekretär von *amnesty international*, deutsche Sektion.

Richard S. Dieter ist Geschäftsführer des *Death Penalty Information Center* in Washington, einer gemeinnützigen Organisation, die Medien und Öffentlichkeit mit Analysen und Informationen zur Todesstrafe in den USA versorgt.

Harald Gesterkamp, geb. 1962; Studium der Volkswirtschaftslehre und Politikwissenschaften; seit 1986 als freier Journalist tätig; 1988 Chefredakteur der Bonner Stadtillustrierten *Schnüss*; seit 1991 Redakteur des *ai-Journals*.

Hanne Sophie Greve, Dr. jur., geb. 1952, ist Oberste Richterin in Bergen, Norwegen. Die Völkerrechtsexpertin ist u. a. Mitarbeiterin des norwegischen Christian-Mikkelsen-Instituts für Menschenrechte und des Ad-hoc-Tribunals für das ehemalige Jugoslawien in Den Haag.

Wolfgang S. Heinz, Dr. phil., geb. 1953; Lehrtätigkeit am Fachbereich Politische Wissenschaft der Freien Universität Berlin. Diverse Veröffentlichungen zum Thema Menschenrechte und Entwicklung.

Dominic Johnson, geb. 1965, studierte Politik und Ethnologie in Cambridge. Er ist seit 1990 Afrikaredakteur der *tageszeitung* und berichtet regelmäßig über die Konflikte im Afrika der Großen Seen.

Günther Kaiser ist seit 1997 Direktor des Max-Planck-Instituts für ausländisches und internationales Strafrecht und Professor für Kriminologie und Strafrecht an den Universitäten Freiburg i. Br. und Zürich. In der Zeit von 1990 bis 1998 gehörte er als deutsches Mitglied dem Anti-Folter-Komitee des Europarates (CPT) an und führte dabei eine Reihe von Besuchen in Mitgliedsstaaten des Europarates durch.

Gunnar Köhne, M.A., geb. 1963, lebt als freiberuflicher Korrespondent in Istanbul. Von 1993 bis 1996 war er Pressesprecher der deutschen Sektion von *amnesty international*. Er hat die Organisation unter anderem auf der Weltmenschenrechtskonferenz 1993 in Wien und auf der UN-Menschenrechtskommissionssitzung 1996 vertreten.

Robert Ménard ist Generalsekretär der Journalistenorganisation *Reporter sans frontiers (Reporter ohne Grenzen)* in Paris.

Manfred Nowak, Universitätsprofessor und Leiter des Ludwig Boltzmann Instituts für Menschenrechte in Wien, Mitglied der UNO-Arbeitsgruppe über Verschwundene sowie Vizepräsident der Menschenrechtskammer für Bosnien und Herzegowina. Von 1994 bis 1997 fungierte er als UNO-Sonderbeauftragter für Verschwundene im ehemaligen Jugoslawien.

Petra Pinzler, Diplom-Volkswirtin, geb. 1965, arbeitet als Redakteurin im Wirtschaftsressort der ZEIT. Sie schreibt unter anderem über Entwicklungspolitik.

Heribert Prantl, Dr. jur., geb. 1953; war nach dem Studium der Rechtswissenschaft und Geschichte sowie journalistischer Ausbildung als Richter an verschiedenen bayerischen Amts- und Landgerichten sowie als Staatsanwalt tätig; seit 1987 politischer Redakteur bei der *Süddeutschen Zeitung*; seit 1995 leitet er das Ressort Innenpolitik; mehrere Auszeichnungen und Buchveröffentlichungen.

Kenneth Roth, geb. 1957; Direktor der Menschenrechtsorganisation Human Rights Watch in New York.

Constanze Stelzenmüller, M.P.A., Dr. jur., geb. 1962, ist Redakteurin im Politikressort der ZEIT. Einer ihrer Schwerpunkte ist die internationale Menschenrechtspolitik.

Wei Jingsheng, geb. 1950 in Peking; bekanntester Streiter für Demokratie und Menschenrechte in China; wegen «Verrats militärischer Geheimnisse an Ausländer» (1979) und wegen «Versuchs, die Regierung zu stürzen» (1995) war er insgesamt 18 Jahre im Gefängnis; 1997, nach dem Staatsbesuch Jiang Zemins in den USA, wurde er von der chinesischen Regierung freigelassen und lebt seitdem in New York.

Joanna Weschler, geb. 1956; Vertreterin von Human Rights Watch bei den Vereinten Nationen; die gebürtige Polin war Anfang der achtziger Jahre Mitglied der verbotenen Gewerkschaftsbewegung Solidarność in Polen, u. a. verantwortlich für inoffizielle Kontakte zur KSZE.

Menschenrechte

Till Müller-Heidelberg / Ulrich Finckh / Wolf-Dieter Narr u. a. (Hg.)
Grundrechte-Report *Zur Lage der Bürger- und Menschenrechte in Deutschland*
(rororo aktuell 22124)

Grundrechte-Report 1998
(rororo aktuell 22337 / Juni 1998)

Sami Alrabaa
Saudi-Arabien: Die Tyrannei der tausend Prinzen *Vom Leben in der Rechtlosigkeit*
(rororo akutell 22236 / Juli 1998)

Ken Saro-Wiwa
Flammen der Hölle *Nigeria und Shell: Der schmutzige Krieg gegen die Ogoni*
(rororo aktuell 13970)
Ken Saro-Wiwa wurde im November 1995 in Nigeria erhängt. Dies ist das letzte Buch des Schriftstellers, Bürgerrechtlers und Umweltschützers, der 1994 mit dem Alternativen Nobelpreis ausgezeichnet wurde. Es dokumentiert die Geschichte seines Volkes, der im Nigerdelta lebenden Ogoni, den Widerstand gegen die Zerstörung seiner Lebensgrundlagen durch das Militärregime in Nigeria und die multinationalen Ölkonzerne, allen voran Shell.

Rainald Simon
Der chinesische Gulag *Lager, Gefängnisse, staatliche Repression und politische Opposition*
(rororo aktuell 13799)

rororo aktuell

Wei Jingsheng: Mein Leben für die Demokratie
Herausgegeben von Shan Wei-Blank, Urban Hsü, Thomas Weyrauch und der Redaktion der Zeitschrift *Geist der Freiheit*
(rororo aktuell 13941)
Dieser Band enthält die wichtigsten Texte Wei Jinghengs, er zeichnet die Lebensgeschichte des mutigen Menschenrechtlers nach, informiert über die Entwicklung der Demokratiebewegung in China und über die systematischen Menschenrechtsverletzungen.

Klemens Ludwig (Hg.)
Osttimor - Der zwanzigjährige Krieg *Mit einem Porträt der Friedensnobelpreisträger José Ramos Horta und Bischof Belo*
(rororo aktuell 22207)

Die Reihe *rororo aktuell* wird herausgegeben von Frank Strickstrock. Ein Gesamtverzeichnis aller lieferbaren Titel finden Sie in der *Rowohlt Revue*. Vierteljährlich neu. Kostenlos in Ihrer Buchhandlung.

Soziale Konflikte

Daniela Dahn
Wir bleiben hier oder Wem gehört der Osten *Vom Kampf um Häuser und Wohnungen in den neuen Bundesländern*
(rororo aktuell 13423)

Die Gesellschaft der Behinderer
Das Buch zur Aktion Grundgesetz
Hg. von Aktion Grundgesetz
(rororo aktuell 22339)

Walter Hanesch u.a.
Armut in Deutschland *Der Armutsbericht des DGB und des Paritätischen Wohlfahrtsverbandes*
(rororo aktuell 13420)

Hans-Günter Heiden (Hg.)
«Niemand darf wegen seiner Behinderung benachteiligt werden» *Grundrecht und Alltag – eine Bestandsaufnahme*
(rororo aktuell 13937)
Im neuen Grundgesetz des vereinigten Deutschland sind die Rechte Behinderter ausdrücklich berücksichtigt. Wie aber sieht die Wirklichkeit aus – und wie könnte sie aussehen? Die Autorinnen und Autoren dieses Bandes geben Antworten.

Frauke Hunfeld
"Und plötzlich bist du arm"
Geschichten aus dem neuen Deutschland
(rororo aktuell 22209)
Stern-Redakteurin Frauke Hunfeld läßt in eindringlichen Porträts Menschen zu Wort kommen, die mit plötzlicher Armut oder dem aufreibenden Kampf dagegen fertig werden müssen.

rororo aktuell

Gerda Maibach
Polizisten und Gewalt *Innenansichten aus dem Polizeialltag*
(rororo aktuell 13938)
In diesem Band geben Polizisten selbst Einblicke in ihre Lebenswelt. Sie berichten von Gewalt, die sie ausüben oder deren Zeugen sie wurden, von der Unfähigkeit, damit umzugehen, von katastrophalen Ausbildungsbedingungen, alltäglicher Angst und zunehmender Verantwortungsscheu ihrer Vorgesetzten.

Ronnie Vahrt
Abgefahren - Mein Leben als Crashkid
Aufgeschrieben von Uwe Britten
(rororo aktuell 13897)

Burkhard Schröder
Im Griff der Rechten Szene
Ostdeutsche Städte in Angst
(rororo aktuell 22125)